ÉTUDES MONTAIGNISTES
sous la direction de Claude Blum
43

Montaigne
for ever
L'édition de l'Exemplaire de Bordeaux au début du XXe siècle

Cet ouvrage a été publié pour la première fois en 2005
dans la collection *Études montaignistes* dirigée par Claude Blum.

Ken Keffer

Montaigne
for ever

L'édition de l'Exemplaire de Bordeaux au début du XXe siècle

Traduction de Pierre Gauthier

Avec la collaboration de Ken Keffer et de Céline Pasciutti-Falgère

PARIS
CLASSIQUES GARNIER

Ken Keffer est professeur émérite au Centre College du Kentucky où il enseignait depuis quarante ans les littératures française et allemande ainsi que le cours spécial « Art of Walking » (Art de la marche), qui prenait pour textes de discussion *Les Essais* de Montaigne, *La Critique du jugement* d'Emmanuel Kant et *Être et Temps* de Martin Heidegger.

Réimpression de l'édition de Paris, 2005.

ISBN 978-2-406-12831-1 (livre broché)
ISBN 978-2-8124-5651-0 (livre relié)
ISSN 0986-492X

PRÉAMBULE

À l'aide d'un logiciel de traitement de texte et d'un logiciel d'édition de photos, outils familiers de l'érudition actuelle, j'ai agrandi l'expression biffée ci-dessus afin d'en faire l'emblème de ce livre. Ces mots illisibles ont été supprimés ; ils apparaissent dans le premier document détenu par les Archives de la Ville de Bordeaux qui aborde la question d'une édition municipale somptueuse des *Essais* de Montaigne (1580-1592). Ce document date de 1868, quelques années à peine avant la défaite humiliante de la France contre la Prusse. Il figure dans les pièces reproduites en annexe à la fin de ce volume. Pourquoi une telle suppression ou une telle biffure retient-elle notre attention ? La réponse est aisée : comment ne la retiendrait-elle pas ? En fait, comment est-il possible de regarder ce qu'une personne a écrit péniblement avec de l'encre et une plume sans être fasciné par les changements faits plus tard, par ce qu'on appelle un repentir ? Comment est-il possible de voir une suppression comme autre chose qu'une énigme à déchiffrer ?

Une grande part de ce qui a animé les érudits français de la fin du XIXe siècle était précisément cette curiosité éveillée par ces intentions cachées, cet amour du travail de détective consacré à des mots biffés. En l'occurrence, l'objet de leur curiosité n'était pas leurs propres écrits – c'est le nôtre à présent – mais ceux de Montaigne. Or les repentirs de Montaigne éveillaient autant leurs soupçons que les leurs éveillent les nôtres. L'habileté dont nous avons fait preuve pour reproduire et redimensionner les premières puis le secondes pensées de ces personnes écrivant à la fin du XIXe siècle diffère tellement de la leur pour faire la même chose avec Montaigne qu'on peut en déduire que nous vivons dans deux univers bien séparés. Le monde de la « copie figurée », celui des fac-similés manuscrits ayant vu le jour vers 1900 et celui de Microsoft Word et d'Adobe Photoshop diffèrent comme le jour et la nuit. Cependant, puisqu'on ne peut bien comprendre ce qu'est le jour sans avoir l'expérience de ce qu'est la nuit, il est salutaire que nous passions dès à présent la tête par dessus l'épaule des personnes qui, à cette époque, ont reproduit et photographié les *Essais* de Montaigne.

L'ÉTERNITÉ CRISPÉE

Comment surprendre l'inachèvement? Comment donner une forme durable, lisible et en vérité définitive à l'imparfait? C'est le défi que se sont donné, tout au long du XIXe siècle, les critiques convaincus qu'il n'est de vrai et d'ultime Montaigne que celui offert par l'«Exemplaire de Bordeaux». Cet exemplaire de la dernière édition publiée du vivant de l'écrivain à Paris, chez Abel L'Angelier en 1588 est couvert d'additions et de corrections autographes. Il a sans doute un temps été conçu par Montaigne, comme la copie à communiquer à l'imprimeur pour une nouvelle édition, avant de devenir un exemplaire de travail, support créatif bien plus que de mise au net. Le débat sur sa nature, esquissé dès le milieu du XIXe siècle, quelques décennies après sa découverte dans le troisième tiers du XVIIIe siècle, demeure ouvert. On ne doute toutefois plus guère aujourd'hui que l'«Exemplaire de Bordeaux» [désormais EB] ait été accompagné du vivant de Montaigne d'un double où l'auteur, aidé ou non d'un secrétaire, aurait reporté au clair les corrections d'EB, pas plus qu'il n'est remis en question[1] que ce soit une copie de ce double, expédiée à Paris qui ait servi de base à l'édition posthume de 1595 à Paris, chez L'Angelier, surveillée par Marie de Gournay, avec l'autorisation de la veuve et de la fille de l'écrivain, et l'aide de quelques-uns de ses amis, parmi lesquels Pierre de Brach et Florimond de Raemond[2].

*

[1] Sauf toutefois par André Tournon: voir la présentation de son édition des *Essais* (Paris, Imprimerie Nationale, 1998, t.1, p.23 sq.)ainsi que son article «L'Exemplaire et la copie», *Bulletin de la Société des Amis de Montaigne*, janvier-juin 1999, p.71-77, en réaction à mon étude «Montaigne, son éditeur et le correcteur devant l'exemplaire de Bordeaux», *Travaux de littérature*, vol.XI, p. 75-93. Le dialogue se poursuivra dans le volume à paraître du *BSAM*.

[2] Voir notre article, «Aux origines de l'édition de 1595», *The Journal of Medieval and Renaissance Studies*, vol.25, 1995, p.313-344; *idem*, «Notes sur les voyages et la reliure de l'Exemplaire de Bordeaux des Essais de Montaigne», *Bulletin du Bibliophile*, 1997, n° 2, p. 347-362.

Autour de 1868, c'est moins le statut d'EB qui occupe les érudits bordelais et parisiens, que l'urgence d'en procurer une édition. À la vérité, après que François de Neufchâteau a fait connaître l'objet et souligné son intérêt pour l'histoire du texte des *Essais*, alors que Naigeon[1] en a longuement disposé à Paris, sous le couvert de son éditeur Firmin Didot, pour nourrir l'édition qui voit le jour en 1802[2], tout reste à faire. Des débats oiseux se poursuivent, où interviennent des « hommes de lettres » qui n'ont jamais vu, encore moins étudié EB, jusqu'à ce que l'étude philologique de R. Dezeimeris ne place, dans les termes les plus clairs et selon une ferme démonstration, sous les yeux de chacun les éléments du dossier[3].

*

C'est à ce point crucial qu'intervient l'enquête, à tous égards, nouvelle et du plus vif intérêt, conduite par Ken Keffer. Ken prend la question à bras le corps à l'époque où nul ne doute plus de la nécessité de reproduire EB. Chacun est alors loin toutefois de s'accorder sur la meilleure formule à élire. Il en résultera – nous ne nous en plaindrons pas – l'apparente cacophonie de trois options : une édition, l'Édition municipale [désormais EM], confiée un long temps à Fortunat Strowski[4], qui s'efforce de reproduire au plus près le texte (mais non la disposition) d'EB ; une reproduction typographique [désormais ET], ordonnée par Ernest Courbet, qui vise à donner à lire l'imprimé de 1588 et les corrections et additions qui lui ont été apportées mais en leur lieu, selon un procédé complexe et coûteux dont seule pouvait se charger l'Imprimerie Nationale ; et enfin une reproduction photographique en noir et blanc, confiée à Hachette, en liaison avec le chantier d'EM et dans le dessein de

---

[1] Voir l'article de Philippe Desan, « Naigeon et l'« avertissement » censuré de l'édition des *Essais* de 1802 », *Montaigne Studies*, 1998, vol. X, p. 7-78. L'étude de Ph.Desan est suivie du texte de l'*Avertissement* lui-même.

[2] Voir l'article de Richard Cooper, « Montaigne et l'Empire », *Montaigne Studies*, 1995, vol. VII, p. 147-168.

[3] Voir notre article, « Le zèle et la compétence : le docteur Payen, Reinhold Dezeimeris et les études montanistes au XIXe siècle », *Montaigne Studies*, 1998, vol.X, p.79-120. L'article est suivi de l'édition des *Recherches sur la recension posthume des Essais* de R.Dezeimeris publiées pour la première fois à Bordeaux en 1866 et jamais réimprimées depuis lors.

[4] Voir l'article d'Antoine Compagnon, « Les repentirs de Fortunat Strowski », *The Journal of Medieval and Renaissance Studies*, 1995, vol. 25, p. 345-362. Strowski monte en cours d'édition à Paris où l'appelle sa carrière académique.

confondre ET. Ce dernier procédé préparait la réalisation (en cours d'achèvement sous la direction de Ph.Desan et la mienne, à paraître au début de 2001) d'une reproduction photographique en couleur[1].

Et Ken découvre un univers humain, pierres vives agitées de passions grandes ou mesquines. L'administration, au travers de ses divers représentants, à la fois pusillanime et autoritaire, demeure la porte étroite par laquelle les projets tentent parfois en vain de se faufiler. Mais le plus riche, parfois pathétique, souvent comique, c'est la galerie de portraits offerte par cet ouvrage. Arrêtons-nous à l'inoubliable et tragique figure de Pierre Villey, aveugle à trois ans et fauché dans la force de l'âge dans un accident ferroviaire. Beaucoup à ce jour ne connaissent guère que son nom, au mieux ses œuvres majeures. Ken croque sa figure attachante, rassurante même auprès de la démarche ondoyante de Strowsky. Ses lettres à Miss Grace Norton (elles mériteraient à elles seules une publication d'ensemble, tout comme que soit consacré un ouvrage à sa correspondante, une réincarnation sur le campus de Cambridge, Mass., de Marie de Gournay) sont une découverte de grand prix. Mais si Villey explique bien comment il a mis (sous la dictée sans doute) les *Essais* en braille puis en fiches, il ne nous dit nullement d'où il tient la connaissance de ces livres dont il démontre l'emploi par Montaigne. Des zones d'ombre subsistent que ce livre aidera à circonscrire.

Il y a encore les hommes obscurs, oubliés. Parmi eux, « Albert Cagnieul, sous-bibliothécaire des *Essais* », pour citer le beau titre de l'article que Keffer lui avait consacrée en prévision de cet ouvrage[2]. Avant de lire Ken, je savais tout au plus son nom. Voici qu'il m'est donné de découvrir son rôle, et de le lire. A près d'un siècle de distance, ce modeste sous-bibliothécaire et les spécialistes d'aujourd'hui sont parvenus à des conclusions identiques sur le glissement du moment où Montaigne a usé de son exemplaire comme d'un jeu d'épreuves, à celui où, pressé par l'urgence, le besoin d'écrire et vite, il sacrifie la lisibilité de ses interventions, bientôt indifférent de ne plus être lu par un typographe parce que la nécessité d'aller au plus loin qu'il peut, tant que l'encre, le papier et ses ultimes forces lui en laissent le loisir l'emporte sur toutes les contingences.

*

[1] Entreprise rendue possible grâce au généreux mécénat de Jim Leake, Président du Montaigne's Club de Dallas, Texas ; à la compréhension du Ministère de la Culture (Catherine Trautman), de la Ville de Bordeaux (Alain Juppé) et de la Bibliothèque Municipale (Pierre Botineau et Hélène de Bellaigue).

[2] Voir *Montaigne Studies*, 1998, vol. X, p. 137-150.

Montaigne Forever va toutefois beaucoup plus loin et nous semble ouvrir de nouvelles perspectives à la nouvelle histoire littéraire. En se livrant, au sens de Foucault, à une archéologie des monuments éditoriaux dressés à la mémoire des *Essais* et pour leur pérennité, Keffer nous engage à les considérer d'un œil différent. On savait bien qu'il n'est pas d'entreprise scientifique qui échappe à l'emprise idéologique, les éditions savantes pas moins que les autres. Et que seuls quelques transfuges d'un positivisme d'un autre âge peuvent encore croire procurer la «bonne», voire la «meilleure» ou pire encore la «définitive» édition d'un texte. Ce sont propos de marchands, non de savants. Mais pénétrer guidé par Ken dans l'arrière-boutique aidera à convaincre les plus sceptiques. Mieux, il engagera à mettre et à remettre sans cesse sur le métier ce que la paresse intellectuelle, aidée d'un brin de mauvaise foi, poussait à tenir pour éternel. Le moindre des effets fâcheux de cette disposition intellectuelle n'a-t-il pas été que le XXe siècle tout entier, texte français comme traductions étrangères[1], si prodigue en écrivaillerie débordée à leur propos, aura lu les *Essais* dans la plus incertaine des versions, et la plus étrangère de toutes à Montaigne? EM dégradée dans l'édition omnibus Alcan, puis dans sa reprise aux PUF, démarquée sans scrupule un peu partout chez les éditeurs concurrents, avec à chaque fois le lot de coquilles ajoutées[2]. Tel est le fruit amer d'un temps où il ne se trouvait pas encore un Keffer pour donner au travers de *Montaigne Forever* une leçon de méthode sous les traits plaisants d'une chronique balzacienne de la vie intellectuelle, entre Bordeaux et Paris aux heures douces-amères de la Belle Époque.

Michel Simonin (In Memoriam, 1947-2000).
Centre d'Etudes Supérieures de la Renaissance.

---

[1] A l'exception de la traduction de M.A. Screech (Penguin Books), très supérieure à la trop répandue version de D.H. Frame, où l'édition de 1595 est souvent utilisée pour contrôler le texte d'EB.

[2] Le jeune chercheur pourra ouvrir avec un certain ahurissement la *Bibliographie méthodique et analytique des ouvrages et documents relatifs à Montaigne* (Genève-Paris, Slatkine, 1983) de Pierre Bonnet, préfacée avec force louanges par Robert Aulotte: il y cherchera en vain, parmi mille références à des notules sans le moindre intérêt une section consacrée aux éditions savantes des *Essais* depuis le début du XIXe siècle et aux recensions auxquelles elles ont pu donner, le cas échéant, lieu. Cette spectaculaire absence dans un ouvrage gros de 586 pages et de 3270 entrées en dit long.

Remerciements

Je tiens à remercier les bibliothécaires et les archivistes de la ville de Bordeaux, Hélène de Bellaigue et Pierre Botineau, directeurs de la Bibliothèque Municipale, ainsi que Nathalie Fabre, directrice des Archives Municipales ; sans leur ouverture d'esprit et leur aide, cette étude consacrée aux bibliothécaires et aux archivistes n'aurait pas été possible. Deux éminents chercheurs français qui consacrent leurs travaux à Montaigne, Michel Simonin – malheureusement décédé en 2000 – et Philippe Desan, ont montré de l'intérêt pour la question des transcriptions et édité des articles préparatoires sur le sujet en 1998. M.Simonin a pris sur le temps qu'il consacrait à ses multiples activités de chercheur pour écrire une préface vive et sensible à ce livre.

Je souhaite aussi remercier la Commission de Développement de l'Université de Centre College qui m'a accordé un congé sabbatique et des fonds entre 1995 et 1999 ; ces fonds m'ont permis d'explorer des aspects des éditions de Montaigne réalisées vers 1900 ; grâce à eux, j'ai pu séjourner en France, consulter des ouvrages dans les bibliothèques et participer à des colloques. Le Doyen, si clairvoyant, John Ward, a été d'une importance toute particulière à travers ses encouragements, ses critiques lucides, comme l'ont été mes chers collègues du Département de Français, Karin Ciholas et Charles Vahlkamp. Sarah Cantrell, dont j'ai cité le nom dans le livre, a bien voulu mettre ses lumières d'étudiante en maîtrise au service du déchiffrement, des transcriptions et des traductions. Shayne Jarman et Patsy McAfee, de l'équipe de Centre College, ont bien voulu relire les épreuves du texte. Les erreurs qui demeurent sont de mon cru.

Introduction

Comme Socrate nous le rappelle, l'interrogation intellectuelle se passe très bien de l'apparat des écoles et des bibliothèques, où l'on crée des concepts et écrit des livres. Un sentier, un arbre, un banc ou une route isolée juste à la sortie d'une ville font très bien l'affaire. Dans l'essai « De l'institution des enfants », Montaigne se fait l'écho de cette idée : « la philosophie [...] a ce privilege de se mesler par tout »[1]. Chercher à savoir comment des œuvres précises ont été écrites, publiées, interprétées et quelle fut de façon générale leur réception à travers le temps se distingue de l'enquête philosophique et semble être un problème matériel et logistique. Répondre à ces questions nécessiterait de rechercher et de trouver des documents particuliers, des lettres, des premiers brouillons d'études, des articles de journaux ou de revues. La recherche consacrée à Montaigne à travers le XIXe siècle passe en partie par la recherche de documents perdus. À la « Belle Époque », entre 1880 et 1914, les regards étaient tournés vers un document particulier, l'exemplaire des *Essais* annoté par Montaigne lui-même, *L'Exemplaire de Bordeaux*. Ce volume a été étroitement gardé à la Bibliothèque de Bordeaux depuis la Révolution de 1789. L'objectif des chercheurs était d'en faire des fac-similés fidèles afin que les personnes étudiant Montaigne aient un accès à l'original.

Notre étude sur les éditions des *Essais* de Montaigne au tournant du XIXe siècle a ainsi deux objectifs : c'est un modeste travail de recherche tout autant qu'une étude portant sur les méthodes employées par les érudits qui ont consacré leurs recherches à Montaigne il y a un siècle à Bordeaux. Un événement historique précis vient s'inscrire dans la perspective du premier de ces objectifs : en 1883, à la Bibliothèque de Bordeaux, des secrétaires, des

[1] « Au nostre, un cabinet, un jardin, la table et le lit, la solitude, la compaignie, le matin et le vespre, toutes les heures luy seront unes, toutes places luy seront estude ; car la philosophie, qui, comme formatrice des jugements et des meurs, sera sa principale leçon, a ce privilege de se mesler par tout », *Essais*, I, 26, p.p. P. Villey et V.-L. Saulnier, Paris, P.U.F., 1965, p. 164. Toutes nos références renvoient à cette édition.

bibliothécaires et des paléographes commencent à effectuer des copies systématiques ou des transcriptions des annotations de Montaigne. Ces transcriptions constituent le prélude nécessaire aux éditions critiques des *Essais*. Au début, elles servent de simples instruments de travail pour l'établissement des éditions critiques. Mais elles deviennent par la suite quelque chose de bien différent, illustrant à la fois les tendances des *Essais* et celles de la culture des auteurs de ces transcriptions.

Ces transcriptions reflètent ainsi autant la nature des *Essais* de Montaigne que les aspirations et les convictions de leurs auteurs. La polysémie du mot « transcription » lui-même nous alerte sur son ambiguïté fondamentale : le *Larousse* propose deux significations différentes : « transcrire : Copier, reproduire exactement ou selon un mode d'expression différent par l'écriture. // Jeter sur le papier ce qu'on a dans l'esprit »[1]. L'écriture de Montaigne est, dans une très large mesure, un parfait exemple de la seconde de ces définitions et la forme qu'il a inventée semble provenir tout droit de ce sens lâche et spontané du mot « transcription ». L'ironie est que la première de ces définitions, beaucoup plus dure, doit être appliquée avec une rigueur qui trahit la seconde si l'on veut conserver cette spontanéité. Mais il est clair que les deux sens de ce mot coexistent chez Montaigne, comme l'illustrent bien les additions de l'Exemplaire de Bordeaux qui sont parfois bien notées, et, d'autres fois, le sont très hâtivement. Vers 1900, l'histoire de ces transcriptions reprend vie dans un groupe de lettres administratives détenues par les Archives de la Bibliothèque de Bordeaux et par celles de la ville. Elles permettent de suivre la réalisation de l'Édition Municipale et les menaces que font planer sur elle celle entreprise à Paris. Bien que les témoignages soient loin d'être complets, les archivistes ont conservé assez de documents concernant les épisodes essentiels de ce drame pour que soit procurée une image fidèle des études sur Montaigne au tournant du siècle dernier.

Cet environnement culturel constitue le second objectif de notre étude. Les méthodes employées pour promouvoir (et pour remettre en question) les différentes transcriptions et les éditions rivales des *Essais* révèlent une tension et un caractère très hiérarchisé des relations propres à la fin du XIXe siècle en France. Considérés ensemble, ils font partie de la « déontologie » ou du comportement professionnel dans le milieu des bibliothécaires, des copistes et des érudits.

---

[1] *Petit Larousse*, Paris, Librairie Larousse, 1980, p. 936.

Pour notre propos, les occasions où ce code n'est pas respecté seront plus intéressantes que celles où il l'est. Pour le chercheur du XXIe siècle, les habitudes des intellectuels des années 1900 et leurs mœurs sont à la fois familières et différentes : familières parce qu'elles constituent une partie de notre paysage intellectuel, celui de notre propre époque. Nombre de nos travaux ont une dette envers les éditions établies au cours du XIXe siècle ou au début du XXe. Bien que le credo positiviste ne soit plus accepté par tout le monde, Annabel Patterson met en évidence les bénéfices de cette approche historique de la littérature qui sert désormais de point de départ à toute recherche :

> Without the historical scholarship that preceded New Criticism [...] none of us could proceed very far. We rely, continuously if not completely on the work of nineteenth- and early twentieth-century scholars, those who patiently deciphered manuscripts and edited them[1].

Pourtant, cette certitude peut être tout à fait trompeuse. Pour bien des raisons, les conditions de travail des chercheurs vers 1900 sont pour nous aussi exotiques et étrangères que l'étaient les cannibales pour Montaigne. Mais Montaigne admirait les cannibales. Il trouvait dans leur vie violente et honnête une alternative édifiante à la duplicité et à la malignité de son époque en France. En quoi la différence existant entre la culture des années 1900 et celle de notre époque est-elle rafraîchissante ? À en juger seulement par l'histoire des éditions rivales de Montaigne, on pourrait en conclure que la différence tient au sens écrasant et parfois étouffant des obligations morales. Cette attention au protocole et à l'étiquette se manifeste merveilleusement dans le langage contourné et mesuré des lettres administratives. Ce sont ces qualités qui tranchent avec les usages informels et décontractés de notre époque (et, peut-être, de l'écriture de Montaigne). Même si ce formalisme est suspect, la sincérité, la grandeur d'âme et le courage des chercheurs des années 1900 appellent notre attention et notre respect.

Ainsi, retracer l'histoire du livre de Montaigne, c'est-à-dire la façon dont il a été déconstruit et reconstruit durant la Belle Époque ouvre la voie à d'autres questions : à quels codes éthiques et à quels standards professionnels la recherche littéraire obéit-elle ? Sont-ils

---

[1] Annabel Patterson, « Historical Scholarship », in *Scholarship in Modern Languages and Literatures*, New York, MLA, 1992, p. 187.

d'une certaine manière universels ou sont-ils conditionnés culturellement et historiquement ? Quelles leçons peut-on tirer en étudiant les comportements des chercheurs français de la fin du XIXe siècle, sachant que leur recherche a des motivations politiques et est placée sous le signe du combat ? Quelles leçons peut-on tirer d'une époque où les fac-similés photographiques étaient rares et presque inexistants, où le travail intellectuel était effectué non à la vitesse des machines à écrire et des processeurs mais à celle de la main qui écrivait ? Telles sont les questions auxquelles nous voulons répondre partiellement. Ne pourrions-nous pas tirer profit de l'étude des méthodes intellectuelles d'une époque qui se trouve à l'aube d'une guerre dévastatrice ?

L'histoire des éditions des *Essais* de Montaigne constituées dans les années 1900 (l'*Édition Municipale,* l'*Édition Phototypique* et l'*Édition Typographique*) débute par un crime passionnel et par des événements découlant d'une « trahison intellectuelle » ayant pour théâtre la Bibliothèque municipale de Bordeaux à l'automne 1906. La personne trahie est un « sous-bibliothécaire » dont le travail consiste à copier à la main les annotations portées par Montaigne dans les marges du fameux Exemplaire de Bordeaux. En elle-même, la disgrâce de ce subalterne est un événement de bien faible portée en comparaison de calamités plus importantes : l'Affaire Dreyfus, la querelle amère autour de la Séparation de l'Église et de l'État en France, et les soupçons, les récriminations patriotiques sans nombre qui allaient déclencher la Première Guerre Mondiale. Pourtant, à plus d'un titre, les revers connus par cet assistant sont un cas d'école : ils nous montrent combien les droits touchant à la propriété intellectuelle des chercheurs peuvent être malmenés. Les transcriptions mettent à mal non seulement les pages largement étudiées de Montaigne mais encore la bonne volonté des érudits qui se penchent sur cette œuvre généreuse et ouverte que sont les *Essais.* Cependant, l'effort pugnace réalisé à la fin du XIXe siècle pour reconstituer l'œuvre en respectant des critères scientifiques précis permet de se rendre compte que les usages des savants et des copistes sont inséparables des notions de respect et d'honneur, de trahison et de revanche, qui trouveront rapidement leur contrepartie sur de vrais champs de bataille.

La campagne de copie et de déchiffrage de l'Exemplaire de Bordeaux annoté par Montaigne était destinée à le sauver de la destruction. Le but de l'Édition Municipale, fixé en 1868, était double : en premier lieu, elle devait remplacer l'édition complète courante des *Essais* (celle de 1595, comportant les versions de 1580 et 1588) et procurer une version des *Essais* pour le XXᵉ siècle s'appuyant sur le dernier exemplaire annoté par Montaigne. Le second de ses objectifs consiste à sauver de l'oubli le dernier texte des *Essais*, le meilleur aussi : ce « volume d'un prix inestimable et miraculeusement conservé peut être anéanti un jour ou l'autre par un sinistre et nous laisser d'éternels regrets » (A1)[1]. Un tel projet honorerait Bordeaux et la France, et il est même comparé aux éditions de *L'Iliade* d'Homère dans la Grèce antique[2]. La comparaison de Bordeaux à une cité – au sens grec du mot, c'est-à-dire d'une ville ayant une unité politique forte – n'est pas de pure forme. Nous allons voir que la fierté des villes va profondément influencer les travaux consacrés à Montaigne au tournant du XIXᵉ siècle.

Comme l'édition d'Homère donnée à Athènes, l'Édition Municipale aura une rivale. Ernest Courbet (1837-1916), infatigable bibliophile et fonctionnaire des finances de la ville de Paris, propose un projet identique à la même époque[3]. Il rend visite non au maire de Bordeaux mais au grand montaigniste Jean François Payen, peu avant la mort de ce dernier en 1870[4]. Payen, dont l'ampleur des recherches concernant tous les sujets ayant trait à l'œuvre de Montaigne est devenue légendaire[5], décline l'offre de Courbet : « Le Docteur se montra flatté, mais il garda de la hauteur ». Il demande un travail préliminaire, « cruel par sa simplicité », selon les termes de Courbet, à savoir la rédaction d'un dictionnaire du vocabulaire et de l'orthographe un peu fantaisiste de Montaigne. En fait, par son obsession de la documentation, Jean-François Payen repousse la réalisation des éditions critiques après sa mort, confirmant ce qu'écrit Paul Bonnefon en 1898 : « Il semble que l'étude de Montaigne ait été jusqu'ici, funeste à ses admirateurs. À trop examiner son œuvre, on a pris de lui l'amour des digressions, des

[1] Archives Municipales de Bordeaux, « Édition Municipale », correspondance 1860-1869. Les textes reproduits en annexe sont indiqués par un A suivi du numéro du texte.

[2] *Essais*, Préface, Édition Municipale, 1ᵉʳ volume, Bordeaux, Pech, 1906, p. vi.

[3] *Essais*, Préface du 1ᵉʳ volume, réédition de 1595, p.p. Courbet-Royer, Paris, Lemerre, 1872.

[4] *Essais*, « Avertissement », 1ᵉʳ volume, Édition Typographique, Paris, Imprimerie Nationale, 1913, p.vii-viii. La citation qui suit est extraite de cet avertissement.

[5] Voir Michel Simonin, « Le zèle et la compétence : le docteur Payen, Reinhold Dezeimeris, et les études montanistes au XIXᵉ siècle », *Montaigne Studies*, X, 1998, p. 79-104.

détours incessants »[1]. Ainsi, les travaux de recherche sur Montaigne menés à la fin du XIXe siècle ne diffèrent pas tellement des *Essais*: ils procèdent par digressions et ont bien du mal à trouver une fin.

Il est difficile de séparer la recherche sur Montaigne des événements politiques de l'époque. La décennie qui suivit la mort de Payen, qui plus est, est l'une des plus instables qu'ait connue la Troisième République. La défaite humiliante de 1870, la Commune et la contestation royaliste, sont des éléments peu propices à la réalisation d'une grande édition critique qui demande de la tranquillité. Mais, comme la France qui oublie ses malheurs intérieurs et extérieurs et retrouve la paix, les savants, impatients d'appliquer à la littérature les méthodes des sciences expérimentales ou de se servir de la nouvelle édition pour promouvoir leurs valeurs politiques et régionales, ont vu dans le manuscrit de Montaigne à la fois une relique[2] et une énigme. Ceux qui considèrent l'Exemplaire de Bordeaux comme une énigme soupçonnent que les annotations de Montaigne en bas de page et dans les marges pourraient fournir des indices sur la véritable signification des *Essais*. Ces chercheurs croient que la transcription révélera des intentions cachées demeurées ensevelies depuis des siècles. C'est un point de vue tentant pour qui est attaché à ce que les *Essais* peuvent révéler et l'on peut difficilement reprocher à ces intellectuels leur fascination et leur intérêt pour ce projet. Il faudra plus d'un demi-siècle pour prouver que ces *marginalia* ne renferment pas d'intentions cachées. En attendant, ceux qui considèrent les *Essais* comme une relique s'engagent à déchiffrer l'intégralité de ces marginalia, à les transcrire et à les copier dans un autre livre, première étape d'une édition critique. Compte tenu de la réputation d'honnêteté et de transparence de Montaigne, cette tâche devrait être assez facile. Telles sont les deux conceptions qui sont à l'origine des deux éditions antagonistes.

L'une et l'autre nécessitent les services de personnes capables d'écrire – au sens le plus littéral du mot –, des spécialistes de la transcription ou des paléographes, capables de s'y retrouver à travers la forêt des additions et des biffures de Montaigne. Les érudits ont

---

[1] Paul Bonnefon, Bibliothécaire de l'Arsenal, *Montaigne et ses amis: La Boétie, Charron, Mlle de Gournay*, seconde édition, Paris, Armand Colin, 1898, p. viii-ix.

[2] L'expression est employée par Strowski: « ce sont les confidences de son esprit en travail, ce sont les secrets de son art et de son style pris sur le vif, ce sont enfin les reliques les plus émouvantes de son génie », *Essais*, fac-similé phototypique, Paris, Hachette, 1912, 1er volume.

réalisé des relevés et des copies fragmentaires de ces annotations au cours des XVIIIe et XIXe siècles[1]. Toutefois, trois siècles après la première édition des *Essais*, personne n'avait entrepris de copie intégrale et systématique des notes manuscrites de Montaigne. Apparemment, les admirateurs de Montaigne avaient négligé les témoignages les plus personnels du plus personnel des auteurs.

La première des cinq transcriptions fut réalisée en 1883 à l'instigation d'un professeur au Collège de France qui envoya à Bordeaux pour six semaines un étudiant pour réaliser une copie[2]. Cette première transcription, faite à la hâte, est peu impressionnante d'un point de vue visuel. Elle est devenue dans un premier temps la propriété du professeur qui l'avait commandée et, en fin de compte, est revenue à la Bibliothèque de Bordeaux en 1974 où elle se trouve encore aujourd'hui, sans être cataloguée. La seconde transcription, réalisée à ses frais par Ernest Courbet, sera plus élaborée et méticuleuse. Elle mérite toute notre attention car elle sera le catalyseur de toutes les copies suivantes…et leur *nemesis*. Courbet envoie un paléographe à Bordeaux en 1886 et lui remet une copie de l'édition de 1588 avec des marges extraordinairement larges de manière à faciliter son travail de transcription[3]. Courbet et ses collègues se référeront souvent avec nostalgie à cet événement semi-héroïque. Comme ce volume enflé, qui s'est développé durant des mois passés au contact du livre révéré de Montaigne, a dû paraître singulier aux bibliothécaires bordelais ! Comme l'albatros de Baudelaire, dont les ailes immenses traînent inutilement sur le pont du navire, le travail de ce paléographe suscitera plus tard le dédain et le ridicule. Courbet dit que la transcription réalisée est une « copie figurée »[4], parce qu'elle ne reproduit pas seulement l'écriture mais aussi le lieu et la manière dont ces notes manuscrites s'insèrent dans la page. De telles « copies figurées » étaient les seuls moyens de fournir des informa-

---

[1] Jacques-André Naigeon a procuré une édition s'appuyant sur l'*Exemplaire de Bordeaux* en 1802 publiée chez Didot. Philippe Desan a publié une édition convaincante de la longue préface – censurée – de cette édition, voir *Montaigne Studies*, X, 1998, p. 35-78.

[2] Léon Manchon, *De la Constitution du texte des Essais*, Paris, Moreau, 1888, p. 60.

[3] « Allocution », *Bulletin de la Société des Amis de Montaigne*, vol.1, 1913, p.51 (Slatkine Rep., 1970).

[4] « La copie figurée sur laquelle se poursuit la composition à l'Imprimerie Nationale a été exécutée pour moi deux ans environ après que M.Manchon eut terminé une transcription analogue pour M.Guillaume Guizot », « Les derniers éditeurs de Montaigne », *Bulletin du Bibliophile et du Bibliothécaire*, 1906, p. 476.

tions visuelles précises sur les manuscrits avant l'avènement des fac-similés photographiques. La copie figurée de Courbet est l'enfant de l'époque qui a précédé la photographie et était d'un certain côté moins réaliste que les méthodes plus modernes, qui vont peu après la supplanter – à partir de 1912 –, mais, d'un autre côté, elle donnait plus d'informations et était plus personnelle.

Les archives de la Bibliothèque de Bordeaux ne mentionnent que rapidement cette seconde transcription, cette singulière renaissance de l'état final de la composition des *Essais*: il s'agit d'une brève note datée de 1884 donnant une autorisation et indiquant un programme de travail : « Toutes les facilités possibles ont été données à l'envoyé de M. Courbet qui travaille depuis 8h du matin jusque vers sept heures du soir » (A8)[1]. Dans le jargon de l'époque, « toutes les facilités possibles » signifie plus ou moins qu'aucune aide n'est apportée. Cette seconde transcription ne reste pas plus à Bordeaux. Elle part à Paris où Courbet l'utilise pour différentes lectures et où elle sème la discorde. Selon toute vraisemblance, elle appartient encore de nos jours à un particulier ou a été malheureusement perdue.

Tout au long des dernières décennies du XIXe siècle, l'anxiété concernant la conservation matérielle des *Essais* croît. Au tout début de la guerre de 1870, le Directeur de la Bibliothèque de Bordeaux écrit au maire au sujet d'une cave secrète où il projette de placer les *Essais* en les enfermant dans une boîte en zinc hermétique afin de les protéger. Il a appris que le *Hortus Deliciarum* de Herrada von Landsberg datant du XIIe siècle a été perdu durant le bombardement de Strasbourg par les Prussiens au cours de la même année. Au moment où le château de Montaigne a brûlé en 1885, peu après l'arrivée du paléographe envoyé par Courbet à Bordeaux, il est naturel que les conservateurs, les fonctionnaires du gouvernement et les savants se préoccupent de la conservation du livre de Montaigne. Il a même pu y avoir une menace provenant de l'intérieur de la Bibliothèque de Bordeaux, plus dangereuse que les Prussiens, le feu, une inondation ou la moisissure. Entre 1884 et 1886, exactement au moment où la personne envoyée par Courbet travaille à sa copie si volumineuse, différents manuscrits disparaissent mystérieusement de la Bibliothèque. Est-ce le tour de l'Exemplaire de Bordeaux ? C'est seulement bien plus tard, en 1923, qu'un bibliothécaire peu scrupuleux chargé de transcrire et de cataloguer des manus-

---

[1] Le 28 mai 1884, le maire-adjoint Auguste Henri Couat « autorise M.Routhier à copier les notes de l'édition annotée par Montaigne 1588 », Archives de la Bibliothèque Municipale de Bordeaux, Correspondance, 1882 et 1884.

crits reçoit un blâme[1]. Au-delà de ces vives menaces, des érudits curieux, qu'ils soient français ou étrangers, ne cessent de demander à voir et étudier l'Exemplaire de Bordeaux, ce qui jaunit et fatigue les pages où Montaigne a consigné ses dernières pensées.

C'est dans cette atmosphère d'appréhension que, à en croire Courbet, les bibliothécaires de Bordeaux désignèrent sa « copie figurée » pour remplacer le manuscrit de Montaigne lors de consultations et de recherches. En raison de sa médiocrité, procéder à un tel échange aurait pu être une sérieuse erreur[2]. Comme Payen avant lui, Courbet est flatté mais prend ses distances. Il est dans l'incapacité de leur prêter la copie. Il raconte cet épisode dans son allocution prononcée lors de la première réunion de la Société des Amis de Montaigne en 1912. Il écrit que la Bibliothèque de Bordeaux, qu'il appelle bizarrement « le dépôt public », chercha à acquérir la copie figurée :

> [Elle] parut quelques années après son achèvement, pouvoir être acquise pour le dépôt public où elle avait été exécutée, dans le dessein d'épargner au manuscrit original les périls et la fatigue des communications journalières.

Courbet exprime son refus dans un style très indirect et bureaucratique :

> De telles offres attestaient l'excellence de la copie de M. Routhier, mais pour cette raison même, elles ne pouvaient être l'objet d'aucune suite. Cependant, en reconnaissance des facilités qu'elle avait prodiguées sans compter pour l'exécution d'un duplicata des *Essais*, la bibliothèque de Bordeaux reçut un exemplaire de 1588, interfolié de papier blanc. Il m'était impossible d'aller plus loin.

Courbet lui-même se voit comme le protagoniste d'un drame cornélien, déterminé à défendre non seulement son honneur mais aussi celui de sa copie. Son dernier commentaire résonne comme un alexandrin : « Il m'était impossible d'aller plus loin ». En fait, dix ans plus tard, en 1898, il offre un cadeau pour remercier la Bibliothèque de son aide. Entre-temps, à Paris, il a fièrement montré à des amis et des associés sa copie figurée, tel un trophée des plaines du sud[3]. Pour

---

[1] Lettre du 8 janvier 1923 de Jean de Maupassant, A85.

[2] « Allocution », *Bulletin de la Société des Amis de Montaigne*, 1913, p. 52 (Slatkine Rep., 1970), comme pour les deux citations suivantes.

[3] « Appendice », *Essais*, réédition de 1595, Paris, Lemerre, 1900, volume 5, p. 294.

sa part, le projet bordelais de réaliser une édition critique s'enlise ou est éclipsé par des préoccupations plus urgentes tel que le transfert de la Bibliothèque dans des locaux plus spacieux et plus imposants au bas de la rue.

Dans les dernières années du XIXe siècle, quand Courbet fait don à la Bibliothèque Municipale de l'édition interfoliée, le temps est venu pour Bordeaux de se remettre au projet annoncé en 1868. Bien que le directeur de la Bibliothèque se serve de cette édition pour « provoquer une décision pour les pages blanches à garnir »[1], l'assistant qui s'en voit confier la tâche ne l'emploie pas pour son travail. À ses yeux, ces volumes ont peut-être trop de valeur pour cette besogne de bénédictin mal définie et sans précédent. En fait aucune transcription des *Essais* de cette ampleur n'a été réalisée auparavant. Servant de copies ou de documents temporaires, les transcriptions sont suffisamment distinctes pour être considérées comme des originaux. Leur caractère particulier – ce que certains appelleraient leur charisme – sera à l'origine de plus d'une crise au sein de l'harmonie régnant à la Bibliothèque de Bordeaux.

Leur première victime est Albert Cagnieul[2]. L'assistant réalise une copie à l'identique de l'Exemplaire de Bordeaux[3], mais il ne travaille pas sur les volumes fournis par Courbet ; il emploie des feuilles de papier millimétré :

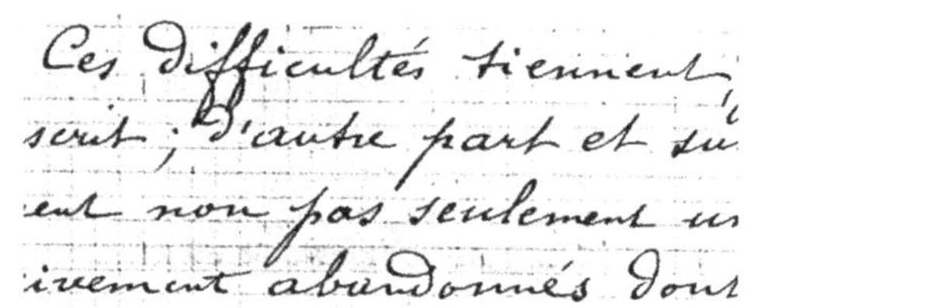
Ces difficultés tiennent
sent ; d'autre part et su
ent non pas seulement u
ivement abandonnés dont

Son service est allégé pour lui permettre de bien progresser et pour respecter la date limite de publication imposée par la Municipalité de Bordeaux. Mais Cagnieul, tel une proie, succombe aux qualités hypnotisantes des additions de Montaigne, qu'il déchiffre pendant des heures, une loupe à la main, à la lumière ténue de la Bibliothèque – l'éclairage électrique n'est pas installé avant 1911.

[1] Lettre de Céleste à Courbet du 24 mars 1899, N.A.Fr. 23191, Bibliothèque Nationale, Collection Moreau-Nélaton.

[2] Il meurt en 1918.

[3] « Notes de M. Cagnieul sur Montaigne », Bibliothèque Municipale de Bordeaux, Collection spéciale, catalogué sous la cote MS 1586.

Le jeune homme en vient naturellement à s'identifier à Montaigne lui-même et réalise sa copie figurée en reproduisant chaque trait de plume du maître. Il ajoute des notes à certaines pages de ses transcriptions où il décrit, par exemple, des détails microscopiques de son travail. Il explique qu' « en changeant la couleur de l'encre toutes les fois que cela s'est trouvé nécessaire, de même que les formes et les dimensions des caractères de l'écriture [...] on est parvenu à donner une image exacte, mais infiniment plus claire du manuscrit de Bordeaux » (A18). Il a même repéré comment Montaigne retouchait une partie des lettres et dans quel ordre il effectuait ces retouches[1]. Une transcription accordant une telle attention à la dimension matérielle des processus intellectuels de la pensée de Montaigne n'était pas, semble-t-il, ce que les Pères de la Cité avaient en tête. Cagnieul fut payé à contrecœur à la fin de l'année avec des étrennes, et le Directeur de la Bibliothèque, Raymond Céleste, dut plus d'une fois intervenir auprès du maire-adjoint pour que ce paiement soit effectué :

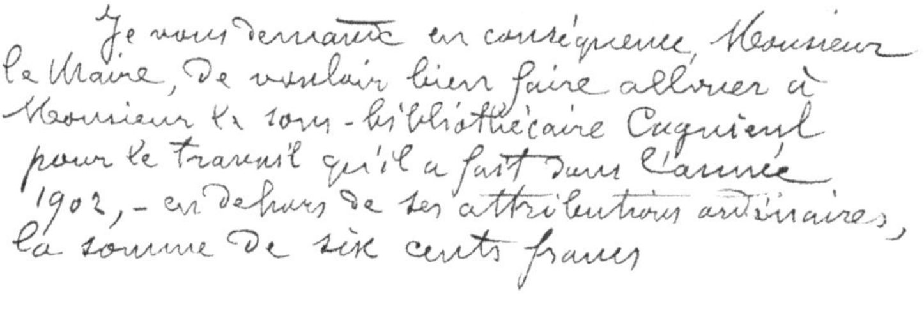
Je vous demande en conséquence, Monsieur le Maire, de vouloir bien faire allouer à Monsieur le sous-bibliothécaire Cagnieul pour le travail qu'il a fait dans l'année 1902, en dehors de ses attributions ordinaires, la somme de six cents francs

Subitement, Cagnieul est détourné de son travail de transcription : en 1902, il reçoit en effet une invitation flatteuse à donner des conférences aux élèves de l'École Normale de Jeunes Filles ; une nouvelle fois, le destin de l'Édition Municipale est étroitement lié à celui de la nation française. La même année, le ministre de l'Éducation, Louis Guesde, propose des réformes radicales dans le secondaire : les étudiants peuvent obtenir le baccalauréat sans passer les épreuves de latin et de grec. Ces deux langues étant considérées comme l'apanage des garçons, ces réformes ont pour effet indirect de promouvoir l'éducation des filles. La charité humaniste de Cagnieul est probablement en symbiose avec ces réformes. De tels flirts avec des préoccupations sociales ne sont pas pour réjouir le

[1] Voir la « Note » remise fin 1901, A18, Archives Municipales de Bordeaux.

maire-adjoint, latiniste et éditeur des discours de Cicéron. A son effarement, Cagnieul interrompt son travail sur Montaigne pour rédiger une description orgueilleuse concernant les siècles de l'histoire du livre que ses conférences vont couvrir. Il précise quels sont les livres rares qui doivent être transférés de la Bibliothèque à l'École Normale pour répondre à ses besoins :

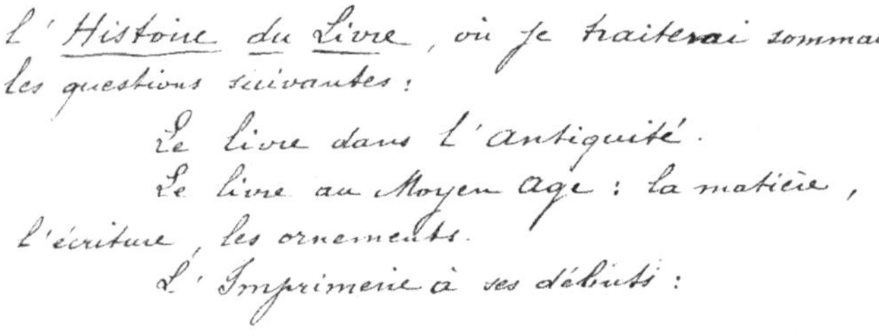
l'Histoire du Livre, où je traiterai sommairement
les questions suivantes :
Le livre dans l'antiquité.
Le livre au Moyen age : la matière,
l'écriture, les ornements.
L'Imprimerie à ses débuts :

Il est évident que le livre de Montaigne, à cette époque comme aujourd'hui, invite à réfléchir à la nature de chaque livre et au classement ou à la mission des bibliothèques qui les conservent. Le maire peut difficilement contenir sa rage, comme le montrent ses griffonnages à peine lisibles. Il autorise les conférences mais à des heures où personne ne peut y assister – après la fermeture de la Bibliothèque et quand les cours sont finis. Par ce sabotage, il s'en prend moins à l'absence de respect de Cagnieul pour l'autorité – il ne suit pas la voie hiérarchique – ou au transfert de livres rares hors de la Bibliothèque – il n'y a pas d'assurance pour le prêt à l'époque. Il est perturbé par le report de la transcription des *Essais* (A24)[1]. Quand Cagnieul retourne à son travail, il est trop tard. La troisième transcription aurait succombé à l'ambition et à un autre thème central des *Essais*: la vanité humaine. Après 1903, la transcription de Cagnieul fut ignominieusement enterrée et oubliée pour laisser place à une lecture plus savante et menée plus rapidement. Voilà qui a dû blesser son orgueil et lui a rappelé qu'il n'était, après tout, qu'un « sous-bibliothécaire ».

Comme nous le notions quelques pages plus haut, un acte de trahison se trouve au cœur de la bataille entre les éditions de Montaigne. Cette perfidie a lieu le mardi 13 septembre 1906, jour anniversaire de la mort de Montaigne. Arthur-Antoine Armaingaud (1842-1934), médecin en retraite, qui est le collaborateur de Courbet pour l'édition rivale de Paris et affectionne les coups de théâtre,

[1] Archives Municipales de Bordeaux, dossier 1302 R4.

passe à la Bibliothèque de Bordeaux et repart avec la transcription inutilisée de Cagnieul sous le bras. Exaspéré et sans appui, Cagnieul écrit à son supérieur le jour suivant dans un style circonspect et humble, le seul qu'il puisse employer, pour protester: sa fidélité à Bordeaux et à l'Édition Municipale a été très imprudemment mise en danger. Cagnieul a-t-il été trahi ou a-t-il simplement été démasqué comme espion de l'édition de Paris? Marcel Proust décrira de façon inimitable ce «génie d'intrigue», ce talent pour les conspirations souterraines qui caractérise la vie sociale et intellectuelle durant la Belle Époque. Le jour suivant est aussi une date anniversaire, celle de la conspiration la plus fameuse de l'époque: la découverte de faux documents secrets mettant en cause Alfred Dreyfus le 14 septembre 1896. Comme Dreyfus, Cagnieul sera accusé de trahison à partir de son écriture. À la différence du capitaine, Cagnieul ne sera jamais réhabilité. Nous examinerons son cas plus tard. De façon très concrète, Cagnieul découvre qu'il n'a aucun droit sur cette transcription qui, n'étant qu'un simple truchement ou succédané d'un livre, n'aura même jamais de place dans le catalogue des livres de la Bibliothèque.

Cagnieul explique qu'une rumeur s'est répandue: il collaborerait à une édition rivale des *Essais* préparée par l'Imprimerie Nationale sous la direction d'Ernest Courbet:

> Il est parvenu à ma connaissance que des personnes malintentionnées [sic] faisaient courir le bruit que je donnerais ma collaboration à une édition des *Essais de Montaigne* qui se prépare à l'Imprimerie Nationale sous la direction de M. Courbet[1].

Il rappelle certains faits à son directeur Raymond Céleste: «cette collaboration, vous le savez, m'a été offerte en votre présence et c'est également en votre présence et avec votre approbation que je l'ai catégoriquement refusée». Toutefois, il sait à présent que sa transcription, qu'il croyait bien conservée à la Bibliothèque, a été prêtée au Docteur Armaingaud:

> Vous avez cru, en effet, devoir mettre à la disposition de M. le Dr. Armaingaud, collaborateur de l'édition de l'Imprimerie nationale, l'ensemble de mon travail, pour en faire tel usage qu'il lui conviendra.

Bien qu'il reconnaisse que le prêt est «un acte [...] qu'un subordonné, comme [il est], n'a le droit d'apprécier en aucune façon et au

---

[1] Lettre du 14 septembre 1906, A 35, comme pour les quatre citations suivantes.

sujet duquel il va de soi [qu'il n'a] aucune observation à présenter», il demande à Céleste de signaler à la Ville ce qui s'est passé afin qu'il ne soit pas suspecté de coopérer secrètement avec les éditeurs ennemis :

> afin qu'il n'y eut pas de malentendu possible et qu'on ne fût pas tenté d'attribuer à une collaboration occulte de ma part les similitudes qu'on ne manquera pas de relever entre l'édition de Paris et les résultats du travail que j'ai exécuté par les ordres de la Municipalité.

Il est trop tard. La lettre de plainte de Cagnieul va avoir une seconde fonction : elle servira aussi de lettre de démission. Six mois plus tard, le 1er novembre, il aura quitté Bordeaux pour regagner son poste de bibliothécaire en chef à Orléans.

Il est remplacé par un homme ambitieux et talentueux, Fortunat Strowski (1866-1952), qui est le quatrième à s'engager dans la transcription des *Essais*: c'est lui qui aura le titre d'« éditeur scientifique » de l'Édition Municipale. Bien qu'il en ait retiré beaucoup de gloire, Strowski ne verra pas non plus aboutir le projet. Entre 1904 et 1906, il retranscrit fiévreusement les deux premiers livres de l'Exemplaire de Bordeaux, exerçant son œil, maltraitant, selon ses dires, une réimpression de l'édition de 1595, menant pendant tout ce temps une vraie guerre de tranchée avec l'édition rivale, l'Édition Typographique[1]. En 1906, la victoire de Strowski est entièrement due à l'âpre rivalité devenue publique entre Paris et Bordeaux ; un critique la compare à la lutte à laquelle a donné lieu la Séparation de l'Église et de l'État en 1905.

L'Édition Municipale triomphe avec la publication de ses deux premiers volumes en 1906 et 1909 (l'un est même envoyé au Président Théodore Roosevelt). Peu après, Fortunat Strowski sera nommé professeur de littérature à Paris. Comme le maire-adjoint de Bordeaux l'écrit avec justesse et amertume dans sa préface au troisième volume de l'Édition Municipale (1919), Strowski a émigré – ou est passé à l'ennemi – dans un autre pays[2]. Par conséquent, il n'a pas profité des fruits de la victoire. Pour des raisons mystérieuses et inconnues, il traîne les pieds pour finir la dernière partie des transcriptions de l'Exemplaire de Bordeaux et s'arrête définitivement à la page 190 du troisième livre de ce qu'il appelle « l'édition définitive »

---

[1] Strowski parle de cette guerre dans sa correspondance avec Ferdinand Brunetière et dans la *Petite Gironde* du 3 septembre 1906.

[2] Voir la préface de Mirmont, *Essais*, Édition Municipale, Bordeaux, Pech, 1919, p. v.

dans une lettre à son ancien professeur de Paris, Ferdinand Brunetière. Soit qu'à Bordeaux il souffre d'un manque d'hospitalité dû à l'absence de Céleste et à sa maladie, soit que son travail à Paris lui prenne trop de temps[1], Strowski refuse de finir. En fin de compte, bien qu'il assure au maire avoir déjà son billet de train pour Bordeaux, il est démis de sa fonction d'éditeur de l'Édition Municipale par une lettre datée du 14 juillet 1913, à une époque où le courrier était encore distribué le jour de la Fête nationale (A68). Strowski accuse stoïquement réception le jour même :

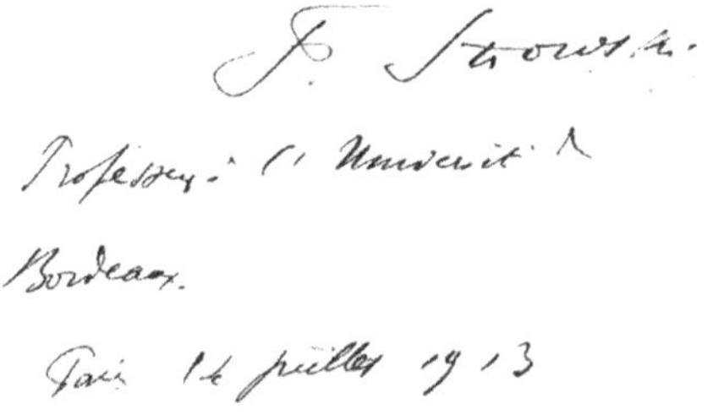
F. Strowski.

Professeur à l'Université de

Bordeaux.

Paris 14 juillet 1913

Avant de renoncer complètement à son travail, Strowski se déchaîne contre une cinquième tentative de transcription des *Essais* entreprise à la fin de 1906 avec l'aide de l'Imprimerie Nationale pour le compte de Courbet et Armaingaud. Dans la presse, il a allègrement discrédité la copie figurée de 1886 sur laquelle s'appuie l'Édition Typographique. Il compare cette édition rivale à une voiture en panne dont le moteur et le châssis doivent être remis en état – image high-tech pour l'époque. Il réussit à convaincre le maire que les copies réalisées désormais dégradent de manière irréversible l'Exemplaire de Bordeaux. Il est possible, selon lui, que les mots disparaissent complètement. Strowski propose un compromis destiné à protéger l'encre :

> Je désirerais en outre que, s'il s'agit d'un 5è et fort inutile déchiffrement, le 5è déchiffreur soit astreint, pour certaines pages où l'encre est particulièrement pâle, à mettre [...] une plaque de verre [...] colorée en vert ou en rouge, pour arrêter l'effet d'une lumière trop active[2].

[1] Voir l'article de Maurice Levaillant sur la carrrière de Strowski : « Un montaigniste souriant : Fortunat Strowski (1866-1952) », *Bulletin de la Société des Amis de Montaigne*, 1954, p. 73-87.

[2] Lettre de Strowski du 31 août 1906, Archives municipales de Bordeaux, A 33.

Il devait savoir que l'utilisation de tels verres rendrait difficile *ou* impossible le travail de copie. Strowski réussit à convaincre Raymond Céleste de faire en sorte qu'on se montre peu hospitalier avec le jeune paléographe envoyé par l'Imprimerie Nationale, Ernest-Daniel Grand. Celui-ci a pour mission de réhabiliter la réputation de la copie figurée réalisée par Courbet. Il arrive avec des lettres demandant l'accès au livre de Montaigne. Paris envoie une lettre dactylographiée, qui, pourtant, ne porte pas de signature :

IMPRIMERIE NATIONALE.

Cabinet du Directeur.

Monsieur le Maire,

J'ai l'honneur de recommander à votre bienveillant accueil, M. Ernest-Daniel Grand, archiviste-paléographe,

C'est que le directeur de l'Imprimerie Nationale, Arthur Christian (1836-1906), un homme ambitieux et contesté, est mort quelques semaines auparavant. Il est probable que Raymond Céleste ait un faible intérêt à se livrer à ce jeu du chat et de la souris auquel se livrent les savants ; quoi qu'il en soit, il a fait respecter le règlement de la Bibliothèque à la lettre et a attribué à Grand et au livre de Montaigne une pièce non chauffée durant un hiver qui a été particulièrement froid à Bordeaux. Ernest-Daniel Grand écrit de nouveau au maire en janvier pour se plaindre de l'accueil glacial qu'on lui réserve :

> Les grands froids exceptionnels de l'hiver actuel à Bordeaux et l'humidité qui s'accumule dans cette salle [...] m'empêchent de continuer à y travailler aux heures habituelles que je consacre au collationnement de Montaigne, soit de midi à 7 heures du soir environ[1].

Céleste est intraitable et se retranche derrière le règlement de la Bibliothèque pour interdire que Grand ait accès à une pièce chauffée. Courbet et Armaingaud envoient d'autres paléographes à Bordeaux chargés de la même mission les années suivantes.

[1] Lettre de Grand du 30 janvier 1907, Archives de la Bibliothèque de Bordeaux, A 47.

Fin 1912, le destin sourit brièvement aux éditeurs de l'Édition Typographique. Leur premier volume paraît enfin, mais il porte opiniâtrement la date fausse de 1906 sur la page de titre, manière de revendiquer qu'elle est contemporaine de l'Édition Municipale et qu'elle a la même valeur. Courbet et Armaingaud, ses fiers éditeurs, profitent de l'opportunité pour fonder à Paris une « Société des Amis de Montaigne », à une époque où les progrès des études sur Montaigne sont loin de se dérouler dans un climat amical. Comme il se doit, Strowski ne participe ni au dîner d'inauguration ni aux réunions du groupe. Raymond Céleste, le Directeur de la Bibliothèque de Bordeaux, qui a supervisé pendant vingt-cinq ans les transcriptions du manuscrit ajournées à maintes reprises, a trouvé la paix du tombeau le 13 novembre 1911. Sa dernière lettre au personnel de la Bibliothèque est uniquement consacrée, comme on pouvait s'y attendre, aux consignes à suivre pour manipuler en toute sécurité l'Exemplaire de Bordeaux pendant les séances de prises de vue perturbatrices réalisées par Hachette. Ce fac-similé photographique, publié en 1912 avec une préface de l'omniprésent Strowski, continue à mettre sur la touche et à dénigrer l'étrange relevé typographique effectué par Courbet sur les *Essais* (A53)[1]. Dans sa dernière lettre, Céleste indique à ses assistants combien de temps il faut rester avec le livre, comment le surveiller pendant le déjeuner du photographe et ce qu'il faut en faire pendant la nuit. Il laisse aller son imagination car il lui est possible de se faire une idée de ce qui peut mal se passer. Il écrit à ses amis de la Bibliothèque qu'il a sué sang et eau pour écrire cette dernière lettre.

Le successeur de Céleste, François Gébelin, remplace aussi Strowski à la tête de l'Édition Municipale. Mais en 1914, il doit quitter les tranchées philologiques du Sud-Ouest de la France pour celles plus tristes du Nord-Est. Il est blessé durant la Grande Guerre, et – ce qui contraste avec l'éditeur hésitant qu'est Strowski – continue à renvoyer héroïquement des épreuves depuis son lit d'hôpital sur le front[2]! En mars 1914, Gébelin a terminé la transcription des *Essais* de Montagne, ce qu'il annonce gracieusement au Maire dans sa lettre du 30:

---

[1] Lettre du 8 juin 1911, Archives de la Bibliothèque de Bordeaux.

[2] Voir la préface de Mirmont, *Essais*, Édition Municipale, volume III, Bordeaux, Pech, 1919.

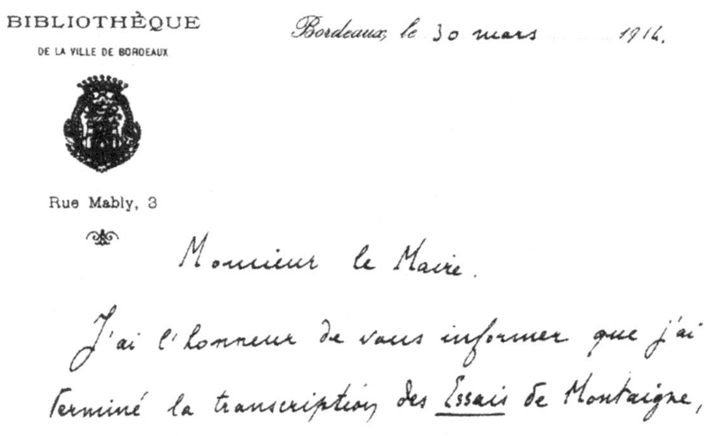
BIBLIOTHÈQUE
DE LA VILLE DE BORDEAUX

Rue Mably, 3

Bordeaux, le 30 mars 1916.

Monsieur le Maire.

J'ai l'honneur de vous informer que j'ai terminé la transcription des Essais de Montaigne,

Le troisième volume de l'Édition Municipale paraît en 1919 avec une préface du maire-adjoint Mirmont (1858-1924). Cinquante années se sont écoulées depuis que la ville de Bordeaux a entrepris ce projet. Les deux derniers volumes de la grande édition, comprenant un commentaire et des glossaires, ne seront pas publiés à Bordeaux avant 1921 et 1933.

À Paris, le troisième et dernier volume de l'édition rivale, l'Édition Typographique, paraît en 1931, non sans son lot de controverses. Le propriétaire de la première transcription, peu convaincante, réalisée en 1883, écrit au *Journal des Débats*, journal d'État, pour se plaindre du surcoût occasionné par cette édition et dire que les efforts réalisés pour la mener à son terme ont été vains. Courbet est mort en 1916, laissant au combatif Docteur Armaingaud, âgé de quatre-vingt-dix ans, la charge de l'Édition Typographique. Pour commémorer cette publication, Armaingaud va commander une statue de Montaigne et la payer de ses propres deniers. La statue sera inaugurée près de la Sorbonne en 1932 – davantage pour honorer l'indomptable montaigniste que fut le Docteur Armaingaud que pour rendre hommage au souriant auteur des *Essais*.

La célébration du quatre centième anniversaire de la naissance de Montaigne, le 28 février 1933, met un terme à la saga de l'Édition Municipale de Bordeaux. Pierre Villey (1879-1933) sera son dernier directeur. Son travail sur les sources des *Essais*, publié en 1908, a fait sursauter les chercheurs, principalement parce qu'il est l'œuvre d'une personne dont le handicap semble particulièrement peu adapté à un travail minutieux sur l'œuvre de Montaigne dans les années

1900 : Villey est aveugle. Mais Villey à son tour est retardé par sa santé et par l'indifférence de l'imprimeur de Bordeaux, Pech ; en allemand, son nom signifie « mauvaise chance ». Un rapide coup d'œil à la liste des invités à Bordeaux nous apprend que Villey, entre tous, n'a a pas été invité à la célébration du 26 mars 1933. Il s'en ouvre au maire : « Une lettre d'un de mes amis bordelais, reçue ce matin, m'apprend que les fêtes ont lieu dimanche prochain 26. Elle me cause une profonde déception. J'avais lu [...] que je recevrais une invitation [...]. J'ai promis une conférence à Lyon le 26 après-midi »[1]. Villey ne profite pas non plus de ses droits d'auteur : il trouve la mort sept mois plus tard, le 24 octobre 1933, son train ayant déraillé entre Paris et Caen.

Villey n'est pas le seul à être déçu avant sa mort tragique. La célébration du quatre centième anniversaire de la naissance de Montaigne est bien terne en comparaison de celle commémorant les cent ans de la mort de Goethe, un an auparavant. Des critiques voient dans cette célébration de « troisième classe » réservée à Montaigne la marque d'un embarras de la France, d'un manque de volonté. E. Henriot, par exemple, rappelle qu'il est régulièrement question de Montaigne dans la presse, que la nouvelle et splendide édition des *Essais* a été publiée, que la popularité de l'auteur n'a pas diminué. Pourquoi donc si peu de bruit autour de Montaigne ? D'autres, comme Gabriel Boissy – Henriot se réfère non sans sarcasmes à son article paru dans *Comoedia* – croit que Montaigne aurait récolté la médiocrité qu'il a semée. Ils pensent que le style plein d'assurance et insouciant de Montaigne lui a attiré la gratitude des petits bourgeois, c'est-à-dire de personnes dépourvues du sens de l'éclat, la part dramatique et tragique de la vie. (Peut-on placer Céleste, Cagnieul et Courbet dans ce groupe ?) Le sous-entendu est, bien sûr, que Goethe, à qui Montaigne est comparé, offre un tel drame et une telle intensité à travers ses descriptions de Faust, Marguerite, Werther et de ses autres personnages. Il est vrai qu'aucun héros aussi mémorable ne ressort des *Essais*. En fait, ils n'ont rien d'héroïque.

De toute évidence, Montaigne n'aurait pas souhaité qu'on célèbre son anniversaire en grande pompe, en publiant des éditions critiques monumentales ou en érigeant des statues à son honneur. Il n'appréciait pas particulièrement les « cérémonies », que ce soit celles qui entourent la mort ou celles qui prolongent la vie et la réputation. Les querelles et les mensonges qui caractérisent le travail des

---

[1] Lettre du 21 mars 1933 de Villey à Védère, archiviste de la ville, Archives municipales de Bordeaux, A82.

éditeurs dans les années 1900 font découvrir un univers que Montaigne a bien connu et qu'il s'est amusé à dépeindre en des termes qui n'ont rien de menaçants. L'absence de consensus sur la façon appropriée de célébrer le quatre centième anniversaire de la naissance de Montaigne révèle, heureusement, une absence de fanatisme en France. Mais il s'agit peut-être d'une absence significative, si on la replace dans le contexte politique de l'époque. L'article où Henriot dit son mécontentement au sujet des commémorations en mémoire de Montaigne se trouve en première page du *Temps* à côté d'informations consacrées à l'effondrement des sociaux-démocrates en Allemagne et à la multiplication de manifestations sinistres d'antisémitisme.

Cette brève histoire, sans élégance, de l'Édition Municipale et de ses rivales, peut avoir fait jaillir de nouvelles questions. Pourquoi a-t-il fallu trois siècles aux Montaignistes pour redécouvrir et pour transcrire l'Exemplaire de Bordeaux ? Pourquoi a-t-il fallu presque un demi-siècle d'efforts répétés pour compléter les éditions critiques et pour achever ces transcriptions ? Les réponses à ces questions sont d'ordre historique, littéraire, éthique. Elles sont au cœur de cette étude. Elles demandent au lecteur de considérer les *Essais* de l'extérieur, de les regarder comme un produit culturel dont l'identité évolue avec le temps, dont la présentation est porteuse de sens. Nous devons nous poser une question essentielle : quelle est l'importance de cette rivalité entre les éditions des *Essais* de Montaigne autour de 1906 ? Ces éditions, comme les copies sur lesquelles elles s'appuient, sont-elles un miroir à double face, réfléchissant non seulement l'esprit de l'époque, mais supportant aussi les traits des *Essais* eux-mêmes ?

II

PREMIÈRES TRANSCRIPTIONS

Vers 1900, les montaignistes avaient l'idée que l'examen des annotations manuscrites de Montaigne leur révélerait, peut-être pour la première fois, les pensées profondes de Montaigne. Dans sa préface au premier volume du fac-similé photographique, Strowski note en effet que l'Exemplaire de Bordeaux est :

> le plus direct et le plus significatif monument de la vie intellectuelle d'un homme de génie [...] aucun manuscrit, en effet, non pas même celui des Pensées de Pascal, ne révèle avec une plus fidèle précision le mouvement de la pensée de son auteur[1].

Les éditeurs scientifiques de cette époque ont conscience de révéler pour la première fois à la fois ce que Montaigne a biffé et « supprimé » dans le corps du texte et dans les marges. Voilà ce qui est à l'origine de leur fascination et de leur curiosité, ce qui rend leur projet nouveau et unique. Nous pouvons consulter une à une les lettres qui témoignent de leur fascination et reflètent le « mouvement de la pensée » de leurs auteurs, reliques émouvantes de leurs pensées et de leurs actions. Comme l'histoire qu'elles nous racontent, ces lettres sont parfois fragmentaires et incomplètes ; elles ne sont pas exhaustives. Elles donnent cependant une image claire des épisodes dramatiques qui ont marqué la vie de ces éditions critiques entre 1868 et 1933. Bien sûr, cette image n'est pas sans poser de problèmes. Il est évident que la conservation de documents concernant ces éditions aux Archives Municipales de Bordeaux et à la Bibliothèque est en lui-même le signe d'un problème. Les Archivistes de la rue Mably et de la rue du Loup rappellent scrupuleusement les mauvaises nouvelles. Les lettres qui nous sont conservées parlent de démissions, de protestations, de remontrances et de plaintes. Comme Goethe l'écrit, rien n'est plus décourageant qu'une longue série de jours ensoleillés.

[1] *Essais*, Reproduction phototypique, p.p.F.Strowski, Paris, Hachette, 1912, p. 6.

De façon exceptionnelle, la collection de ces lettres s'ouvre chaleureusement pour l'Édition Municipale. Un document daté de 1868 annonce une bonne nouvelle : la Ville de Bordeaux va financer la réalisation d'une édition critique suivant le projet soumis par Reinhold Dezeimeris (1835-1913) deux ans plus tôt. Ce document, qui ne porte ni signature ni date, commence sur un ton sublime et respectueux :

> La Municipalité de Bordeaux a, par une décision que l'on ne saurait assez louer, voté l'impression des Archives de la Ville[1].

Ce document n'est pas au sens propre une lettre. Le fonctionnaire qui l'a rédigé a en tête des lecteurs bien précis : la municipalité de Bordeaux, non la localité ou le groupe de commerces et d'habitations, mais le maire et ses adjoints, ceux qui dirigent la ville et construisent son avenir. Cette déclaration est destinée à Bordeaux, personnifiée par la foule de fonctionnaires et de bibliothécaires qui écrivent en son nom.

Apparemment, ce document a été examiné à plusieurs reprises : les angles de la feuille où ce projet anonyme est écrit sont en lambeaux et usés, preuve que de nombreux lecteurs l'ont consulté depuis 1868. Il est possible que les différents éditeurs de l'Édition Municipale – peut-être même leurs rivaux – l'aient eu en mains pour se rappeler quelle noble cause ils servaient :

> En somme, l'occasion se présente pour Bordeaux de rendre absolument sien un de ses monuments, qui ne doivent jamais périr ; laisser ce soin à nos successeurs c'est risquer de tout perdre. Ne nous exposons plus longtemps à un tel danger, lorsqu'en faisant autrement nous sommes certains d'avoir l'approbation de tout ce qu'il y a en France de lettrés et intelligents.

Il est indubitable que les adjoints au maire, et tout particulièrement Henri de la Ville de Mirmont, ont repris cette page pour se rappeler quelle devait être leur ligne de conduite et se souvenir qu'ils devaient veiller à faire respecter des délais acceptables. Le document est en mauvais état : les dernières lettres de certains mots écrits dans la marge de droite sont illisibles, parfois même des mots entiers le sont. Comme Montaigne, l'auteur de ces lignes écrit jusqu'à l'angle droit sans se soucier de l'éventuelle usure du papier[2]. C'est le sort

---

[1] A1 comme pour les trois citations suivantes.

[2] Je me souviens de ma surprise lorsque j'ai vu que mon directeur de thèse à l'Université de Caroline du Nord de Chapel Hill, le professeur Edouard Morot-Sir,

que connut aussi l'Exemplaire Bordeaux quand les imprimeurs ont coupé son bord pour le relier au XVIIIe siècle. Le corps du texte de l'archiviste comporte d'autres similitudes de cet ordre : son rédacteur a biffé deux ou trois phrases

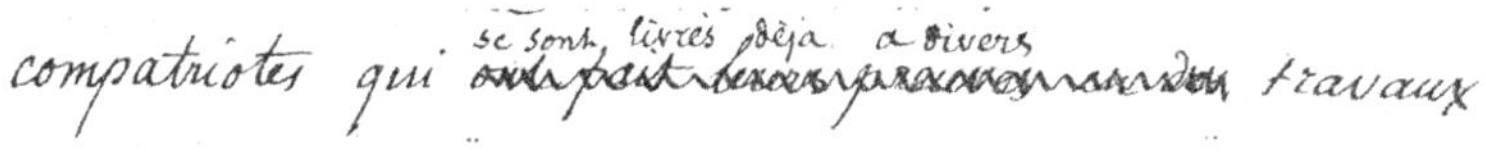
compatriotes qui se sont livrés déjà à divers travaux

et

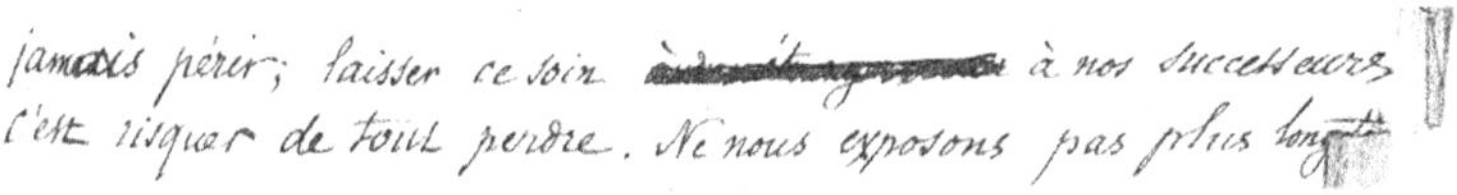
jamais périr ; laisser ce soin à nos successeurs, c'est risquer de tout perdre. Ne nous exposons pas plus long

En premier lieu, il change d'idée quand il fait référence aux deux érudits, Reinhold Dezeimeris et Henri Auguste Barckhausen (1834-1914), qui sont à ses yeux les meilleurs candidats pour cette nouvelle édition :

> Nous croyons savoir que deux de nos compatriotes, qui se sont livrés déjà à divers travaux de ce genre ne refuseraient pas de diriger l'exécution de cette belle œuvre et une allocation annuelle relativement peu considérable suffirait pour la conduire à bonne fin.

Les paléographes de la Belle Époque auraient-ils analysé ce document comme ils le faisaient pour l'Exemplaire de Bordeaux, qu'ils auraient pris leur loupe et mis le feuillet devant une lampe au gaz de la Bibliothèque de Bordeaux. Ils auraient soupçonné l'archiviste qui a rédigé la déclaration d'avoir caché quelque chose en en rendant la première version illisible. Ils se seraient demandé pourquoi il a effectué la correction suivante :

> Nous croyons savoir que deux de nos compatriotes, qui
> se sont livrés déjà à divers
> ~~ont fait leurs preuves dans des~~ travaux de ce genre…

Peut-être auraient-ils conclu que la seconde formule est moins pompeuse et moins présomptueuse. Si Strowski avait édité ces lignes en suivant les méthodes de l'Édition Municipale, il aurait placé la phrase ajoutée en italique dans le corps du texte et l'expres-

qui venait lui aussi de Bordeaux, avait tapé ses observations jusqu'au bord de la marge de droite. Cela paraît, rétrospectivement, correspondre aux habitudes des écrivains de notre époque, et à celles de Montaigne lui-même.

sion originale en bas de page. Si Courbet avait suivi les principes de l'Édition Typographique, il aurait reproduit ce passage comme ci-dessus, en reproduisant son emplacement, mais il aurait rendu l'expression biffée plus lisible : ~~ont fait leurs preuves dans des~~. Cette différence dans la façon de reproduire le texte de l'Exemplaire de Bordeaux est au cœur du débat ouvert par ces éditions.

Quelques lignes plus bas, l'architecte de la proclamation de 1868 raye son texte énergiquement ; il rappelle alors que le devoir de réaliser une édition monumentale de Montaigne ne devrait pas être laissé à d'autres :

> En somme, l'occasion se présente pour Bordeaux de rendre absolument sien un de ses monuments, qui ne doivent jamais périr ; laisser ce soin à nos successeurs c'est risquer de tout perdre.

Le texte original comporte une expression plus provocatrice, moins neutre que la référence aux « successeurs » de Bordeaux. On lit difficilement sous les lignes épaisses de l'encre qui raye cette expression un accent grave suivi d'un accent aigu et la partie supérieure d'un « t ». Au bout du compte, on entraperçoit le jambage d'un « g » dans un autre mot.

Quelle idée l'archiviste a-t-il supprimée ? Il fait référence à des « étrangers » ; il a écrit en premier que, pour le projet d'une édition monumentale, il n'est pas possible de « laisser ce soin à des étrangers. » Quels étaient les « étrangers » qu'il avait en tête ? Deux ans après, Messier, le directeur de la Bibliothèque qui est responsable de la conservation de l'Exemplaire de Bordeaux, interpellera le maire adjoint pour trouver d'urgence des moyens de préserver le précieux manuscrit de l'invasion prussienne. Mais il est peu probable que l'archiviste pense aux Prussiens pour réaliser une édition critique de Montaigne ! Il fait référence à d'autres érudits français, qui ne sont pas de Bordeaux et qui projettent une édition critique des *Essais* s'appuyant sur l'Exemplaire de Bordeaux. Il a rayé une référence voilée à Jean-François Payen ou Ernest Courbet. Le premier a adressé des demandes pour que l'Exemplaire soit transféré à Paris[1],

[1] Voir Michel Simonin, « Le zèle et la compétence : le docteur Payen, Reinhold Dezeimeris, et les études montanistes au XIXe siècle », *Montaigne Studies*, X, 1998, en particulier p. 103-110.

quant au second, à cette époque, il a mal accueilli les projets de Payen pour une édition définitive. L'archiviste, prophète en cela, aurait dû laisser intacte sa première idée. L'édition critique de Bordeaux sera hantée par les tentatives étrangères de la copier et de lui voler la vedette.

Pourtant, ces étrangers ne forment pas un groupe harmonieux. En 1868, soit deux ans avant la mort de Payen, Ernest Courbet a l'idée de publier l'Exemplaire de Bordeaux et est sèchement réprimandé par Jean-François Payen. En 1913, dans sa préface à l'Édition Typographique, il évoque ce moment où se mêlent la tension et l'embarras. Il rappelle qu'il a rendu visite au «grand montaigniste», Jean-François Payen, pour recevoir ses instructions et pour offrir ses services et ceux de son collaborateur, M. Royer. Le Docteur Payen congédie Courbet en lui indiquant qu'avant d'entreprendre une édition critique des *Essais*, il faut réaliser un dictionnaire de l'orthographe et du vocabulaire de Montaigne. Courbet s'imagine que cette exigence repoussera cette édition aux calendes grecques, mais Payen n'en tient pas compte. Courbet en conclut qu'une coopération entre lui et Payen est impossible:

> Désireux pour ma part de prendre le mot d'ordre du grand montaigniste, et de me soumettre à ses instructions, je me suis présenté à lui et lui ai proposé mon concours et celui de M. Royer. Le Docteur se montra flatté, mais il garda de la hauteur. L'offre de nos services, justifiée par des travaux antérieurs, fut acceptée sous une condition cruelle dans sa simplicité. Préalablement à la remise du texte des Essais à l'impression, nous devions établir un lexique de la langue de Montaigne formé de tous les mots recueillis dans les éditions primitives, les lettres et les notes autographes de l'exemplaire de la Bibliothèque de Bordeaux. Ce travail présentait un double inconvénient: il ajournait indéfiniment la date d'une réimpression des Essais, et il unissait sans utilité des éléments orthographiques disparates, l'autographie personnelle de Montaigne et les modalités d'orthographe en usage dans les ateliers d'imprimerie. L'objection, malgré sa justesse, n'eut aucun succès. Dans ces conditions, toute entente devint impossible[1].

Leur rencontre s'acheva orageusement, «sur un propos considéré comme un acte d'insubordination», écrit Courbet. Payen mourra en 1870, son rêve d'une édition parfaite de Montaigne n'ayant pas été

---

[1] «Avertissement» du premier volume de l'Édition Typographique, Paris, Imprimerie Nationale, 1913, p. vii-viii.

réalisé. De son côté, Courbet préparera la réimpression de l'édition de 1595.

À Bordeaux, un sursaut d'activité signale le début de l'Édition Municipale. Le 24 juin 1868, de son écriture claire et élégante, Dezeimeris écrit de Loupiac à l'archiviste (A2). Il exprime son enthousiasme pour le projet et celui de l'Académie de Bordeaux qui a elle aussi pris connaissance du projet. Malheureusement, Dezeimeris n'est pas en mesure de remettre son message en mains propres, devant se rendre en Dordogne (vraisemblablement pour y surveiller ses vignes) : « J'espérais, Monsieur, pouvoir vous transmettre moi-même ce renseignement, mais obligé de partir ce soir pour la Dordogne, je crains que mon éloignement de Bordeaux ne se prolonge encore ». Une autre lettre, ne portant pas de signature (A3), datée du 14 juillet 1868 et adressée au maire de Bordeaux, se fait l'écho de plus d'un des éléments mentionnés dans la déclaration de l'archiviste.

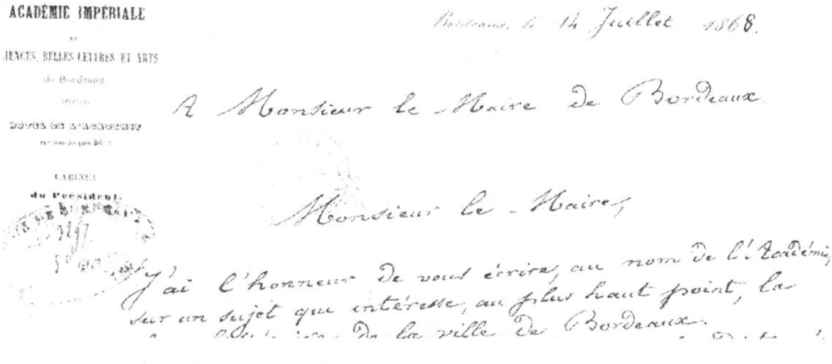
ACADÉMIE IMPÉRIALE

BELLES-LETTRES ET ARTS

du Président

Bordeaux, le 14 Juillet 1868.

A Monsieur le Maire de Bordeaux

Monsieur le Maire,

J'ai l'honneur de vous écrire, au nom de l'Académie, sur un sujet qui intéresse, au plus haut point, la … de la ville de Bordeaux.

Son auteur, le Président de l'Académie Impériale des Sciences, Belles-Lettres et Arts de Bordeaux, M. Roux, note que Dezeimeris a lu récemment, très précisément le 10 janvier 1867, devant l'Académie une étude intitulée *Recherches sur la recension du texte posthume des Essais de Montaigne*. Dezeimeris y attire l'attention sur « les sources du texte des Essais et [...] restitu[e] à l'exemplaire de Bordeaux annoté de la Bibliothèque de Bordeaux, l'authenticité et l'importance que différents critiques lui avaient déniées ». Puis il revient sur la fragilité du manuscrit, sur la nécessité de le protéger comme l'avait fait l'auteur de la proclamation :

> [Dezeimeris] montrait aussi tout le parti qu'on pouvait tirer de ce précieux et unique exemplaire, pour une édition qui procurerait un texte bien authentique des *Essais*, et qui préserverait de toute chance de perte ou de destruction cette expression parfaitement fidèle de la

pensée de Montaigne. L'Académie avait écouté, avec l'attention la plus soutenue et la faveur la plus vive cette dissertation, où la méthode convenable pour donner, d'un chef-œuvre doublement national à Bordeaux, une édition critique fondamentale était indiquée avec une sagacité et une précision qui prouvaient que personne ne saurait mieux que M. Dezeimeris lui-même s'acquitter de cette tâche[1].

Pourquoi Roux dit-il de l'Exemplaire de Bordeaux qu'il est « un chef d'œuvre doublement national »? Il s'agit d'un écho à l'hésitation de l'archiviste entre les « successeurs » et les « étrangers », admettant ainsi que le manuscrit de Montaigne est admiré par les Bordelais et convoité par les autres. Pour Roux, Bordeaux est la seconde capitale de la France. En fait, Bordeaux est familièrement appelée « la triste capitale » en souvenir de son rôle de refuge durant la Commune, les Première et Seconde Guerres Mondiales. Les efforts répétés pour réaliser des éditions critiques des *Essais* donneront raison à Roux à plus d'un titre.

La lettre de Roux fournit d'autres bonnes nouvelles. Le plan du maire pour une édition critique est prêt à être réalisé :

> Ces espérances, Monsieur le Maire, sont à la veille de se réaliser. L'Académie vient d'apprendre, avec la plus vive satisfaction, que M. Dezeimeris entreprend de donner cette édition pour laquelle il avait tracé des règles d'une méthode si sévère et d'une exécution si exacte, et qu'il s'est assuré la collaboration de M. Barckhausen, jeune savant dont tout le monde lettré à Bordeaux apprécie le talent et les lumières et le plus capable, avec lui, de mener à bien un tel labeur.

Roux exprime le souhait que la Municipalité de Bordeaux « voudra bien prendre, pour les Essais, une décision semblable à celle qu'elle a prise pour ses archives, et voter des fonds annuels pour l'édition à faire, et dont ils [Dezeimeris et Barckhausen] se chargeraient de diriger l'exécution »; il ajoute que ce financement sera dans une large mesure couvert par « la vente d'une partie des exemplaires ». Malheureusement, le même sort sera réservé à ces espoirs qu'aux éditions critiques : ils connaîtront plus d'un d'échec, plus d'un report. Seul Albert Cagnieul recevra ce paiement annuel pendant les trois ans où il établit la copie figurée, à savoir de 1900 à 1903.

Quatre jours plus tard, le 18 juillet 1868, le secrétariat du maire de Montpellier adresse une lettre à Bordeaux :

[1] Lettre du 14 juillet 1868, A3, comme pour la citation suivante.

MAIRIE
DE MONTPELLIER
BUREAU

Le Maire de la ville de Montpellier

Montpellier, le 18 Juillet 1868

Monsieur et cher Collègue,

J'ai l'honneur de vous donner avis, que je viens d'inviter Monsieur le Bibliothécaire de la ville à vous envoyer la troisième édition des <u>Essais</u> de Montaigne, que vous me demandez par votre lettre du 7 juillet courant.

Agréez, Monsieur et cher Collègue, l'expression de ma considération la plus distinguée. (A4)

En en-tête se trouvent deux plumes d'oie s'entrecroisant et entourant une cathédrale supportant une Vierge à l'Enfant –

souvenir parmi d'autres du fait qu'à la fin du XIXe siècle en France, l'Église et l'État ne sont pas séparées. Le 28 juillet 1868, la mairie de Nantes écrit à Bordeaux qu'elle donne au Bibliothécaire « l'autorisation de livrer cet exemplaire à [son] Conservateur » (A5).

La rapidité de ces préparatifs et l'expédition de ces éditions rares à Bordeaux font réfléchir le Directeur de la Bibliothèque. Son écriture minuscule et serrée est presque illisible quand elle se déploie en courbes fines tout au long de la page. De même qu'il contrôle son écriture, il contrôle sa ligne de conduite, ou dit qu'il a tout intérêt à ce que les règles de la Bibliothèque soient respectées.

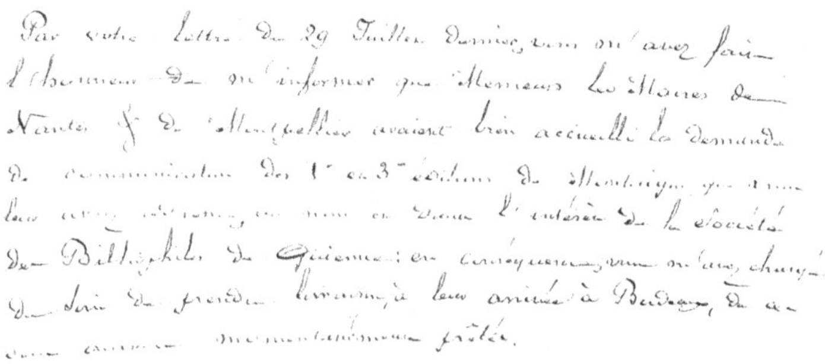

Ses préoccupations touchent, à proprement parler, la déontologie de la Bibliothèque : il décrit de façon pratique les règles à suivre pour manipuler et sauvegarder les livres. Le 1er août 1868, il écrit au maire : « Par votre lettre du 29 juillet vous m'avez fait l'honneur de m'informer que Messieurs les Maires de Nantes et de Montpellier avaient bien accueilli la demande de communication des 1ere et 3eme éditions de Montaigne que vous leur avez demandées au nom et dans l'intérêt de la Société des Bibliophiles de Guyenne » (A6). Gergerès veut savoir ce qu'il doit faire de ces livres :

> Les livres dont il s'agit sont parvenus à la bibliothèque l'un par le chemin de fer du Midi, l'autre par voilier d'Orléans, à l'adresse de M. H. Barckhausen, Secrétaire de la Société des Bibliophiles. Je ne doute pas que Messieurs les délégués de la Société qui doivent s'occuper d'une nouvelle édition des *Essais*, ne se présentent bientôt ; c'est pourquoi en vue de ma responsabilité à l'égard de volumes d'un grand prix et rares à tel point qu'il serait, sinon impossible, du moins très difficile de les remplacer, je crois devoir, Monsieur le Maire, vous prier de m'indiquer et prescrire, en ce qui concerne le mode de l'opération projetée. (A6)

Il serait injuste de ne pas tenir compte des préoccupations de Gergerès en les prenant de haut. Loin de là, elles nous rappellent que des projets ambitieux ont nécessairement une dimension pratique et que l'érudition n'est pas une abstraction. En un sens, sauver l'Exemplaire de Bordeaux n'est pas seulement un acte unique en son genre mais pose plus d'un problème, principalement ceux du fonctionnement courant de la Bibliothèque, de la protection et de la conservation des instruments (éditions antérieures et transcriptions) nécessaires à cette entreprise. Gergerès se charge de conserver les éditions prêtées et demande au maire des instructions précises :

> 1) pour combien de temps je puis confier et prêter à Messieurs Dezeimeris et Barckhausen, ou l'un d'eux, les ouvrages dont il s'agit *sur leur simple récépissé*
> 2) Si je dois garder en mes mains ou vous transmettre ce *récépissé* fait par eux, ou, en *votre* nom ou au *mien*? (A6)

La lettre suivante détenue par les Archives municipales concernant les *Essais* porte l'indication « confidentiel ». Elle n'est pas consacrée à l'Édition Municipale. Son auteur, le nouveau Directeur de la Bibliothèque, Messier, écrit non pas au maire mais à l'un de ses adjoints. Elle est datée du 15 octobre 1870, soit plus d'un mois après la défaite de Sedan. Il n'y est plus question de la nouvelle édition et de la politique de prêt. La lettre de Messier aborde des questions plus urgentes. Il se soucie de la préservation de l'ouvrage de Montaigne et des mesures à prendre pour le mettre à l'abri de l'armée allemande. Ces mesures, comme le souligne Messier, exigent que le texte de Montaigne soit enterré ou emmuré dans les caves de la Bibliothèque en un lieu secret indiqué par l'architecte de la Ville. Les premières lignes de la lettre de Messier ont quelque chose d'irréversible et de dramatique. Il se dispense des formalités d'usage pour commencer *in medias res*:

> **Pendant** toute la matinée et une grande partie de l'après-midi, j'ai pris mes mesures avec le sous-Bibliothécaire de la ville pour que les précautions que vous avez prescrites pour mettre autant que possible à l'abri les trésors que renferme la Bibliothèque de la ville, soient suivies d'un bon résultat[1].

Puis Messier dresse la liste des livres qui doivent être sauvegardés, le premier d'entre eux étant bien sûr, les *Essais*:

[1] A7, comme pour les trois citations suivantes.

> La Ville possède un livre unique en Europe, les *Essais* de Montaigne, enrichis sur toutes les pages de notes nombreuses du grand moraliste. C'est le plus beau joyau de nos collections.

Il écrit que les mesures appropriées ont été prises en « coopération avec l'architecte de la Ville ». Messier a mis les *Essais* dans une boîte en zinc recouverte d'une épaisse couche d'ouate, mais cette solution est loin de le satisfaire. Il croit qu'un stockage à l'abri de l'air peut à la longue être aussi dommageable aux *Essais* (et aux autres livres précieux) que les effets de l'eau et de l'air. Il réalise, bien qu'il ne le dise pas, que sauver les *Essais* peut leur être aussi nuisible que ne pas en prendre soin :

> Cependant, Monsieur l'Adjoint, avant de faire murer le caveau qui doit renfermer toutes ces richesses typographiques permettez-moi de vous faire part de mes scrupules et de mes craintes que partage le sous-bibliothécaire.

Le sous-bibliothécaire dont Messier tait le nom, partagera de telles préoccupations pendant des dizaines d'années. Il est probable que ce soit Raymond Céleste qui ait aidé Messier à enterrer les *Essais* peu après son arrivée à la Bibliothèque en 1870.

Le Directeur s'excuse aussi de ne pas avoir suivi la voie hiérarchique – en effet, il n'a pas consulté le maire à ce sujet – mais note que le projet d'emmurer les livres précieux était fait à l'initiative de l'adjoint au maire. Messier termine sa lettre par une observation un peu mystérieuse, expliquant qu'il l'a envoyée au domicile de ce dernier pour garder l'affaire secrète :

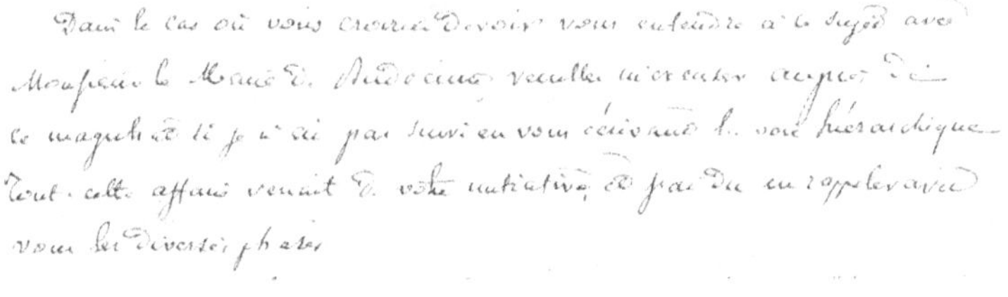

> Dans le cas où vous croiriez devoir vous entendre à ce sujet avec Monsieur le Maire de Bordeaux, veuillez m'excuser auprès de ce magistrat si je n'ai pas suivi en vous écrivant la voie hiérarchique. Toute cette affaire venait de votre initiative et j'ai dû en rappeler avec vous les diverses phases.
> Je n'ai pas voulu non plus faire porter cette lettre à la division, j'ai préféré l'adresser chez vous. Trop de personnes peut-être ont dû

> forcément être mises dans cette confidence. Il pourrait être imprudent d'en étendre le cercle.

Que Messier rechigne à suivre la voie hiérarchique est révélateur de la gravité de la situation. Pense-t-il que des personnes appartenant à l'administration locale ne sont pas dignes de confiance ? Quoi qu'il en soit, il s'agit d'une nouvelle entorse au code professionnel due aux *Essais* et aux livres précieux. Ce ne sera pas la dernière.

Ainsi, en 1870, le manuscrit de Montaigne est caché. On voit bien que « l'ordre des livres » coexiste avec « l'ordre des bibliothèques » et avec les instances qui ont en charge leur réception, leur sauvegarde et leur protection en temps de paix comme en temps de guerre. Roger Chartier écrit à ce sujet :

> Produites dans un ordre spécifique qui a ses règles, ses conventions, ses hiérarchies, les œuvres s'en échappent et prennent densité en pérégrinant, parfois dans la très longue durée, à travers le monde social. Déchiffrés à partir des schèmes mentaux et affectifs qui constituent la « culture » (au sens anthropologique) des communautés qui les reçoivent, elles leur deviennent, en retour, une ressource précieuse pour penser l'essentiel : la construction du lien social, la subjectivité individuelle, la relation du sacré[1].

La préservation des *Essais* devient ainsi pendant la guerre une « précieuse ressource pour penser l'essentiel : la construction du lien social, la subjectivité individuelle, la relation du sacré ». Cela nous rappelle que la part la plus abstraite des théories littéraires ou philosophiques (sur le sens du texte de Montaigne ou de tout autre texte) implique l'existence d'un système donnant accès à ces entités matérielles que sont les livres – cela a au moins été le cas dans les siècles antérieurs. Le projet de réaliser une édition monumentale des *Essais* de Montaigne a ainsi vu le jour durant les dernières années du Second Empire, sous Napoléon III. Avant que les Bordelais ou les « étrangers » de Paris aient pu faire des progrès importants, le projet va connaître une brutale interruption en 1870, année de la défaite de Sedan. L'instabilité militaire à Paris pendant la Commune va encore retarder ces desseins grandioses. Ce ne sera pas la dernière fois que les éditions critiques des *Essais*, si dociles et mesurées, devront attendre des heures plus pacifiques pour être publiées avec toute leur gloire.

---

[1] Roger Chartier, *L'Ordre des livres: lecteurs, auteurs, bibliothèques en Europe entre le XIVe et le XVIIIe siècle*, Aix-en-Provence, Editions Alinéa, 1992, p. 9-10.

Les Archives municipales de la Bibliothèque de Bordeaux comportent peu de documents concernant l'édition de Montaigne pour la période allant de 1870 au début des années 1880. Entre 1870 et 1873, Dezeimeris et Barckhausen publieront une réimpression de l'édition de 1580 des *Essais*, justifiant ainsi le prêt des éditions rares accordé par Montpellier et Nantes. Jean-Hector Messier sera en mesure de rapatrier les volumes rares en quelques années, plus rapidement que ne le font certains professeurs d'université de nos jours. Messier restera directeur de la Bibliothèque jusqu'en 1885, date où Reinhold Dezeimeris lui succède (1885-1890). Son collègue de talent, Henri Auguste Barckhausen, sera maire-adjoint de 1881 à 1884. Grâce à cela, il sera l'une des rares personnes ayant l'autorité d'accorder des prêts de livres à Bordeaux. Pour le meilleur ou pour le pire, Barckhausen accorde généreusement les prêts, amenant Messier à se plaindre dans une lettre du 19 décembre 1881 d'« abus auxquels donne lieu le prêt des volumes », ce qui nous rappelle qu'à cette époque la fonction d'un bibliothécaire était de sauvegarder les livres et non de les faire circuler.

Comme l'écrit Céleste dans son *Histoire de la Bibliothèque publique de Bordeaux* (1892), ce sont des années de tumulte et d'affluence pour la Bibliothèque de la rue Jean-Jacques Bel. Le manque de place pour les livres – il faut les ranger sur deux rangs sur les étagères – et pour les lecteurs crée des tensions et ce que Barckhausen nomme des « désordres » imputés, comme il fallait s'y attendre, aux trublions de la Société de la Libre Pensée[1]. En janvier 1882, Barckhausen accorde aux libres-penseurs l'autorisation de se réunir une nouvelle fois dans la Bibliothèque, mais formule une mise en garde :

> Mais j'ai prévenu le Président de la dite société que cette autorisation ne lui serait pas renouvelée, si les désordres qui ont marqué les dernières séances venaient à se reproduire dimanche prochain[2].

La Bibliothèque est prospère et bien gérée : le nombre de ses lecteurs double entre 1868 et 1888, passant de 5796 à 12132 par an[3].

[1] Lettre du 16 novembre 1881.

[2] Lettre du 21 janvier 1882, Archives de la Bibliothèque de Bordeaux.

[3] Note du 25 mars 1889, Archives de la Bibliothèque de Bordeaux.

Bordeaux est une ville active peuplée en 1890 de deux cents mille habitants, dont un grand nombre dispose de temps pour des activités intellectuelles. Le massacre tragique de nombre de ces lecteurs au cours de la Première Guerre Mondiale aura lieu quelques décennies plus tard. Vers la fin des années 1880, plus de quatre-vingt dix associations s'intéressant à des sujets différents se réunissent à la Bibliothèque. Parmi elles se trouve l'Union fraternelle des postiers, les colombophiles, l'association fraternelle des cheminots, la Société de la Libre-Pensée et un groupe se réunissant souvent autour de « la question du pain ». Dans son portrait de la ville de Bordeaux, Camille Jullian note avec anxiété la croissance inflationniste du nombre de ces associations et de ces clubs à Bordeaux :

> Les sociétés se développèrent assez lentement sous l'Empire et sous les Bourbons. Leurs progrès furent plus sérieux sous les Orléans, et à partir de 1852, elles s'accrurent avec une étonnante rapidité. À l'heure présente, rares sont les Bordelais qui ne soient pas inscrits sur les registres d'une société, qu'ils soient riches ou pauvres, jeunes ou vieux, hommes ou femmes. À nul moment de notre histoire, l'esprit d'association n'a été plus envahissant[1].

Jullian a le sentiment que le besoin de former des *coteries* et des clubs ne connaît pas de limites. En disant qu'il est « envahissant », il

[1] *Histoire de Bordeaux depuis les origines jusqu'en 1895*, Bordeaux, Feret, 1895, p. 745.

fait allusion à un problème inhérent à l'histoire des éditions de Montaigne : la tendance à choisir des camps et à suspecter l'autre camp de se livrer à des coups bas. Ces réunions aboutissent à des débordements et à des épisodes regrettables, notamment lorsque la Bibliothèque doit servir de bureau de vote. Cette situation malheureuse est aggravée par les facilités que la Bibliothèque doit accorder au Museum d'Histoire Naturelle, au Musée de Peinture et au Musée Militaire et des Arts Décoratifs. Dans son histoire de la Bibliothèque, Céleste note :

> certains livres étaient placés sur double rang ; la commodité des recherches demandant leur dédoublement [...]. Le malaise signalé par Monbalon [au début du XIXe siècle] allait toujours en augmentant, et il n'y eut pas un seul bibliothécaire qui ne se soit plaint des inconvénients qu'entraînait un tel état des choses[1].

L'intérêt porté au manuscrit de Montaigne grandit à cette époque et tout au long des dernières années du siècle. Sa consultation connaîtra un rythme extraordinaire au cours de la première décennie du XXe siècle. En attendant, la fréquentation croissante de la Bibliothèque entraîne un autre changement dans son fonctionnement : Barckhausen décide qu'elle ouvrira le dimanche au cours de l'été 1882 et attribue à cet effet une rallonge de 400 Francs le 11 juillet. Il se trouve que ces heures supplémentaires sont liées aux travaux sur Montaigne. Le 8 août 1882, Auguste Henri Couat (1846-1898)[2] autorise Léon Manchon à copier les notes figurant en marge du manuscrit de Montaigne. (Cette transcription, réalisée à la demande de son professeur Guillaume Guizot en vue d'une édition critique de Montaigne, deviendra par la suite la propriété d'Auguste Salles, qui la léguera à la Bibliothèque de Bordeaux en 1974). Au sujet du travail de Manchon, Couat n'emploie pas le mot de transcription, mais parle d'un travail consciencieux. Il insiste sur le fait que Manchon veillera à ce que le document soit bien conservé :

> M. Léon Manchon est autorisé à étudier soigneusement notre exemplaire des Essais de Montaigne de 1588, tout en en assurant la conservation.

---

[1] R. Céleste, *Histoire de la Bibliothèque de la Ville de Bordeaux*, Bordeaux, Gounouilhou, 1892, p. 77-78.

[2] Selon E. Féret, Couat (né en 1846) est l'adjoint au maire « chargé de l'Instruction publique » de 1884 à 1887, voir *Statistique de la Gironde*, 3, Biographie.

Le 30 mai 1882, Barckhausen a refusé d'accorder à la Société Philomatique le prêt d'ouvrages précieux et de manuscrits, tout particulièrement le « célèbre exemplaire des Essais de Montaigne ». La transcription de Manchon porte le titre de « Copie Manchon (1883) du ms. de Bordeaux », elle comporte un millier de pages. La plupart des corrections faites par Montaigne y sont reportées, mais, souvent, les modifications de ponctuation dans le corps du texte ne le sont pas[1]. Guizot puis Salles y apportent des corrections en noir et avec un stylo bleu. Plus tard, sur la page de couverture sera inscrite une citation de la préface de Strowski à l'Édition Municipale : « La très belle copie de Manchon »[2]. À la différence des deux transcriptions suivantes réalisées respectivement par Routhier et Cagnieul, Manchon ne tentera pas de reproduire la « physionomie » de l'édition de Montaigne ; il n'essaiera pas plus d'analyser les étapes de la pensée de Montaigne que les additions auraient rendu perceptibles.

Manchon rédige un livre sur son travail au cours de l'été 1883 : *De la Constitution du texte des Essais*[3]. Dans sa préface à ce travail, F.Rauh rappelle certains faits :

> Manchon avait été associé avec Monsieur Guillaume Guizot, professeur au Collège de France, à la préparation d'une nouvelle édition de Montaigne destinée à la Collection des Grands Ecrivains de la France, que publie la maison Hachette. Pendant les vacances de 1883, il passa six semaines à Bordeaux, occupé à étudier par le menu le précieux Exemplaire des *Essais* corrigé par la main même de Montaigne et que conserve la bibliothèque de cette ville. (49)

Manchon considère que l'écriture de Montaigne est tout à fait lisible. Il fait allusion aux « pages entières d'une écriture fine, serrée, soignée, régulière, sans une rature et qui n'ont rien de commun avec les développements écrits au courant de l'improvisation, allongés, raccourcis, corrigés en mille manières » (60). Il est évident qu'il a recours à l'édition de 1595 pour déchiffrer plus d'une phrase, pour « dégager la rédaction définitive » (53). Il lui arrive de croire que de nombreuses questions au sujet de la pensée de Montaigne – quand et pourquoi il a rédigé certaines additions – doivent rester sans réponse

[1] André Tournon a édité une version des *Essais* avec les dernières modifications de ponctuation, voir *Essais*, 3 volumes, Paris, Imprimerie Nationale, 1988.

[2] Bordeaux, Pech, 1906, volume 1.

[3] Léon Manchon, *De la Constitution du texte des «Essais»*, Laval, Moreau, 1888. Le numéro qui suit chacune des citations de cet ouvrage renvoie à la page de chaque citation.

et il considère sa transcription avec une salutaire dose de scepticisme. Il propose parfois des interprétations plus ambitieuses : il croit que si Montaigne avait eu assez de temps pour ces corrections, il aurait produit à la fin un texte clair et ordonné !

> Il me semble que, dans une révision définitive, considérant non plus des passages isolés [...] [Montaigne] aurait infiniment multiplié ce genre de corrections, de manière à rétablir cet ordre, à ramener une clarté complète. (58)

Comme d'autres personnes chargées de transcrire ces additions, Manchon croit que sa connaissance de la psychologie de Montaigne a progressé. Il apprécie surtout le style de Montaigne : « Quand [...] on a vécu dans l'intimité de Montaigne [...] [il] ne semble plus seulement un merveilleux modèle, mais [...] devient, en vérité et dans toute la force du mot, un maître de style » (66).

Le 28 mai 1884, un an après que Manchon a fini son travail et que sa transcription a quitté la Bibliothèque, le maire adjoint Couat autorise la réalisation d'une autre copie, faite à la demande d'Ernest Courbet. Les archives de la Bibliothèque conservent une note concise : « L'adjoint au maire, soussigné, autorise M. Routhier à copier les notes de l'édition annotée par Montaigne 1588 ». Au cours du même mois, Dezeimeris résume le travail ainsi :

> M. Courbet receveur municipal de la Ville de Paris auteur avec M. Royer d'une édition de Montaigne a envoyé M. Routhier, attaché à son administration pour transcrire les notes autographes de notre exemplaire des *Essais*, ainsi que M. Guizot l'a déjà fait faire par M. Manchon. Toutes les facilités possibles ont été données à l'envoyé de M. Courbet qui travaille depuis 8 heures du matin jusqu'à vers sept heures du soir. (A8)

Toutes les autres allusions à cette « copie figurée » sont bien postérieures dans les écrits de Courbet portant sur ses différentes éditions et sur la création de la Société des Amis de Montaigne. Il est intéressant qu'il y ait aussi peu de traces directes de cette copie, alors que son influence sur les éditions postérieures est significative. La copie de Routhier va hanter l'histoire des éditions critiques à la façon d'un fantôme. Comme nous le verrons, Courbet l'emploie plus d'une fois pour justifier les faveurs de la Bibliothèque à son égard ou pour donner de l'élan à d'autres éditions. Comme Courbet l'écrit, Routhier a effectué sa transcription sur l'édition de 1588 comportant des marges extraordinairement larges. Armaingaud la décrit dans son allocution à la Société en 1912 ; il note que Courbet a envoyé – ce qui lui a coûté très cher – un paléographe expérimenté à Bordeaux pour copier « sur un exemplaire de l'édition de 1588 préalablement pourvu de grandes marges [...] toutes les indications manuscrites »[1].

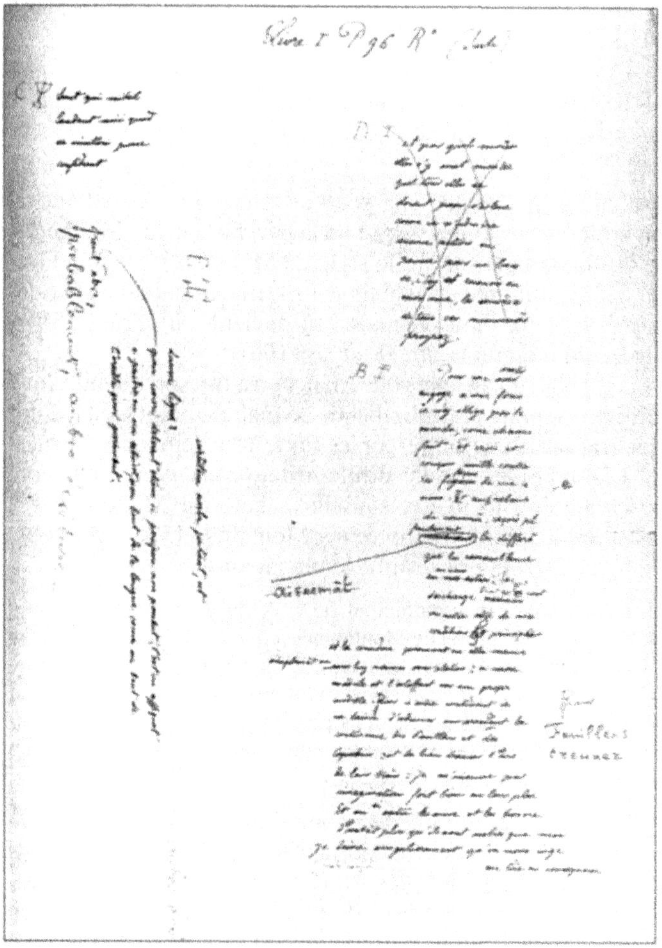

Manchon, 96 recto

[1] Lettre datée du 22 mars 1905 adressée au directeur de l'Imprimerie Nationale, Arthur Christian, et signée par le Dr. Armaingaud, le Dr. Beaussenat, MM. Courbet, Grimanelli, Isbert et Henri Monod, et reproduite dans le *Bulletin de la Société des Amis de Montaigne*, 1913, p. 61 (Slatkine Rep., 1970) et dans l'« Avertissement à l'Édition Typographique des *Essais* de Montaigne », tome III, Paris, Imprimerie Nationale, 1931, p. vi.

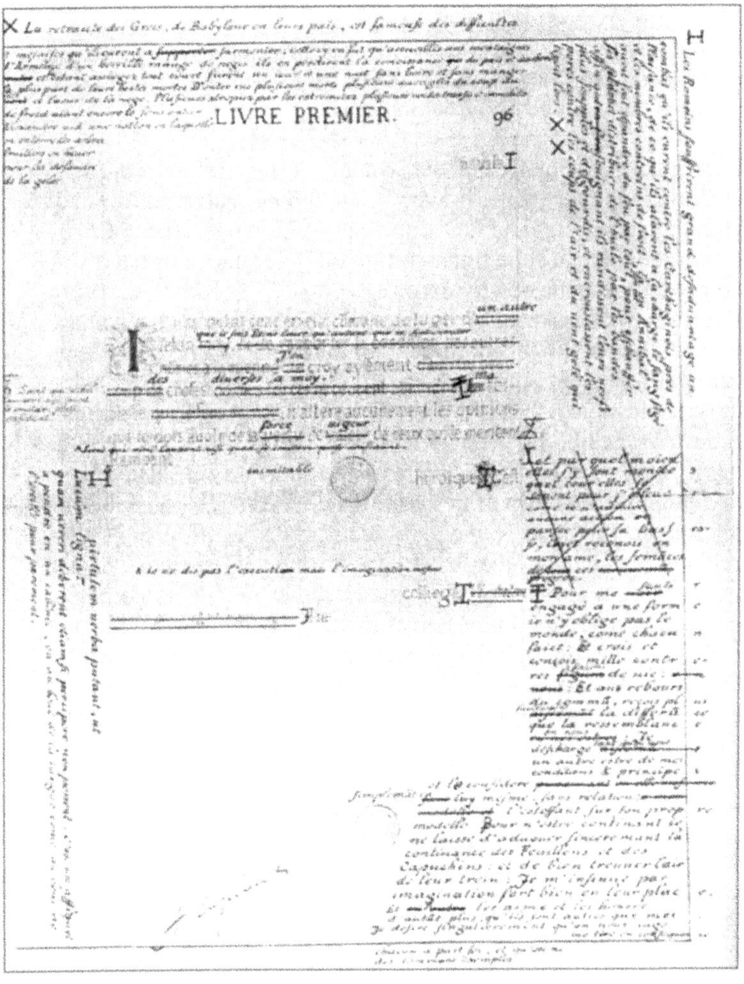

Cagnieul, 96 recto

Courbet explique lui-même en quoi la transcription de Routhier était nécessaire à l'édition de 1595 publiée chez Lemerre :

> Les éditeurs [...] M. Royer et moi, ont estimé que cette réimpression [celle de l'édition de 1595] devait être accompagnée d'annotations tirées de l'exemplaire de Bordeaux et sur l'avis d'un paléographe autorisé, M. Ulysse Robert, ce travail a été confié à M. Routhier qui l'accomplit en 1886, sous les yeux de M. Dezeimeris, alors Conservateur de la Bibliothèque de Bordeaux[1].

À en juger par son effet sur ses lecteurs et sur ceux qui l'ont vue, la copie de Routhier transcrit avec beaucoup de réalisme l'original de Montaigne. Le directeur de l'Imprimerie Nationale, Arthur Christian, tient tellement à cette transcription qu'il accepte le projet d'une édition typographique des *Essais*.

Les transcriptions de la fin du siècle étaient parfaitement en phase avec le réalisme qui accorde la première place aux documents authentiques, aux archives et aux sources perdues. Ce réalisme remet en question la version des *Essais* couramment reproduite, celle de 1595 établie par Mlle de Gournay. Selon Stendhal, en littérature, le réalisme propose de tendre un miroir à la réalité afin de voir tout ce qui pourrait être vu. Les éditions de Montaigne datant de la Belle Époque se fixent le même objectif, dans la mesure où elles cherchent à révéler ce que Montaigne a rayé. Il est clair que les efforts réalisés à partir de 1883 pour effectuer une copie complète des annotations de Montaigne correspondent à la théorie du réalisme qui affirme qu'il est possible et souhaitable de transcrire toute la réalité. Dans le domaine littéraire, ce réalisme trouve son apogée avec les œuvres quasi scientifiques de Flaubert et Zola – dans des œuvres faisant la chronique de ce qui va mal dans la vie des hommes. Dans le domaine des études sur Montaigne, c'est dans les séries de transcriptions de l'Exemplaire de Bordeaux commencées en 1883 que ce réalisme atteint son apogée.

---

[1] « Allocution », *Bulletin de la Société des Amis de Montaigne*, Paris, 1913, p. 51 (Slatkine Rep., 1970).

III

Faux départ

Les Archives de Bordeaux ne contiennent pas de document faisant directement allusion à l'Édition Municipale entre les années 1880, au moment où Routhier effectue sa copie, et la fin du siècle. Selon Courbet, Dezeimeris tente en 1895 d'acquérir la seconde transcription pour le compte de la Bibliothèque. Son but est estimable et compréhensible : il veut protéger l'Exemplaire de Bordeaux car les érudits demandent de plus en plus souvent à ce qu'on le leur communique. Pendant ce temps, Courbet est inséparable de son fac-similé portable ; pourtant, il n'a certainement pas été contre l'idée de le montrer aux savants curieux de Paris. La Bibliothèque de Bordeaux ne possède aucune trace de la proposition de Dezeimeris ou du paiement qu'il aurait pu promettre à Courbet pour cette faveur. Il est pourtant probable que Dezeimeris souhaitait rentrer en possession de la copie de Routhier, pas seulement pour éviter que l'Exemplaire de Bordeaux ne se dégrade. Cette copie préparait la réalisation du vieux rêve de Dezeimeris : voir une grande édition municipale des *Essais*.

Dans son discours aux nouveaux membres de la Société des Amis de Montaigne en 1912, Courbet donne une version un peu ambiguë de cette offre : il donne l'impression que son refus poli s'accompagne d'une compensation : il offre aux bibliothécaires de Bordeaux les moyens de réaliser leur propre copie du manuscrit de Montaigne :

> Cette contrefaçon ouvertement opérée dans une intention louable sur un exemplaire des Essais de 1588, parut quelques années après son achèvement, pouvoir être acquise pour le dépôt public où elle avait été exécutée, dans le dessein d'épargner au manuscrit original les périls et la fatigue des communications journalières. M.Dezeimeris m'en fit donc proposer l'abandon. De telles offres attestaient l'excellence de la copie de M. Routhier, mais pour cette raison même, elles ne pouvaient être l'objet d'aucune suite. Cependant, en reconnaissance des facilités qu'elle avait prodiguées sans compter pour l'exécution d'un duplicata des Essais, la bibliothèque de

> Bordeaux reçut un exemplaire de 1588, interfolié de papier blanc. Il m'était impossible d'aller plus loin[1].

Nous avons déjà noté que le refus de Courbet a quelque chose d'héroïque et de guindé. Appartenant lui-même à l'administration, Courbet devait bien savoir que son langage des plus administratifs était vraiment en phase avec celui qu'employait la municipalité de Bordeaux. Mais ce que dit le patron de l'Édition Typographique en 1912 est marqué par des événements de la décennie antérieure, particulièrement par l'échange d'arguments virulents avec Strowski en 1906. En 1895, Courbet n'aurait pas été obligé de dire que sa copie était « louable » ou de vanter son « excellence ». C'est seulement plus tard qu'il cherche à défendre la réputation d'une copie qui a été exposée à plus d'une attaque.

L'absence de progrès de l'Édition Municipale au cours des dernières années du XIXe siècle peut être liée à des défis et à des changements d'ordre matériel. L'année où Routhier achève sa copie, le 2 juin 1886, le Conseil Municipal de Bordeaux décide officiellement de transférer la Bibliothèque de la rue Jean-Jacques Bel au 3 de la rue Mably. Jean-Hector Messier, le Directeur jusqu'en 1885, ne verra pas la réalisation de ce projet, puisqu'il meurt le 28 janvier 1887. Pendant ce temps, le travail sur Montaigne se poursuit de manière sporadique, mais il ne s'agit pas de l'Édition Municipale. Par exemple, Auguste Couat autorise M. Frémont à collationner l'Exemplaire de Bordeaux pour le Professeur Voizard à la condition suivante : « M. Frémont ne serait autorisé à consulter notre précieuse édition qu'en présence du conservateur ou du bibliothécaire adjoint »[2]. À une époque où les travaux des érudits sont menés d'arrache-pied, celui effectué sur l'Exemplaire de Bordeaux l'est à double titre, puisqu'il faut constamment le surveiller, nouvel aspect plaisant étant donné le caractère personnel des rêveries de Montaigne. Alors que le transfert rue Mably se prépare dans des conditions difficiles, il est remarquable et même un peu surprenant de constater que la Bibliothèque reste ouverte pour permettre l'étude des *Essais*. Dezeimeris et Barckhausen ont certainement dû encourager de telles recherches, notamment la transcription de Manchon. Cette bienveillance à l'égard de chercheurs curieux au cours d'une période mouvementée contrastera fortement avec les atermoiements

---

[1] « Allocution », *Bulletin de la Société des Amis de Montaigne*, 1913, p. 52 (Slatkine Rep., 1970).

[2] Document du 29 janvier 1887, A 29.

voulus en 1906 pour décourager Ernest-Daniel Grand et les représentants de l'Imprimerie Nationale au moment où ils cherchent à concurrencer l'Édition Municipale.

Ulysse Robert, Inspecteur Général des Bibliothèques, se rend à Bordeaux du 24 au 26 avril 1888 pour évaluer le catalogage et l'état des lieux avant le déménagement. Quand, dans les années 1920, le directeur de la Bibliothèque justifiera le besoin de remplacer du personnel qui s'est retiré, il fera allusion à la visite de Robert et à l'excellente évaluation qu'il a faite :

> Bordeaux est une des villes de France où les lecteurs sont le plus rapidement servis, mais cet avantage n'est dû qu'à la grande expérience et à la valeur des agents qui leur apportent les volumes (Boucherie, Sauboâ, et, au besoin, Ducousso). Un personnel de qualité moyenne et moins familiarisé avec l'emplacement des ouvrages dans les dépôts, doit être, selon M. Ulysse Robert, inspecteur des bibliothèques, composé sur la base d'un donneur de livres pour trente personnes[1].

Robert, lexicographe de grande réputation, est lié à Bordeaux pour une autre raison. C'est lui qui a adressé à Courbet « un paléographe distingué », Routhier, pour la transcription de la copie figurée. L'inspection de la Bibliothèque se déroule sans aucun problème, Robert indique pourtant qu'il est souhaitable d'établir un nouveau système de catalogage des livres. Dezeimeris lui répond en rédigeant une éloquente défense de la tradition bibliothécaire et cite Raymond Céleste comme exemple[2]. Dezeimeris est parfaitement conscient que sa conception du bibliothécaire comme un catalogue vivant est en train d'être remplacée par des méthodes de classement et de conservation plus modernes et plus impersonnelles. Il n'aurait pas pu penser qu'un siècle plus tard, Bordeaux ouvrirait au public une bibliothèque où des robots chercheraient les livres. L'éloge que fait Dezeimeris est particulièrement instructif ; il ne s'applique pas qu'à Céleste mais aussi à un grand nombre d'autres bibliothécaires dont la « féconde [...] collaboration » reste anonyme :

> Et pourquoi hésiterai-je à citer l'exemple de mon excellent collaborateur M. Céleste ? Je ne pense pas qu'il se trouve à Bordeaux un travailleur sérieux qui n'ait eu l'occasion de lui demander des indications bibliographiques [...]. A l'aide de ces pistes révélées sans

---

[1] Document du 16 septembre 1922, A 84.

[2] Document rédigé vers 1888, A10. Les citations suivantes sont empruntées à ce document.

> prétention et sans réserves, il est [...] des travaux qui n'auraient pas été faits sans cette féconde, cette anonyme collaboration.

L'extraordinaire énergie requise pour organiser et superviser les transcriptions de Montaigne et les problèmes qui en ont découlé ont, heureusement, fait que le travail des bibliothécaires de Bordeaux est entré dans les archives publiques. Dezeimeris explique comment Céleste a acquis cette connaissance du fonds. C'est un savoir basé sur la classification selon le sujet, ce qui exige que le bibliothécaire se souvienne physiquement et intellectuellement de l'emplacement des livres :

> Eh bien ! Ce savoir secourable n'a pas été acquis autrement que par une fréquentation permanente des séries méthodiques de notre dépôt. Les livres, par la nécessité de les examiner afin de les caser, de les presser à leur place propre, ont laissé ainsi leur trace durable dans un esprit ouvert.

Selon Dezeimeris, un catalogage arbitraire – « Les mêmes livres dispersés çà et là au hasard de leur entrée à l'inventaire » – aurait fait de Céleste « une machine bibliographique. Machine à mouvement exact, peut-être, mais condamnée à rester raide et muette, comme le fer ». Dezeimeris anticipe quand même sur les robots qui finalement vont remplacer certains bibliothécaires de Bordeaux et marquer le passage à une autre ère en 1991.

Les Archives de la Bibliothèque gardent le souvenir d'épisodes moins démoralisants : elle a eu son lot de personnalités excentriques à la fin du XIXe siècle. Plusieurs personnes, comme Communay, un bibliothécaire venu en visite, seront accusées d'avoir volé des manuscrits rares, précisément au cours de la période où est réalisée la première transcription de Montaigne (1884-1886). D'autres semblent avoir été de véritables maniaques ou des parasites – ou ils accuseront les bibliothécaires de l'être. Le 11 juillet 1889, par exemple, peu avant que la Bibliothèque ne ferme ses portes pour être transférée rue Mably, Dezeimeris écrit au maire adjoint Perrens à propos d'« un prétendu artiste-écrivain », « un monsieur qui ne [lui] a pas semblé avoir l'esprit en parfait équilibre et qui se plaint de ce qu'on l'empêche de travailler par une interprétation exagérée du règlement ». Perrens soutient Dezeimeris et interdit à cet homme l'accès à la Bibliothèque. Hélas, très souvent l'interprétation du règlement dépend du point de vue de l'interprète.

La Bibliothèque de Bordeaux ferme ses portes en août 1890. En décembre, toutes les fenêtres et les lucarnes de l'ancien bâtiment sont hermétiquement bouchées pour des raisons de sécurité. Progressivement, tous les livres, notamment le précieux manuscrit de Montaigne, sont transportés une centaine de mètres plus loin, au 3, rue Mably, dans l'ancien couvent des Dominicains[1]. La réouverture a lieu le 15 décembre 1891 dans un bâtiment imposant. Entre 1887 et 1889, les architectes ont ajouté un portail monumental dans la cour de la Bibliothèque. À gauche de ce portail se trouve la façade baroque de l'église Notre-Dame, réalisée d'après celle de la Gesù à Rome. Le nouvel établissement évoque pour ainsi dire des aspirations religieuses et séculaires. En 1890-1891, son nouveau directeur, Raymond Céleste, a supervisé le départ des bâtiments de l'Académie de Bordeaux. La Bibliothèque s'éloigne ainsi de la clameur des associations réclamant de l'espace pour leurs réunions parfois tumultueuses. Il parle avec exubérance et optimisme de cette période et évoque d'autres problèmes dans son *Histoire de la Bibliothèque de Bordeaux* (publiée en 1892).

Les nouveaux locaux offrent un environnement plus propice aux efforts des savants. L'atmosphère ennoblit les travaux de recherche. Au moment où Céleste et d'autres passent la nouvelle entrée, ils lèvent de temps en temps les yeux vers l'allégorie du fronton pour l'admirer : elle représente une déesse portant sur ses genoux un folio ouvert. Les pages massives sont blanches, comme la copie interfoliée dont Courbet fera bientôt don à la Bibliothèque. Ce folio enchante les enfants, les adolescents et les adultes entourant la déesse. Les personnes qui visitaient la Bibliothèque et y travaillaient doivent avoir compris que ces nouveaux locaux étaient en parfaite harmonie avec les projets dressés depuis des décennies par la mairie de publier une édition monumentale des *Essais*, œuvre du plus fameux des citoyens de Bordeaux. Le lieu même où s'effectue la transcription est primordial : il nous permet d'apprécier quel honneur et quelle dignité on confère à ce travail.

Six ans après que Céleste est devenu directeur, en 1896, un jeune bibliothécaire nommé Cagnieul arrive à Bordeaux paré de son tout nouveau diplôme : « Cagnieul a été admis premier à Paris pour l'obtention du certificat d'aptitude aux fonctions de Bibliothécaire ». En même temps que lui arrive le cinéma : les premiers films des frères Lumière sont projetés en 1896, dans le bâtiment où a été conservé l'Exemplaire de Bordeaux pendant presque un siècle, l'Académie de Bordeaux. Les projections de ces films ont lieu le 29 février, un jour

[1] Voir Louis Desgraves, *Évocation du vieux bordelais*, La Brède, Ed. Visisques, 1989, p. 308-309.

après l'anniversaire de naissance de Montaigne. Ils enchantent les spectateurs qui voient des images saisissantes d'ouvriers quittant une usine à Lyon, de soldats s'entraînant et dansant follement, des enfants de Renoir en train de manger des raisins devant des arbres se balançant doucement. Ces films résument l'allégresse et l'insouciance de la Belle Époque. Mais des scènes horribles sont aussi projetées: un train entre lentement en gare, les spectateurs sont tapis par la peur, craignant d'être écrasés. Cagnieul avait quelques pas à faire depuis la nouvelle Bibliothèque pour assister à ce nouveau divertissement visuel. Il y est sûrement allé car il avait un don artistique et visuel.

C'est grâce à Ernest Courbet que le jeune copiste et artiste Albert Cagnieul emploiera ses talents au cours des premières années du XXe siècle. Pour remercier la Bibliothèque d'avoir permis à Routhier de réaliser sa copie, Courbet a envoyé trois volumes de qualité de l'édition de 1588 des *Essais* dans lesquels sont intercalés des feuillets blancs permettant la réalisation d'une transcription. Pour Courbet, ces trois volumes sont soit un vrai cadeau fait sans contrepartie aucune, soit une manière de confirmer « l'exactitude scientifique » de la copie figurée de 1886. Avant 1900, Cagnieul corrige les épreuves du dernier volume de la réimpression de l'édition de 1595 et est amené, ironiquement, à remettre en cause cette exactitude. Courbet raconte comment il s'est assuré le concours de Cagnieul pour la lecture des variantes:

> La révision des Variantes a été faite sur l'exemplaire de Montaigne, par M. A. Cagnieul, attaché à la Bibliothèque de Bordeaux. Tout en assurant leur exactitude, M. Cagnieul s'est arrêté à quelques-unes des notes les plus obscures. Il en a tiré d'intéressantes versions, que nous avons jugé bon d'insérer dans cet Appendice[1].

Apparemment, la transcription de Cagnieul diffère de celle de Routhier. L'édition gracieusement donnée par Courbet procurerait donc les moyens d'effectuer une comparaison systématique entre les lectures de Routhier et celles de Cagnieul. Mais Céleste tarde à remercier Courbet pour ce cadeau, soit qu'il rechigne à ce que la Bibliothèque ait une dette envers lui, soit que le Conseil Municipal tarde à prendre la décision de financer la transcription. En mars 1899, il écrit finalement en s'excusant:

[1] *Essais*, édition Courbet-Royer, Paris, Lemerre, 1900, vol. V, p. 294.

> Monsieur et cher Maître,
> Je suis coupable, je l'avoue, mais j'invoque le bénéfice des circonstances atténuantes pour obtenir votre pardon. J'espérais que nous allions avoir réunion de la Commission de la Bibliothèque peu après la réception de votre don magnifique et je voulais montrer les trois beaux volumes de Montaigne, provoquer une décision pour les pages blanches à garnir et vous transmettre avec nos remerciements le résultat obtenu. (A12)

« Les pages blanches à garnir » correspondent aux feuillets de l'édition de 1588 dont Courbet a fait don à la Bibliothèque. Céleste explique ensuite que cette réunion a été reportée et qu'il a été empêché d'écrire la plus petite lettre de remerciement :

> Des circonstances imprévues ont fait ajourner cette réunion qui n'aura lieu qu'après les vacances de Pâques, __ des occupations multiples survenues entre temps m'ont fait ajourner l'envoi d'un accusé de réception qui eût dû être rapide[1].

Céleste insiste sur le fait que ces trois volumes sont un don merveilleux à la Bibliothèque, s'efforçant, sans aucun doute, de rendre son indépendance à la Bibliothèque et de la dégager de l'obstination de Courbet.

C'est donc à la fin de l'automne 1899, après que Courbet a reçu la lettre élogieuse de Céleste, que la ville prend finalement la décision de confier à Cagnieul la transcription des annotations de Montaigne. Le projet est enfin lancé alors qu'il a été conçu quelque trente ans plus tôt. Un point n'est pas clair : pour quelles raisons Cagnieul n'effectue-t-il pas sa copie sur les pages blanches de l'édition donnée par Courbet à la Bibliothèque ? En effet, il fait sa propre « copie figurée » sur des feuilles volantes et non sur un volume relié. Les pages de papier millimétré qu'il utilise seront estampillées avec le sceau de la Bibliothèque de Bordeaux,

[1] N.A. Fr. 23191, Bibliothèque Nationale, Collection Moreau-Nélaton, lettre du 24 mars 1899 de Raymond Céleste à Ernest Courbet, envoyée de Bordeaux.

devenant ainsi un document officiel appartenant à la Ville. Cagnieul se rendra compte plus tard, en 1906, à quel point elles appartiennent vraiment à la Ville et non à lui. Il est plaisant d'observer que Cagnieul n'a pas employé les volumes donnés par Courbet, alors qu'ils semblent avoir été un élément décisif dans la décision d'effectuer la transcription. Il est tout aussi plaisant que Courbet – l'agitateur étranger contre qui l'archiviste met en garde en 1868 (A1) – joue une fois encore le rôle de catalyseur, rappelant à Bordeaux quel intérêt elle peut trouver à une édition municipale. Mais pour Courbet, l'édition critique de l'Exemplaire de Bordeaux est une idée fixe et il n'y renoncera jamais. Son étude sur les annotations de Montaigne réalisée pour la réimpression de l'édition de 1595 a le caractère d'une expérience religieuse. En juillet 1900, il écrit à un ami de son écriture pointilliste: «À force de vivre dans leur intimité de me pencher sur leurs œuvres avec la loupe en main j'en saisis le dessus et le dessous, j'en ai appris plus qu'il n'en avait jamais été su» (A13). Qu'aurait pensé Montaigne d'un examen si minutieux?

Cagnieul fera la même expérience sur une plus grande échelle. Lui aussi va communier avec l'esprit de Montaigne. En 1902, Fortunat Strowski décrit le travail du bibliothécaire ainsi:

> M. Cagnieul ici même est entré dans la confidence du labeur de Montaigne: il l'a surpris penché, la plume à la main, sur son livre pour l'enrichir; il l'a vu travailler au jour le jour[1].

Selon Strowski, Cagnieul disparaît quand il copie Montaigne. Son stylo ne lui appartient plus, mais appartient à Montaigne. Ce n'est pas Cagnieul mais l'essayiste qui travaille «au jour le jour» à la lumière tamisée de la Bibliothèque et copie ses propres additions! Strowski ne voit pas un bibliothécaire consciencieux à l'écriture élégante mais plutôt Montaigne lui-même penché sur son manuscrit. En fait, il voit Cagnieul comme on considère tous les simples ouvriers de l'époque, c'est-à-dire comme des moyens de parvenir à une fin plus élevée, comme le maillon transparent d'une hiérarchie. Normalement, ces fonctionnaires conservent des traces des autres mais n'en laissent aucune d'eux-mêmes. En raison de sa fierté et de son implication dans la transcription de l'*Exemplaire de Bordeaux*, Cagnieul échappera à la règle.

Un siècle plus tard, il est pourtant difficile de trouver cette trace officielle de la transcription de Cagnieul à la Bibliothèque de

---

[1] «Montaigne lu à Bordeaux», *La Revue Philomathique de Bordeaux et du Sud-Ouest*, 1er mai 1902, Bordeaux, G. Gounouilhou, p. 3.

Bordeaux. Nous l'avons trouvée référencée presque accidentellement à la Bibliothèque Nationale de Strasbourg dans un catalogue des manuscrits détenus par les bibliothèques françaises. Rétrospectivement, il n'y a là rien de surprenant : en effet, les éditions critiques des *Essais* de Montaigne étaient au début du XXe siècle des entreprises au patriotisme affirmé ; Roux les désigne ainsi en 1868.

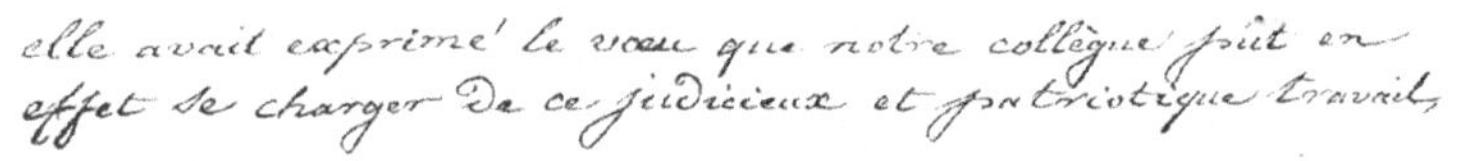
elle avait exprimé le vœu que notre collègue fût en effet se charger de ce judicieux et patriotique travail,

Étant des monuments de l'héritage littéraire et culturel de la France, elles se proposaient de compenser, au moins en partie, la perte de l'Alsace-Lorraine au cours de la guerre de 1870. La copie figurée de Montaigne, appelée « manuscrit n.1586 » est conservée dans un carton poussiéreux de la taille d'un folio. La première page comporte une note où le bibliothécaire indique quand ce travail a été effectué :

> Cette transcription figurée du manuscrit de Montaigne a été commencée en février 1900. Elle a été interrompue en octobre 1901, puis reprise dans les premiers mois de 1902 et *arrêtée* enfin en février 1903. Etablie avec le plus grand soin, *elle n'a cependant pas été collationnée*[1].

En 1905, Cagnieul referme le dossier de sa transcription. Il se donne la peine de bien signaler que son travail n'a pas été collationné, il souligne d'un double trait cet élément malheureux. Veut-il dire qu'il n'a pas comparé sa copie au manuscrit de Montaigne ? C'est improbable, puisque sa transcription est le fruit d'une comparaison quotidienne. Selon toute vraisemblance, il veut dire que sa copie n'a pas été confrontée à une autre, celle réalisée par son successeur ambitieux, Fortunat Strowski. Pourquoi Cagnieul n'a-t-il pas achevé sa transcription ? Pourquoi s'arrête-t-il en février 1903 ?

Une lettre où se lit l'impatience de l'adjoint au maire, Henri de la Ville de Mirmont, nous donne une partie de la réponse. Le 9 novembre 1901, visiblement inquiet de la lenteur du travail de Cagnieul, Mirmont écrit à Céleste. Il signale que le sous-bibliothécaire travaille depuis déjà vingt mois, ce qui aurait dû lui permettre d'achever cette transcription. Il demande des informations sur son avancement : « Je vous prie en conséquence, de vouloir bien faire préciser par M. Cagnieul dans une nouvelle note certifiée par vous le

[1] Document du 13 janvier 1905, A 29.

point exact où son travail est actuellement arrivé ». Cagnieul répond de son écriture claire et précise dans une simple «Note.»[1].

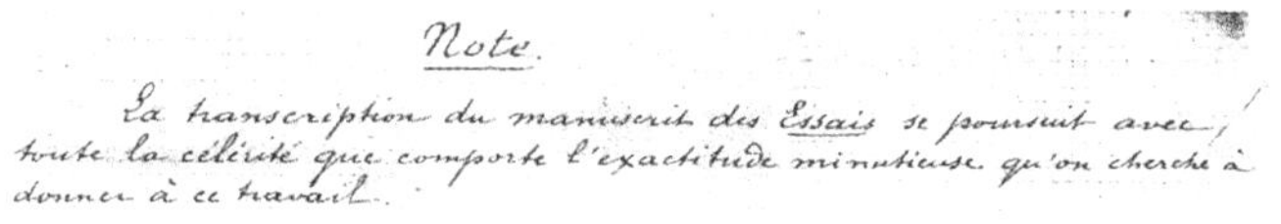
Note.

La transcription du manuscrit des Essais se poursuit avec toute la célérité que comporte l'exactitude minutieuse qu'on cherche à donner à ce travail.

Il emploie le même papier que celui qu'il utilise pour sa copie figurée. Le papier millimétré donne un caractère officiel à la note de Cagnieul, qui impose à ses pensées l'espace modeste et réduit de la page. Il signe « A. Cagnieul, Sous-bibliothécaire »; le « l » de son nom descend joliment pour rejoindre celui du mot « bibliothécaire »:

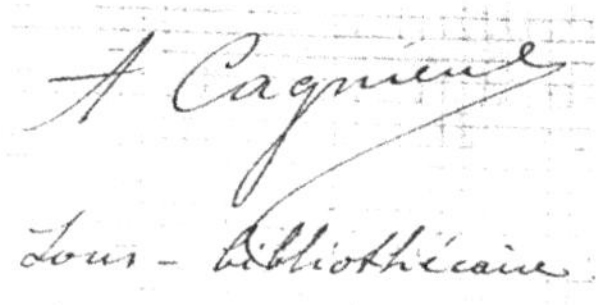
A. Cagnieul
Sous-bibliothécaire

Mais l'apparence de cette note est en contradiction avec le ton d'assurance et d'irritation adopté par Cagnieul:

> La transcription du manuscrit des *Essais* se poursuit avec toute la célérité que comporte l'exactitude minutieuse qu'on cherche à donner à ce travail.

Comme partout ailleurs, Cagnieul se laisse emporter par le côté scientifique de son travail et parle avec condescendance à Mirmont, comme un savant parlerait à un profane. Il emploie l'impersonnel « on » pour expliquer les étapes méthodiques qu'il a suivies. Ses remarques sur la complexité de l'Exemplaire de Bordeaux et sur son mauvais état matériel tranchent avec l'exposé que Strowski fera plusieurs années plus tard, en 1906: il mettra alors en évidence sa clarté et sa parfaite lisibilité. Cagnieul a passé vingt mois à se familiariser avec les aspects les plus obscurs du texte de Montaigne. Il est parvenu à la conclusion suivante:

> Ces difficultés tiennent, pour une part, à l'état de mutilation du manuscrit; de l'autre part et surtout à ce fait que les ratures et les

[1] Nous respectons scrupuleusement la présentation de Cagnieul: le mot est souligné et suivi d'un point, voir A 18. Les trois citations suivantes sont extraites de ce document.

surcharges recouvrent non pas seulement une forme primitive, mais de nombreux états successivement abandonnés dont les éléments se pénètrent et s'enchevêtrent d'une façon presque inextricable.

Nous disposons ainsi d'une image reflétant la complexité de l'écriture de Montaigne. Cagnieul est soigneux et logique, en digne héritier des principes des *Règles pour la Direction de l'esprit* de Descartes[1]. Parmi tous ceux qui ont effectué une transcription de ce manuscrit, il est le seul à s'intéresser à ses différentes strates *ou couches*. Manchon n'a pas vraiment tenté de révéler les origines des passages, Strowski ne s'en soucie pas plus d'ailleurs. Imperturbable, Cagnieul explique pourtant:

> La séparation des divers états a été opérée en faisant porter l'observation et l'analyse sur des faits matériels évidents. On a admis que cette séparation était régulièrement effectuée quand on avait rempli cette double condition:
> 1. de faire état de *tous* les éléments fournis par l'analyse;
> 2. de ne faire état *que* de ces éléments.
> Les résultats ont démontré l'efficacité de la méthode: les états successifs ainsi mis en évidence se montrent liés à ce point que le second dérive naturellement du premier; le troisième du second et ainsi de suite. On a pu compter jusqu'à huit états d'une même phrase.

Mais cette évolution dans l'ordre d'écriture des *Essais* existe-t-elle vraiment? Dans le reste de sa «Note», Cagnieul décrit comment il s'est familiarisé avec « la langue de Montaigne et en général avec celle des principaux auteurs du XVIe siècle ». Pour atteindre cette précision, il lui a fallu changer «la couleur de l'encre, toutes les fois que cela s'est trouvé nécessaire, de même que les formes et les dimensions des caractères, la disposition des ratures, etc., on est parvenu à donner une image exacte, mais infiniment plus claire du manuscrit de Montaigne». La dernière affirmation de Cagnieul éclaire un paradoxe de sa copie comme des autres: elles n'essaient pas seulement d'être exactes mais aussi d'être plus claires que leur source. Ces copies servent ainsi à nettoyer et élucider l'original, en éliminant ses imperfections et ses ratures. Mais ces deux objectifs sont-ils compatibles?

Il suffit de parcourir la copie figurée de Cagnieul pour réaliser – et c'est peut-être ce qu'a fait Mirmont fin 1901 – qu'une édition préparée d'une façon si élaborée serait illisible et peu maniable.

---

[1] Pour une édition récente de ce texte, voir la traduction de J. Sirven, Paris, J. Vrin, 1992.

Dans ses « Remarques » sur sa copie figurée (A16 et A17), nous découvrons jusqu'où Cagnieul peut aller pour mener à bien ses analyses microscopiques des additions de Montaigne. Il est particulièrement fier d'avoir relevé huit versions différentes de l'une d'entre elles : Montaigne écrit : « Mon collet de fleur sert à mon nez, mais, apres que je m'en suis vestu trois jours de suitte, il ne sert qu'aux nez assistants »[1]. Comme Montaigne, Cagnieul est devenu insensible à l'odeur de certaines habitudes des savants. Mirmont n'a pas ces habitudes et les a encore moins lorsqu'il découvre le sous-bibliothécaire une loupe à la main en train de décomposer le « p » de « puis » :

> On arrive à l'aide d'une forte loupe et en éclairant fortement le papier par transparence à faire le triage de ces divers éléments et de reconnaître la lettre **a** sous le premier **p** à la suite mais avec un peu plus de difficulté la lettre **p**; la lettre **o** a servi à la panse du second **p** (p). (A16)

La grande complexité des « Remarques » de Cagnieul, leur exhaustivité et leur exactitude parviennent à l'effet exactement contraire à celui visé par le bibliothécaire. Elles ont dû détourner la Ville de l'idée de poursuivre dans cette voie. Dans les dernières lignes de sa «<u>Note</u>», Cagnieul dit quels progrès il espère faire dans sa transcription. Il est à la fois optimiste et étrangement inquiet :

> En ce qui concerne l'état d'avancement du travail, le premier livre est définitivement achevé, ainsi qu'une partie du second. Tout ce qui reste à faire, est en grande partie préparé et pourra être terminé dans un temps relativement court, qu'il est difficile cependant d'évaluer à cause des difficultés particulières qui surgissent à tout instant. (A18)

Ces dernières lignes retentissent comme un triste refrain dans l'histoire des éditions critiques de ce manuscrit. Cagnieul n'est pas le seul à sous-estimer le temps nécessaire à la préparation des transcriptions. Ce sera le cas de chacun de ceux qui en entreprirent une. Son allusion aux « difficultés particulières qui surgissent à tout instant » est à la fois délicieusement mystérieuse et prophétique.

Six mois plus tard, Mirmont voit ses pires craintes réalisées. Avec colère, il demande cette fois-ci non plus un rapport sur la transcription mais la transcription elle-même. Ce qui le presse, c'est que Cagnieul a commencé à réfléchir à de hautes questions dépassant la

---

[1] *Essais*, I, 23, « De la coustume et de ne changer aisément une loy receüe », p. 109.

sauvegarde du livre de Montaigne. Étant quotidiennement au contact de l'un des livres les plus extraordinaires jamais écrits, Cagnieul a commencé à méditer sur la nature des livres en général. Il accueille ainsi avec un large sourire la proposition que lui fait en juin 1902 l'*École Normale des jeunes filles* de Bordeaux de présenter une série de conférences portant sur l'histoire du livre. La direction de l'École avait peut-être eu vent des travaux qu'il effectuait à la Bibliothèque. Sa réputation a suivi celle de l'*Exemplaire de Bordeaux*. Cagnieul rédige une note très courtoise au maire où il décrit en détail la période couverte par ses exposés ainsi que les ouvrages qui lui seront nécessaires ; il y est particulièrement ambitieux :

> Pour donner quelque attrait à ces leçons, il serait utile de montrer aux élèves un certain nombre de spécimens de manuscrits, de livres imprimés à différentes époques, de livres à estampes, de livres revêtus de reliures d'art. De tels ouvrages font partie, en général, des divers fonds de réserve et ne peuvent en sortir, même pour quelques heures, sans votre autorisation expresse. C'est cette autorisation que j'ai l'honneur de solliciter de votre haute bienveillance. Pour ce qui est du transport (aller et retour) il devrait être effectué par les soins de votre administration, seul mode de procéder qui présente toutes les garanties désirables. (A19)

Son projet est grandiose mais irréalisable. En bas de page, dans le coin gauche de la lettre, Raymond Céleste a noté son plein accord de son écriture claire caractérisée par la longue barre horizontale de ses « t » :

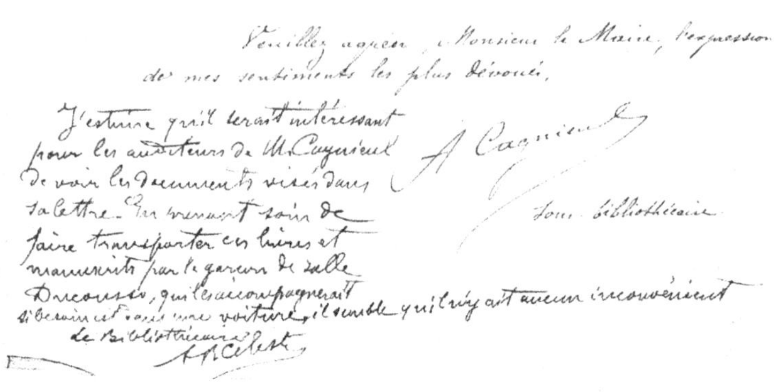
Veuillez agréer, Monsieur le Maire, l'expression de mes sentiments les plus dévoués.
A Cagnieul
Sous bibliothécaire
J'estime qu'il serait intéressant pour les auditeurs de M. Cagnieul de voir les documents visés dans sa lettre. En prenant soin de faire transporter ces livres et manuscrits par le garçon de salle Ducousso, qui les accompagnerait si besoin est dans une voiture, il semble qu'il n'y ait aucun inconvénient
Le Bibliothécaire
R Céleste

J'estime qu'il serait intéressant pour les auditeurs de M. Cagnieul de voir des documents visés dans sa lettre. En prenant soin de faire transporter ces livres et manuscrits par le garçon de salle Ducousso,

> qui les accompagnerait si besoin dans une voiture, il semble qu'il n'y ait aucun inconvénient. Le Bibliothécaire, R. Céleste[1].

Malgré l'appui de Céleste, la requête de Cagnieul est accueillie avec consternation. Mirmont a encadré l'énumération de Cagnieul d'épais traits noirs réalisés avec le manque de soin propre à l'administration et a noté à travers la marge de gauche d'une écriture rageuse sa réponse qui réfrène l'ambition du bibliothécaire :

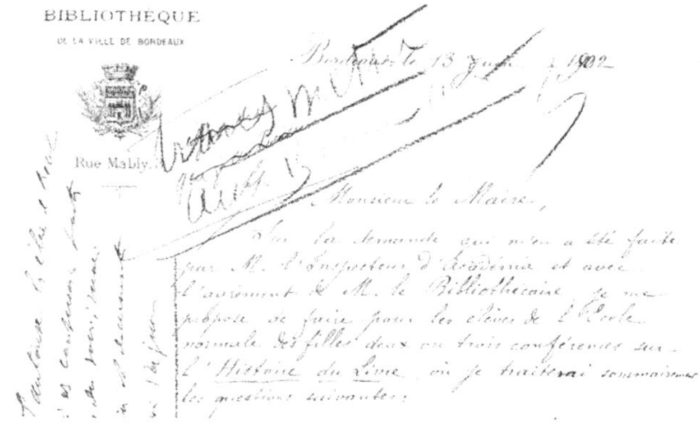
BIBLIOTHÈQUE
DE LA VILLE DE BORDEAUX
Rue Mably
Bordeaux, le 13 juin 1902
Monsieur le Maire,
Sur la demande qui m'en a été faite par M. l'Inspecteur d'Académie et avec l'assentiment de M. le Bibliothécaire je me propose de faire pour les élèves de l'École normale des filles deux ou trois conférences sur l'Histoire du Livre où je traiterai sommairement les questions suivantes :

> Écrire à M. l'Inspecteur d'Académie : J'autorise les élèves de l'École Normale à titre exceptionnel à assister aux conférences dans la salle de lecture après cinq heures du soir ; Mais non le transfert des auteurs et livres et documents ⁻ faire cette lettre pour demain 14 juin. (A19)

Le 13, jour où la demande irritante de Cagnieul a été reçue, Mirmont fait écrire par son secrétaire les lettres de réponse : tout est fait pour réduire les conférences et pour les placer à des heures où les élèves ne peuvent pas y assister. Mirmont écrit à l'Inspecteur, au Directeur et au sous-bibliothécaire dans cette intention. Trois jours plus tard, Céleste répond :

> L'autorisation que vous avez bien voulu donner à M. Cagnieul de faire dans la salle de lecture des conférences sur l'histoire du livre ne peut être suivie d'effet ; les élèves et leurs maîtresses ne pouvant se transporter à la Bibliothèque aux heures indiquées par le service du public. (A23)

Céleste dresse ensuite la liste de volumes que des fac-similés peuvent remplacer et d'ouvrages moins rares publiés au XIXe siècle.

---

[1] « Bibliothèque Municipale. Correspondance générale », 1302-R4 d. 1884-1919, Archives municipales de Bordeaux, A19.

Il ajoute que dans ces conditions, Cagnieul devrait pouvoir faire ses cours. Mais Mirmont s'intéresse à un autre fac-similé, plus important, celui dont la réalisation a été confiée à Cagnieul. Au verso de la lettre de Céleste se trouve la note de Mirmont, rageusement griffonnée, où il corrige Cagnieul qu'il désigne par les initiales «M. l. s.b. C» («M. le sous-bibliothécaire Cagnieul»).

Autant l'écriture de Cagnieul est soigneuse, humble et scientifique, autant celle de Mirmont ne respecte presque aucune forme.

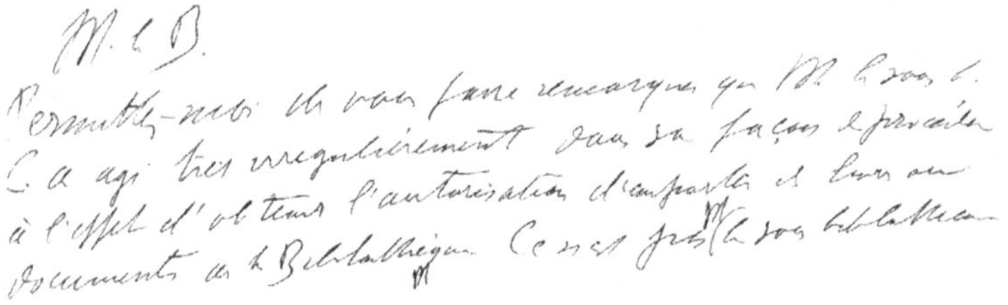

Il semble que Mirmont ne veuille pas accorder au bibliothécaire rebelle l'honneur d'être désigné par son nom complet. Il a dû considérer que le projet de Cagnieul était aussi démesuré et incontrôlable que celui du prétendu érudit de *Hedda Gabler* (1890) d'Ibsen qui cherche à écrire un livre sur le thème conséquent des *Origines de la Civilisation*. Celui qu'aborde Cagnieul l'est presque autant. Son projet malheureux de consacrer ses conférences à l'Histoire du livre interfère avec la transcription qu'il lui faut finir de manière pressante pour le compte de Bordeaux. Mirmont commence par faire remarquer à Céleste, réduit lui aussi à l'abréviation «M. B.», le caractère inadapté de la conduite de Cagnieul:

> Permettez-moi de vous faire remarquer que M. le sous-b. C. a agi très irrégulièrement dans sa façon de procéder à l'effet d'obtenir l'autorisation d'emporter des livres ou documents de la Bibliothèque. Ce n'est pas M. le sous-bibliothécaire Municipal mais bien M. l'Inspecteur d'Académie qui devait aviser la Municipalité de ce projet de conférence donné par un fonctionnaire municipal dans un local dépendant du Ministère de l'instruction publique[1].

[1] La réponse de Mirmont est écrite au verso de la lettre de Céleste; voir A 24, comme pour la citation suivante.

Puis, il resitue la demande de Cagnieul par rapport à son travail sur Montaigne, rappelant amèrement que son premier devoir est de terminer sa transcription. Il demande en plus que la copie de Montaigne – il peut s'agir de celle que Cagnieul effectue ; il est difficile de savoir laquelle il désigne – lui soit adressée de manière à ce qu'il puisse évaluer les progrès réalisés :

> Quand j'aurai reçu une demande officielle de l'inspecteur de l'Académie, je verrai à accorder l'autorisation demandée. Le zèle de M. le s.b. à se dépenser à d'utiles travaux extérieurs ne doit pas nuire aux travaux professionnels qui lui ont été confiés. Je vous prierai donc, M. le B. de vouloir bien me porter l'exemplaire de Montaigne pour que je me rende compte de l'état d'avancement du travail confié à M. C. Je n'estime pas que M. le s.b. puisse se consacrer à la préparation de conférences avant d'avoir terminé une œuvre importante qui lui a été confiée il y a déjà bien des mois.

Malheureusement, les caractères de la machine à écrire ne peuvent pas reproduire l'état d'esprit de Mirmont. Comme Strowski le dira pour les *Essais*, seul un fac-similé photographique a ce pouvoir.

Malgré le flirt de Cagnieul avec l'Histoire du livre, Céleste continue de défendre son travail de transcription. En 1902, la veille de Noël, il écrit au secrétariat du maire pour réclamer le paiement correspondant à son travail. La note rédigée en haut de la « copie figurée » nous a appris que Cagnieul a arrêté sa transcription en février 1903. Lorsque Céleste écrit cette lettre au maire en 1902, il doit défendre sa cause en alléguant la complexité de son travail et l'intégrité de Cagnieul. Le maire s'est interrogé sur l'avancée du travail et a menacé de couper les fonds quand il a appris que son paléographe se rebellait et se souciait de sujets très vastes. De son côté, Céleste invoque le jugement de Reinhold Dezeimeris, philologue respecté et ancien directeur de bibliothèque, pour venir en aide à Cagnieul. Dezeimeris, qui publiera un plan d'édition critique des *Essais* en 1903[1], doit bien sûr approuver ce projet de transcription. Céleste rappelle au maire que « M. Dezeimeris [...] estime que le travail de M. Cagnieul est fait non seulement avec toute l'intelligence et les connaissances nécessaires mais aussi avec une rare conscience » (A25) et ajoute que « ce travail fait avec un soin tout particulier doit légitimement valoir à son auteur le paiement pour la partie faite entièrement et celle préparée, d'une somme de six cents

---

[1] *Plan d'exécution d'une édition critique des Essais de Montaigne*, Bordeaux, Y. Cadoret, 1903.

francs représentant les douze mensualités dont le taux adopté par vous, Monsieur le Maire, était de 50 francs l'une»[1]. Céleste craint pourtant que le maire adjoint imagine que la copie de Cagnieul est prête à être fournie à l'imprimeur en 1903; il lui faut de nouveau écrire pour signaler les problèmes qu'il rencontre. Le 19 juin 1903, il rappelle au maire que la publication nécessite «une somme considérable de travail» et ajoute d'ailleurs:

> La copie figurée que vous aviez chargé M. Cagnieul d'établir ne peut être livrée à l'imprimeur telle qu'elle a été faite alors qu'il ne s'agissait pas d'impression, elle doit être transcrite à nouveau et accompagnée de l'indication des états successifs du texte manuscrit et aussi des textes imprimés du vivant de Montaigne et de celui de 1595[2].

Mirmont et d'autres membres du Conseil municipal de Bordeaux ont probablement appris avec surprise, et sans aucun doute, à leur grand mécontentement, que Cagnieul n'avait pas fait ce qu'ils pensaient. Ils n'avaient pas réalisé qu'il préparait une copie qui doit «être retranscrite» pour que l'imprimeur puisse l'utiliser. Céleste réalise que «ce travail de précision devra être fait assez rapidement» afin de ne pas retarder l'impression de l'Édition Municipale. Le premier volume doit être prêt pour le début de 1904 et il ne veut pas qu'un retard remette en cause le financement de l'édition. Céleste rappelle un élément au maire:

> C'est pour ce motif que vous avez bien voulu charger M. le Sous-Bibliothécaire Cagnieul de préparer l'impression de sa copie et des notes qui doivent l'accompagner avec la collaboration de M. Strowski et de M. Bourciez. (A26)

Bien que Céleste demande que Cagnieul soit autorisé à employer «presque tout le temps dont il pourra disposer – en y comprenant même le temps qu'il conserve à son service ordinaire» pour s'acquitter du devoir dont la responsabilité lui a été confiée[3] – très rapidement ses «collaborateurs» se seront mis à la tâche et Cagnieul aura disparu. Comme l'autorisation accordée à Cagnieul pour ses conférences aux élèves de l'École Normale, la décision prise par

---

[1] C'est une somme importante. Jacques Chastenet estime que si les visiteurs de l'Exposition Universelle de 1900 s'étaient rendus à chacune des cent expositions, cela aurait coûté à chacun six cents francs. En 1900, un bon repas revient à un franc.

[2] A26, comme pour la citation suivante.

[3] Voir les pièces A 25 et 26.

Mirmont, le 20 juin 1903, de l'autoriser à organiser son travail et à aménager son emploi du temps à la Bibliothèque afin de terminer la transcription ne sera pas suivie d'effet.

IV

TRAHISONS

Les archives de la Bibliothèque montrent qu'en janvier 1904, Cagnieul passe de nouveau vingt heures à travailler à des transcriptions, mais son travail porte cette fois sur Cicéron et non sur Montaigne. C'est le maire adjoint, Henri de la Ville de Mirmont, qui édite et publie l'auteur latin[1]. Au moment où Cagnieul doit abandonner Montaigne pour déchiffrer des manuscrits de Cicéron, Fortunat Strowski, qui est professeur de littérature à l'Université de Bordeaux, prend le relais du travail de transcription qui est physiquement éprouvant. Le 7 décembre 1904, il écrit à son maître, Ferdinand Brunetière, qu'il travaille sans cesse, qu'il « ne chôme pas ». Il annonce ce travail sur un ton de résignation presque racinienne « J'y use mes jours et j'y use mes yeux ». Ironiquement, Strowski dit que d'un point de vue purement typographique cette édition n'aura pas d'égale. Cagnieul a été témoin de sa diligence. Convaincu qu'il ne poursuivra jamais cette transcription, le sous-bibliothécaire y met un point final en rédigeant une brève chronologie du travail qu'il a effectué[2]. Le 8 mars 1905, Strowski écrit à l'archiviste de Bordeaux, en insistant sur le temps qu'il consacre à ce travail :

> l'année passée, j'ai établi en quatre mois le 5/6 du volume ; déchiffrement du manuscrit ; transcription ; corrections d'épreuves, j'ai tout fait moi-même. (A30)

Il est clair que Strowski met un point d'honneur à travailler seul, à tout faire lui-même. À la fin de sa lettre, il demande « une loupe à 3 pieds pour les variantes de ponctuation » pour soulager ses yeux épuisés – il n'en reste aucune trace à Bordeaux. Il demande aussi le premier volume de la réimpression des *Essais* de 1595 éditée par Courbet et stipule « je vous le rendrai peut-être, mais je ne le rendrai qu'en mauvais état. J'en ai un besoin urgent ». Une semaine plus

---

[1] Voir par exemple Cicéron, *Extraits et analyses des principaux discours*, p.p. H. Mirmont, Paris, Garnier, 1902.

[2] Document rédigé le 13 janvier 1905, A 29.

tard, le 13 mars, il écrit de nouveau à Brunetière pour lui expliquer qu'il prépare seul toute l'édition:

> Je suis seul actuellement à tout faire: je déchiffre le manuscrit, je copie, j'établis l'appareil critique, je ramasse les matériaux d'une introduction[1].

Quelques mois avant la publication du premier volume de l'Édition Municipale, Courbet et son groupe à Paris envoient une lettre à Arthur Christian, le Directeur de l'Imprimerie Nationale, pour lui proposer d'effectuer une Édition Typographique des *Essais*. Pour eux, «reproduire le manuscrit de Montaigne est d'un intérêt national»; ils ajoutent qu'une copie préparatoire à une édition de ce genre à été réalisée grâce à la générosité et à l'ingéniosité de Courbet:

> Un de nous, M. Courbet, qui a publié chez Lemerre une édition des *Essais* en cinq volumes, a réalisé, pour son usage personnel, le plan exposé ci-dessus: à très grands frais, il a envoyé à Bordeaux un paléographe expérimenté; sur un exemplaire de l'édition de 1588, préalablement pourvu de grandes marges, il a copié page à page toutes les indications manuscrites[2].

Christian accepte le projet. L'Édition Typographique est annoncée à un moment qui n'est pas favorable à l'Édition Municipale: en effet, les premiers exemplaires du volume I sont présentés aux membres de l'*Académie des Sciences Morales et Politiques* à Paris, à la fin du mois d'avril 1905. Le Professeur Luchaire présente le travail de Strowski comme une étape préliminaire menant à une meilleure édition établie par l'État, procurant «tout à la perfection, philologie, typographie, beau français». Strowski apprend que son édition a une rivale sérieuse de longue date, l'Édition Typographique. Pendant ce temps, Courbet n'a cessé de faire preuve de générosité envers la Bibliothèque de Bordeaux. Les Archives contiennent le fragment d'un bleu datant du 21 mars 1906 envoyé par Courbet à Céleste: il y est question d'une série de volumes des *Serres* dont Courbet a fait don à la Bibliothèque. Deux mois plus tard, le 26 mai, Courbet écrit à Céleste pour lui demander l'autorisation de faire réaliser trente photos des pages les plus importantes du manuscrit de Montaigne. Il

1. BN, NAF 25050.

2. Lettre du 22 mars 1905, voir l'Appendice du premier volume du *Bulletin de la Société des Amis de Montaigne*, 1913.

appuie indirectement sa demande en rappelant qu'il a fait don en 1898 d'une édition des *Essais*:

> Comme témoignage de reconnaissance et pour aider à la confection d'une copie des *Essais* à l'usage du public, j'ai cru devoir vous offrir un exemplaire interfolié de l'édition originale de 1588, reliée en velin blanc[1].

Courbet dit avoir besoin de ces photos pour vérifier l'exactitude de la copie réalisée par Routhier parce que l'édition interfoliée qu'il a offerte n'a jamais été employée à cet effet. Il semble que Courbet ait consacré une grande partie de sa carrière d'éditeur à corriger la copie ingénieuse que Routhier avait réalisée pour lui en 1886.

À la fin de l'été 1906, Fortunat Strowski consacrera beaucoup de temps à dénoncer le « vilain procédé » qu'utilise Courbet pour saper son travail. Il dresse alors une argumentation destinée à protéger l'Exemplaire de Bordeaux des effets dévastateurs des paléographes étrangers. Dans une lettre à Brunetière datée du 25 août 1906, Strowski révèle que ses soupçons sur la transcription rivale ont été confirmés par une discussion de quatre heures qu'il a eue avec le docteur Armaingaud à Bordeaux à la fin de l'été. Les deux hommes ont dû se rencontrer à la Bibliothèque de Bordeaux, Strowski s'y rendant pour poursuivre la transcription du second volume, Armaingaud pour comparer la sienne à l'Exemplaire de Bordeaux. Le docteur si sociable a avec lui les épreuves de l'édition de l'État et veut vraiment faire partager ce qu'il a découvert. Un peu furieux, Strowski le laisse s'épancher, agacé par les propos de son interlocuteur. Il en tire quelques conclusions surprenantes.

Sa première réaction consiste à déclarer la guerre à Paris ; pour lui, Bordeaux est victime d'un complot ourdi par le gouvernement. L'Imprimerie Nationale est à l'origine de « cette concurrence souterraine, cette brusque révélation, cet étranglement si bien préparé »[2]. Mais ces mauvaises nouvelles en masquent de bonnes : l'édition de Paris s'appuie sur un fac-similé défectueux, la copie figurée de Routhier. Strowski considère qu'elle est si mauvaise qu'elle va nécessiter beaucoup de travail pour permettre la réalisation d'une copie fiable ; et que ses éditeurs feraient mieux de photographier le manuscrit :

> Et j'ai vu ce que je n'espérais pas voir. L'Imprimerie Nationale n'a fait qu'un fac-similé incomplet et sur une copie fautive. Ce fac-

[1] Lettre du 26 mai 1906, A31.

[2] Lettre à F. Brunetière du 25 août 1906, BN.

> similé ne paraîtra pas tel qu'il devait paraître. J'ai fait toucher du doigt à Armaingaud l'insuffisance de ses procédés. La besogne est à reprendre par le pied. Et quand elle sera reprise on s'apercevra qu'il était bien plus simple de photographier [...] je suis payé de la peine que j'ai prise[1].

Strowski jubile en démontrant l'insuffisance philologique de l'approche de Courbet et d'Armaingaud. Il commente leur projet de façon imagée: « Ma récompense c'est de voir que quand on a voulu mordre, on s'est cassé quelques dents »[2]. Il croit, de plus, que son édition a évité de justesse l'étreinte fatale de l'argent et du pouvoir de l'État, péril qui ne menace pas seulement son travail mais la vie intellectuelle de la région ! Il avertit Brunetière que des menaces planent sur la recherche indépendante. L'Édition Municipale y échappe de justesse, bénéficiant d'un concours de circonstances qui lui est favorable:

> C'est un vrai danger pour l'érudition et pour la vie intellectuelle des centres provinciaux. Car enfin si nous avons échappé nous à l'étranglement c'est un vrai miracle: il a fallu que mon typographe fût habile et consciencieux [...] que mon plan se soit trouvé juste. Mais c'est bien un hasard que tant de conditions se soient trouvés réunis [sic].

Strowski finit en promettant de ne pas continuer à travailler à l'Édition Municipale s'il estime que l'Imprimerie Nationale peut à l'avenir se rendre coupable d'actions si sournoises.

Pour Strowski et les Bordelais, l'Édition Typographique représente une nouvelle menace très sérieuse. Quand Courbet demande l'autorisation de réaliser trente clichés de l'Exemplaire de Bordeaux, ils prennent conscience des efforts extérieurs pour réaliser un fac-similé photographique. Strowski décide de prendre des mesures pour que l'Édition Typographique, désormais rivale de l'Édition Municipale, ne devienne jamais un fac-similé photographique de l'Exemplaire de Bordeaux. Pour cela, il rentre en contact avec Guillaume Bréton, le directeur de Hachette à Paris, et lui expose son dilemme. Bréton répond en écrivant au maire de Bordeaux le 14 août: il reprend des arguments mis en avant depuis la proclamation de 1868:

---

1 *Id.*, 68, recto et verso.

2 *Id.*, 69, recto; 69 verso pour la citation suivante.

> on peut toujours craindre un accident et votre fac-similé permettra d'épargner le précieux manuscrit qui fatigue et dont l'encre jaunit. (A32)

De son côté, Strowski écrit à Mirmont pour lui expliquer que la meilleure façon de préserver l'Édition Municipale consiste à réglementer de manière très stricte la communication du manuscrit de Montaigne :

> Dans ces conditions, et pour mettre à couvert ma responsabilité, je demanderais 1) que nul ne puisse voir le manuscrit, sans une autorisation écrite de Monsieur le Maire 2) que cette autorisation ne soit accordée qu'à des gens compétents et pour des raisons *majeures*[1].

Mirmont écrit au maire de Bordeaux, M.Daney, que différents paléographes projettent de venir à Bordeaux pour l'Imprimerie Nationale et joint à sa lettre celle de Strowski. Le maire n'a sûrement pas manqué de pâlir en lisant une observation alarmante de Strowski destinée à mettre à l'écart les personnes chargées de nouvelles transcriptions :

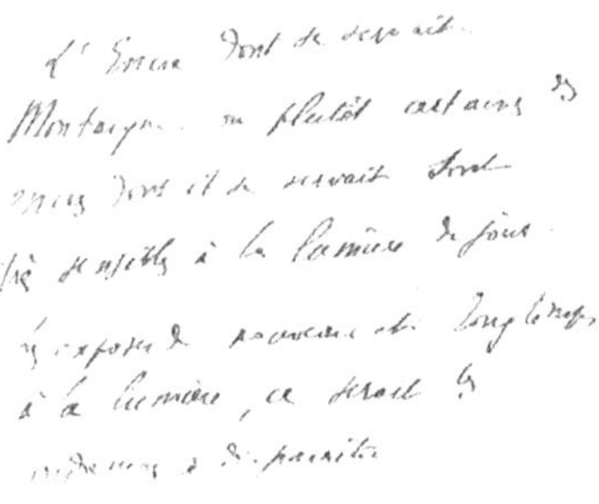

> L'encre dont se servait Montaigne ou plutôt certaines des encres dont il se servait sont très sensibles à la lumière de jour—les exposer de nouveau et longtemps à la lumière, ce serait les condamner à disparaître.

Strowski retrace l'histoire des différentes transcriptions, depuis celle de Manchon jusqu'à la sienne, et indique que si une cinquième personne devait travailler sur le texte, il serait souhaitable qu'elle prenne certaines précautions :

> Je désirerais en outre que, s'il s'agit d'un 5è et fort inutile déchiffrement, le 5è déchiffreur soit astreint, pour certaines pages où l'encre est particulièrement pâle, à mettre [...] une plaque de verre [...]

[1] Lettre du 31 août 1906, A 33, comme pour les deux citations suivantes.

> colorée en vert ou en rouge, pour arrêter l'effet d'une lumière trop active.

La fragilité du manuscrit de Montaigne sert la cause de Strowski et il ne manquera pas de rappeler, dans ses préfaces et dans ses lettres, que de nouvelles transcriptions sont désormais inutiles. Le 1er septembre, quand Mirmont transmet au maire la lettre de mise en garde de Strowski, il est déjà question de plus de cinq personnes :

> On parle de divers paléographes qui doivent venir ces temps-ci à la Bibliothèque pour déchiffrer l'exemplaire de Bordeaux à l'usage de l'édition en préparation à l'Imprimerie Nationale. (A34)

Des rumeurs courent à travers Bordeaux, rendant difficile voire impossible le travail des paléographes non bordelais. Mirmont, qui a dû s'absenter pour faire passer le baccalauréat, demande au maire d'examiner très attentivement toutes les demandes de consultation de l'Exemplaire de Bordeaux et de demander qu'elles soient faites par écrit.

Pendant que Strowski et la Municipalité de Bordeaux s'emploient à protéger le manuscrit de Montaigne en prenant de nouvelles mesures en ce sens, Armaingaud apprendra le 3 septembre 1906 par la presse que son projet d'édition a des failles. Strowski a adressé une lettre au rédacteur en chef de la *Petite Gironde* où il rapporte les fruits de sa conversation avec le docteur. Paul Berthelot publie cette lettre en lui donnant un titre quelque peu partisan : « Une histoire édifiante ». Strowski raconte cette histoire sous la forme d'une anecdote amusante et résume ainsi l'histoire de la décision prise par la ville de Bordeaux et ses propres efforts :

> On travaille dur en 1903, 1904, 1905 ; le 26 avril 1905, M. Daney, maire de Bordeaux, offre à M. Loubet, dans le grand salon de l'hôtel de ville, le premier exemplaire du tome I de l'Édition municipale des Essais.

Strowski est modeste. Sa correspondance avec Brunetière et l'archiviste nous apprend que c'est lui et lui seul qui a effectué la transcription de l'Exemplaire de Bordeaux entre 1903 et 1905. Puis il parle d'un « coup de théâtre » : les lecteurs de la *Petite Gironde* apprennent que l'État français a lancé une contre-attaque visant l'illustre édition préparée par Bordeaux. Ils ont dû savourer la description amusante que Strowski a faite des agitateurs ineptes de Paris. Sur la défensive, Courbet ne pourra lancer de tels appels à la fierté de sa région.

Strowski commence par décrire les manœuvres de l'Imprimerie Nationale pour dresser les plans d'une édition secrète de Montaigne, consistant notamment à attendre la publication du premier volume de l'Édition Municipale : « Renseignée sur tout ce que nous faisons, elle utilise dans le plus profond secret ce qu'elle croit nos écoles, et elle attend le moment favorable pour nous donner le croc-en-jambe ». Comme ses lettres à Brunetière, la lettre de Strowski à Berthelot est corsée d'expressions familières visant à lui rendre favorable les lecteurs de province : il se réfère à « nos écoles », parle de « croc-en-jambe » et du bannissement souhaité de l'Édition Municipale à de « vieilles lunes ».

Après cette description du stratagème du gouvernement, Strowski fait une pause pour réfléchir sur les effets pernicieux de telles menées et interpelle ses lecteurs :

> Quelle ville, quelle Société, quelle maison osera entreprendre une publication coûteuse d'intérêt général, si elle peut craindre que, quand elle aura mis le travail en train, avec de gros frais et des peines infinies, l'Imprimerie nationale viendra mystérieusement, forte de l'expérience acquise, avec le budget de l'État et son puissant outillage, faire la même chose qu'elle, mieux qu'elle ?

Ayant dû vivre le quart d'heure d'humiliation publique à Paris – allusion au discours du Professeur Luchaire qui présente l'Édition Municipale comme une sorte de truchement de l'Édition Typographique – Strowski rassure son public en lui disant que son camp « a eu sa revanche. Ah ! monsieur, quelle revanche ! ». Il prend plaisir à décrire un peu méchamment la façon dont l'édition rivale s'est cassé le nez en disant que la copie sur laquelle elle s'appuie est « un peu ancienne déjà, très incomplète, criblée de fautes, et établie d'après une méthode par trop rudimentaire ». C'est une copie défectueuse d'une copie défectueuse. Strowski sait qu'un nouveau paléographe inexpérimenté doit venir de Paris pour sauver l'édition de l'État, le docteur Armaingaud lui-même le lui a appris :

> Et nous allons voir débarquer mystérieusement de Paris un paléographe, fort inexpérimenté en Montaigne. Il en fera pâlir un peu plus l'encre, déjà jaunissante. Il fera peut-être pâlir aussi M. Courbet, dont le plan d'édition est incapable de figurer l'aspect complexe et vivant du manuscrit.

Strowski prédit que dans quelques mois, quand l'édition du gouvernement aura été reprise sur de nouvelles bases, elle sera surpassée par une « photographie du manuscrit » financée par une entreprise privée. Il prédit aussi que l'Imprimerie Nationale cessera de s'immiscer pernicieusement dans les affaires de Bordeaux et que

Courbet lui-même aura renoncé à ce projet. Dans son langage imagé il affirme que Courbet va très rapidement «mettre les pouces». Strowski finit en disant que les directeurs ineptes de l'édition de Paris sont juste bons à singer les autres. Berthelot ajoute un post-scriptum où il indique que la lettre de Strowski mérite l'attention des lecteurs et qu'«elle porte avec elle sa moralité». Cette morale est que Paris devrait laisser Bordeaux tranquille. Bien que la *Petite Gironde* soit à coup sûr favorable à la politique progressiste de Clémenceau – au sujet notamment de la Séparation de l'Église et de l'État – c'est la fierté régionale qui l'emporte sur les principes républicains dans cette guerre des éditions.

Malgré son travail de comptable à la Préfecture de Paris (1859-1912)[1], Courbet est un porte-parole inattendu pour l'autorité centrale. Il serait injuste de lui attribuer ce rôle impérialiste: en effet, depuis le début des années 1870, son unique souci, son obsession même, est de voir publiée une édition critique des *Essais*. Mais la logique poursuivie par Strowski dans sa lettre du 3 septembre le range dans le camp de l'État. Quand Berthelot publie la réponse de Courbet, le dimanche 16 septembre, le titre en caractères gras est: **L'Édition Municipale des Essais de Montaigne et** (en caractères plus petits) **l'Édition de l'Imprimerie Nationale**. Il n'est pas possible de se tromper sur les sentiments de l'éditeur Berthelot. Courbet se réfère sobrement à l'article de Strowski, en soulignant son caractère non-Montaigniste:

> Ma réponse ne sera pas aussi amusante que vos spirituelles chroniques, mais vous reconnaîtrez qu'elle s'impose. Il est toujours plus long de réfuter des affirmations sans preuves que de les formuler. Ma réponse sera à peine plus étendue que l'attaque, mais elle sera moins acerbe que le réquisitoire de M. Strowski, où l'on ne reconnaît guère la marque d'un disciple de Montaigne, ce pince-sans-rire, et surtout cet admirable professeur d'équilibre mental.

Mais Courbet ne manque pas d'humour: il compare l'attaque de Strowski à l'homme qui soutient qu'il visait son chien quand il a descendu sa belle-mère[2]! L'Édition Typographique est sûrement le

[1] Voir Georges Vicaire, «Ernest Courbet», *Bulletin du bibliophile*, Paris, Techener, 1916, p. 496-497.

[2] Courbet, qui emprunte cette anecdote à Montaigne, écrit: «celui qui, prétendant avoir visé son chien, tua sa belle-mère, M. Strowski, voulant tirer sur l'édition de Paris, atteint surtout l'Édition Municipale». Montaigne écrivait: «Cet ancien qui ruant la pierre à un chien, en assena et tua sa marastre, eust il pas raison de prononcer ce vers: la fortune a meilleur advis que nous!», *Essais*, I, 34, p. 222.

chien et l'Édition Municipale la belle-mère. Mais selon Courbet, si l'Édition Municipale a été atteinte, elle ne tardera pas à se remettre de ses blessures.

Courbet rappelle alors que l'édition de Paris a pour point de départ une copie figurée qu'il a réalisée à ses propres frais en 1890, soit seize ans plus tôt. Il perd un peu la notion du temps quand il parle de la copie de Routhier : en effet, l'autorisation qu'il a reçue date de 1884, et il affirme ailleurs que la copie avait été réalisée en 1886. Dans une lettre à Céleste datée du 26 mai 1906, il donne même une quatrième date :

> Il y a près de quatorze ans [en 1892] pour une édition des *Essais* que j'ai donnée à Paris chez Lemerre vous avez bien voulu me permettre de faire recueillir sur un exemplaire de 1588 par un archiviste paléographe M. Routhier, mon collaborateur, les variantes et les additions autographes de Montaigne dans l'ordre qu'elle présente en marge ou dans le texte même du précieux volume de votre bibliothèque. (A31)

Compte tenu des efforts qu'il a faits pour faire corriger la transcription de Routhier entre 1886 et 1898, la « copie figurée », comme les *Essais* eux-mêmes, semble être un projet obsessionnel sans fin. (Mais le caractère ouvert de cette copie est un aspect de son imperfection qui la rend de ce fait moins digne d'éloges). Quelle que soit la date à laquelle elle a été réalisée, la copie de Courbet est la base de l'édition de Paris que Strowski a ridiculisée en 1906. Mais Courbet répond à ses attaques en avançant que chacune des éditions correspond à une vision du texte :

> Ce que je tiens surtout à bien établir, c'est que l'édition de l'Imprimerie Nationale n'a jamais été et ne peut être à aucun titre considérée comme une concurrence à l'édition de Bordeaux. Ce sont deux œuvres absolument différentes, qui, loin de se nuire l'une à l'autre, se complètent mutuellement. Elles ne répondent pas aux mêmes vues, ne sont pas destinées aux mêmes lecteurs[1].

Par la suite, Courbet décrit de manière succincte les différences entre les éditions de Bordeaux et de Paris : la première propose au lecteur averti un texte continu dans une édition critique des *Essais*. La seconde ne s'adresse pas à tous les lecteurs, il s'agit d'une reproduction figurée destinée aux experts. Courbet croit même que la comparaison avec l'Édition Typographique sera à la longue au bénéfice de celle de Bordeaux. En fait, il apparaît à Courbet que son édition procurera à celle de Strowski une garantie d'authenticité.

---

[1] La *Petite Gironde*, 16 septembre 1906.

Courbet réfute l'idée selon laquelle Paris attendait à l'affût de Bordeaux pour pouvoir faire un plagiat de son premier volume. Il s'en prend non seulement aux idées de Strowski mais aussi à son style, ridiculisant le vocabulaire puéril que choisit le professeur de Littérature, selon qui quelqu'un a «monté un coup» à l'Édition Municipale. Il explique que si Paris a gardé ses intentions secrètes, ce n'était pas pour piller l'édition de Bordeaux, c'était plutôt pour éviter des disputes au sein de la commission bordelaise :

> La raison de ce secret est beaucoup plus simple : chacun savait que la préparation de la louable entreprise municipale avait amené des divisions dans la commission. On a pensé à Paris, non sans raison, que les petites rivalités et les passions locales qui avaient produit à Bordeaux des effets si fâcheux et avaient failli faire échouer l'édition municipale, pouvaient bien, par extension, soulever des rivalités d'un autre ordre et nuire à une entreprise qui avait sa raison d'être en elle-même, en dehors de sa raison d'être en elle-même.

Sa description des querelles et des caprices de la commission comporte une allusion à des «effets fâcheux» qui n'est pas très claire. Quoi qu'il en soit, la mention des «petites rivalités» et des «passions locales» n'a rien de flatteur et les lecteurs du journal ont pu la trouver rabaissante. À quoi Courbet fait-il allusion lorsqu'il parle de rivalités «d'un autre ordre»? Quant aux deux dernières lignes, «une entreprise qui avait sa raison d'être en elle-même en dehors de sa raison d'être en elle-même», il est possible que Berthelot ait accepté que ce solécisme soit conservé dans le texte de Courbet, façon indirecte de jeter le discrédit sur l'argumentation du philologue. Peut-être n'a-t-il tout simplement pas compris ce que Courbet voulait dire. Cette erreur d'impression, qu'elle soit accidentelle ou intentionnelle, est un exemple en miniature du labyrinthe des copies et des répétitions qui se trouvent au cœur des débats portant sur ces éditions rivales.

L'argumentation de Courbet est parfois dure à suivre car il mêle des allusions aux critiques que Strowski lui fait en 1906 et à des projets qu'il a faits, de son côté, bien plus tôt, vers 1873. Il est possible qu'une partie de cette confusion soit due à son irritation et au sentiment amer d'ingratitude qu'il doit ressentir. Il est particulièrement vexé que Strowski puisse prétendre qu'il a très peu de respect pour l'Exemplaire de Bordeaux. Quand Strowski l'accuse de mépriser le manuscrit de Montaigne, il répond avec sarcasme, indiquant de façon détaillée comment il a payé le remplacement des *Essais* annotés et que la ville de Bordeaux l'a très mal remercié des ses efforts :

> Quelques années après je faisais établir à mes frais la copie figurée qui m'a permis de constater que le manuscrit pouvait être utilement imprimé. Voilà donc comment M. Strowski écrit l'histoire, et comment il renseigne et respecte ses lecteurs. Le dédain de M. Courbet pour le manuscrit de Bordeaux se traduisit encore par une dépense notable pour le faire reproduire et par le présent à la Ville de Bordeaux (dont l'éditeur scientifique le remercie si courtoisement aujourd'hui) d'un bel exemplaire de l'édition de 1588, largement emmargé en vue d'une reproduction figurée du manuscrit destiné, d'après les indications du donateur, à épargner au précieux manuscrit lui-même la fatigue de communications trop fréquentes. Voilà, certes, un mépris qui me coûte cher.

Les lecteurs de Bordeaux ont dû comprendre quelle était l'amertume de Courbet. Sachant quels dons Courbet avait faits à la Bibliothèque, Raymond Céleste a dû être l'un d'entre eux. Il devait s'attendre à la réaction de Courbet quand celui-ci a lu l'attaque publique de Strowski. Pris dans le feu croisé des attaques et de leurs ripostes, le Directeur de la Bibliothèque a dû se demander s'il pourrait faire amende honorable.

Quant à l'affirmation que l'édition de Paris est vaincue, mécaniquement ou d'une autre façon, Courbet constate que les épreuves que Strowski a vues, celles que le docteur Armaingaud avait en sa possession, ne constituaient pas la version définitive destinée à l'Édition Typographique. Selon Courbet, Strowski s'est trompé en croyant que les mots biffés seraient présentés comme des passages clairs dans l'état final de cette édition, ce qui aurait créé une sorte de Montaigne clair et sans mots barrés. Courbet dit qu'il n'en est rien. L'édition de Paris les publiera rayés[1]. Pour Courbet, Strowski a aussi tort de considérer que, dans son discours à l'*Académie des Sciences Morales et Politiques*, le Professeur Luchaire ne plaçait pas les deux éditions sur un plan d'égalité. Il estime qu'elles sont distinctes mais d'égale valeur. Il s'agit bien entendu d'une question d'opinion, et Strowski ne partage pas du tout ce point de vue.

Dans un article publié fin 1906 dans le *Bulletin du bibliophile et du bibliothécaire*, intitulé « Les Derniers Éditeurs de Montaigne », Courbet développe son argumentation de façon plus courtoise[2]. Son but est, « en élevant le débat à la hauteur qui lui appartient, [d'] éclairer le différend ». Il rappelle que l'intérêt de procurer une

---

[1] Voir par exemple à la p. 359, verso : « ~~ma disposition ordinere~~ ».

[2] « Les Derniers Éditeurs de Montaigne », *Bulletin du bibliophile et du bibliothécaire*, 1906, p. 475.

édition sûre des *Essais* d'après l'Exemplaire de Bordeaux n'a cessé de croître et présente une esquisse de l'édition de Naigeon de 1802, dont il dit qu'elle est bizarre : en effet elle emploie systématiquement des orthographes archaïques. Il met ensuite en lumière l'importance du rôle joué par Dezeimeris et Barckhausen dans la réimpression de l'édition des *Essais* de 1580 en 1870. Il mentionne aussi la réimpression de l'édition de 1595 qu'il a lui-même procurée – elle comprend un cinquième volume de variantes publié en 1900 sur lequel Cagnieul a fait ses premières dents d'auteur d'une transcription – et celle de l'édition de 1588 procurée par Jouaust (1873-1880). Il conclut pourtant que toutes ces réimpressions restent incomplètes :

> il reste néanmoins place pour un travail d'une haute importance, la reproduction paléographique de l'exemplaire annoté de la Bibliothèque de Bordeaux[1].

Puis Courbet décrit l'état matériel du manuscrit de Bordeaux et reproche à tort à la Bibliothèque de Bordeaux d'avoir coupé les pages du précieux volume afin de le faire relier. Nous savons maintenant que cette erreur a été commise bien avant que le livre n'entre dans les collections de la Bibliothèque.

Courbet nous apprend que c'est le Garde des Sceaux qui a autorisé l'Imprimerie Nationale, placée sous sa tutelle puisqu'elle est chargée de l'impression des documents officiels, à réaliser une version typographique de l'Exemplaire de Bordeaux qui reproduirait chaque addition, chaque correction et chaque suppression effectuée par Montaigne. Courbet va jusqu'à comparer cette nouvelle édition typographique à une photographie ; il ignore alors que quelques années après, une véritable reproduction photographique sera publiée sous la direction de Strowski chez Hachette[2]. Au moment où Courbet écrit son article, il sait parfaitement quelle tension règne à Bordeaux et quelle a été la réaction de Cagnieul à la suite du prêt de sa transcription. C'est pour cette raison qu'il épargne à ce dernier une humiliation supplémentaire et évite de le désigner nommément, se contentant d'évoquer la participation d'un « collaborateur temporaire » :

---

[1] *Ibid.* et p. 476 pour la citation suivante.

[2] En fait, Guillaume Bréton a écrit le 14 août 1906 au maire de Bordeaux pour lui proposer de réaliser un fac-similé photographique : « J'ajoute que la Ville de Bordeaux a tout intérêt à ce que son manuscrit de Montaigne soit reproduit le plus tôt possible par l'excellent procédé que je vous propose car on peut toujours craindre un accident et votre fac-similé permettra d'épargner le précieux manuscrit qui fatigue et dont l'encre jaunit » (A32).

> Alors que M. Royer et moi mettions la dernière main au cinquième volume de l'édition Lemerre, en 1898, texte et copie furent dans tous les passages douteux, revus sur l'exemplaire de la Bibliothèque de Bordeaux, et les résultats principaux de cette vérification ont, selon toute convenance, été réunis et signalés sous le nom du collaborateur temporaire que nous nous étions adjoint.

Dans le reste de l'article, Courbet affirme ce qui était pour lui une évidence depuis le début: l'Édition Typographique est destinée à un nombre restreint de lecteurs. Il parle d'« une dissemblance absolue » entre les éditions de Paris et Bordeaux et s'en prend aux accusations insultantes de Strowski:

> M. Strowsky [sic] se crut, sans autre connaissance de cause, autorisé à se plaindre d'une concurrence déloyale, et, pour étayer ses griefs, il n'hésita pas à m'attaquer dans les termes les moins mesurés, accumulant contre moi des imputations volontairement inexactes[1].

Courbet évite de rappeler que, dans son attaque, Strowski a manqué de la plus élémentaire des courtoisies. Il décrit en détail l'Édition Municipale, note son élégance un peu forcée et achève son article par une petite révérence envers l'Édition Typographique qui adopte une présentation plus familière et plus confidentielle du texte.

Le déchaînement dans la presse a des répercussions à la Bibliothèque de Bordeaux. Visé par les attaques et n'ayant plus rien à perdre, Armaingaud choisit de se rendre le 13 septembre 1906, jour de l'anniversaire de la mort de Montaigne, à la Bibliothèque de Bordeaux pour demander qu'on lui prête la copie figurée de Cagnieul. Quand celui-ci découvre ce «raid» sur sa transcription qu'il considère comme sa propriété intellectuelle, il se met à sa table de travail et écrit une longue lettre de démission. Elle s'ouvre de manière anonyme et passive, comme si des nouvelles embarrassantes lui étaient parvenues de loin: «Il est parvenu à ma connaissance». Il semble adopter le ton d'un bureaucrate légèrement frustré. Mais Raymond Céleste, le destinataire de cette lettre, n'a pas dû tarder à comprendre que le ton n'était pas celui de tous ses autres assistants ou correspondants. Il s'agit d'un crime:

> Il est parvenu à ma connaissance que des personnes malintentionnées faisaient courir le bruit que je donnerais ma collaboration à une édition des *Essais* de Montaigne qui se prépare à l'Imprimerie Nationale sous la direction de M. Courbet[2].

---

[1] *Bulletin du Bibliophile*, 1906, p. 477.

[2] Lettre datée du 14 septembre 1906, A35, comme pour les trois citations suivantes.

Soudain la gravité de la situation devient claire: il n'est question ni du règlement ni du prêt ou de changements dans le catalogage. Cette lettre n'est pas un rapport reconstruisant l'écriture de Montaigne ou proposant une série de conférences sur l'histoire du livre. Trois années se sont écoulées depuis que Cagnieul a médité sur ces questions élevées au cours de son travail quotidien pour l'Édition Municipale. Mais les éditeurs de l'Édition Typographique des *Essais* de Montaigne ont de la mémoire; ils n'ont pas oublié l'impressionnante copie figurée réalisée par Cagnieul ni son lien matériel avec le don splendide que Courbet a fait à la Bibliothèque de Bordeaux en 1898. Ils n'ont pas oublié non plus l'aide apportée par Cagnieul pour l'établissement des variantes publiées en 1900. Cagnieul indique quelle accusation est portée à son encontre:

> Vous apprécierez, M. le bibliothécaire, le degré de préjudice qui pourrait m'advenir d'une pareille insinuation, si elle était admise, puisque, fonctionnaire municipal, je serais accusé de collaborer à une œuvre que l'on présente comme une concurrence à l'édition des *Essais* entreprise par la Ville de Bordeaux.

Pour se défendre, Cagnieul rappelle dans quelles circonstances il a été amené à refuser de collaborer à l'édition de Paris:

> Cette collaboration, vous le savez, m'a été offerte en votre présence et c'est également en votre présence et avec votre approbation que je l'ai catégoriquement refusée. À aucun moment je n'ai songé à m'occuper de cet ouvrage. Je croyais donc que je pouvais mépriser ces calomnies, bien assuré que j'étais de pouvoir les réfuter, si elles devaient prendre corps, par une simple comparaison entre l'édition de l'Imprimerie nationale et les feuilles de mon travail qui reste à la Bibliothèque et où tous les résultats de mes recherches sont exactement consignés.

Cagnieul se répète, manque d'assurance et adoucit son langage comme le montre l'emploi de verbes tels que «pouvoir» et «devoir». Ces verbes modaux servent de tampons entre Cagnieul et le monde perfide qui l'entoure; ils lui permettent de prendre davantage de distance par rapport aux rumeurs; il écrit ainsi: «Je croyais donc que je pouvais mépriser ces calomnies». Mais sa lettre, qui ne correspond pas vraiment à une éruption de colère et est construite de façon astucieuse, est une pièce à l'intérieur de la pièce qu'est ce drame philologique. Ce n'est qu'après avoir démontré son innocence et décrit de quelle confiance et de quelle sécurité il jouissait autrefois, qu'il dit avoir appris que le docteur Armaingaud était rentré en possession de sa copie le jour d'avant. Renonçant alors à la syntaxe complexe employée pour faire état de cette joie et de cette sécurité, il affirme simplement : « Je suis moins rassuré depuis hier ». Il finit par s'adresser directement à Céleste sur un ton à la fois accusateur, subalterne, reconnaissant et contestataire. Il recourt de nouveau au groupe « croire/devoir/infinitif » qui marque une prise de distance : « Vous avez cru en effet devoir mettre à la disposition de M. le Dr. Armaingaud [...] l'ensemble de mon travail ». Est-ce que ces verbes auxiliaires lui viennent vraiment en aide ? Cagnieul se révèle comme un maître de ce style intermédiaire, qui ne franchit jamais vraiment la ligne distinguant ceux qui donnent des ordres et ceux qui en reçoivent. Il semble conscient que tout ce qu'il pourra dire pourra être employé contre lui au cours de l'épreuve imaginaire et kafkaïenne qui débute alors. Il lui faut trente-cinq mots pour dire qu'il n'a absolument rien à dire sur la décision de Céleste ! Ce jugement différé s'ouvre sur une provocation – « C'est un acte de votre administration » – mais cette agressivité s'estompe rapidement pour laisser place à une résignation stoïque de pure forme :

> Je suis moins rassuré depuis hier. Vous avez cru, en effet, devoir mettre à la disposition de M. le Dr. Armaingaud, collaborateur de l'édition de l'Imprimerie nationale, l'ensemble de mon travail, pour en faire tel usage qu'il lui conviendra. *C'est un acte de votre administration qu'un subordonné, comme je suis, n'a le droit d'apprécier en aucune façon et au sujet duquel il va de soi que je n'ai aucune observation à présenter*[1].

Pour répondre à la rumeur et aux insinuations, Cagnieul se montre circonspect et emploie les euphémismes propres à son époque. Il lui est impossible de critiquer directement l'action de ses supérieurs ; il emploie un langage obséquieux et poli à l'excès pour s'en faire un refuge et prendre sa revanche. Savoir que Céleste a lu sa lettre merveilleusement construite serait une faible satisfaction ; il souhaite plus :

> Je voudrais simplement obtenir de votre haute bienveillance que, pour me couvrir des soupçons qui pourraient m'atteindre, vous jugiez à propos d'aviser l'administration municipale de la mesure que vous avez prise, afin qu'il n'y eût pas de malentendu possible et qu'on ne fût pas tenté d'attribuer à une collaboration occulte de ma part les similitudes qu'on ne manquera pas de relever entre l'édition de Paris et les résultats du travail que j'ai exécuté par les ordres de la Municipalité.

[1] A 35, comme pour la citation suivante ; ici, c'est nous qui soulignons,.

Dans les dernières lignes, Cagnieul fait certainement allusion aux notes qu'il a ajoutées à la copie figurée dans lesquelles il énumère les étapes de la pensée de Montaigne. C'est pour lui la part originale et créatrice de son étude. Il craint que ces notes ne soient reprises mot à mot dans les éditions rivales et ne fassent de lui un traître pour les deux rivaux. Sa lettre, écrite moins de dix ans avant la Première Guerre Mondiale, contient le champ lexical de la suspicion et de la trahison particulier à cette époque : on y lit des mots tels que rumeurs, insinuation, accusations, collaboration occulte, calomnies, soupçons. Elle n'est donc pas seulement la chronique du malheur d'une seule personne, mais aussi celle de toute la société d'avant guerre.

Cette lettre du 14 septembre 1906 est aussi tortueuse que l'histoire des éditions critiques des années 1900 dont elle contribue à faire la chronique. En fait, elle ne constitue pas techniquement la lettre de démission de Cagnieul. Ce dernier la rédige à l'intention du maire quelques semaines plus tard, mais le ton de surprise et d'outrage voilé qu'il adopte annonce inévitablement son départ. Céleste écrit au secrétariat du maire à propos de la nomination et du transfert de Cagnieul ainsi que de l'argent qui lui est dû – il sera payé seulement à la fin du mois d'octobre 1906. Céleste écrit dans un premier temps que Cagnieul a « donné sa démission », raye la formule et écrit qu'il « est obligé de se démettre de [sa] fonction », présentant ainsi les événements d'une manière plus charitable :

> J'ai l'honneur de vous transmettre la lettre de M. Cagnieul vous informant qu'à la suite de sa récente nomination de Bibliothécaire de la Ville d'Orléans, il est obligé de donner sa démission de s b de se démettre de la fonction qu'il occupe à la Bibliothèque de Bordeaux. (A43)

Puis il hésite à le désigner par le terme de « sous-bibliothécaire » étant donné l'importance du poste qui lui est confié alors : il est nommé à la Bibliothèque d'Orléans, où, à en croire ses propres notes portées sur le Registre[1] de la Bibliothèque, il n'a rien de plus à dire sur Montaigne ou sur les services extraordinaires qu'il a rendus à la nouvelle édition.

La liste des souscripteurs du premier volume ne comporte bien sûr pas le nom de Cagnieul[2]. Pour les personnes qui ont l'habitude de

[1] Voir les textes des archives A 49 et A 50.

[2] La date où les premiers volumes de l'Édition Municipale entrent à la Bibliothèque d'Orléans n'est pas claire, mais ce n'est certainement pas en 1906 ou les années qui suivent immédiatement.

la clarté des notes rédigées par Cagnieul – qualité que devaient avoir celles des bibliothécaires et des fonctionnaires de la municipalité de Bordeaux – la calligraphie de sa note sur le Registre en date du 1er novembre 1906 est rassurante : elle est plus détendue que ne le sont les notes reportées dans la marge de sa copie figurée de l'Exemplaire de Bordeaux.

Les Archives d'Orléans révèlent que le nouveau Directeur de la Bibliothèque est déterminé à ce que les livres circulent en toute sécurité. Il rappelle avec zèle à ses supérieurs quelle est la dignité de sa position. Le 28 juin 1910, par exemple, il se demande si les livres doivent être prêtés à des bibliothèques qui peuvent bien être, à ses yeux, tout à fait fictives. À son grand étonnement, la ville d'Orléans accepte que des manuscrits rares voyagent en France et à travers le monde sans avoir la moindre assurance que les bibliothèques en question existent vraiment :

> Je suis vraiment stupéfait de ces demandes réitérées de manuscrits qu'on fait voyager à travers toute la France, et souvent même à l'étranger pour des causes souvent futiles. (A50)

Selon lui, les personnes qui demandent ces prêts « sont souvent des savants dignes du plus grand égard » ou « sont parfois de simples maniaques qui veulent voir et toucher des livres très anciens »[1]. Pendant que la Bibliothèque doit veiller aux règles du prêt, son directeur, Cagnieul, doit faire valoir ses droits et ses privilèges. Le 26 octobre 1909, il écrit au maire à propos d'un dîner donné pour l'inauguration du lycée de jeunes filles et se plaint de la place qui lui avait été réservée :

> Gracieusement invité [...] à assister au banquet donné en l'honneur de Messieurs les Ministres de Finance et de l'Instruction publique à l'occasion de l'inauguration du lycée de jeunes filles, je dois constater que la Commission d'Organisation s'est totalement méprise sur le rang qu'elle a cru devoir assigner [...]. La place qui m'avait été désignée venait, en effet, après celles qu'occuperaient la plupart des membres de l'enseignement primaire [...] [les bibliothécaires sont] rattachés à l'enseignement supérieur [à Bordeaux][...]. Le bibliothécaire y était considéré comme un fonctionnaire municipal de premier rang au même titre que le receveur municipal[2].

---

[1] Registre de la Bibliothèque.

[2] Registre de la Bibliothèque, A 49.

La grande attention que Cagnieul accorde aux questions de décorum prend tout son sens si l'on considère ses expériences décevantes à Bordeaux ; il ne faut pourtant pas y voir la moindre expression d'amertume concernant son ancien poste.

Cagnieul perd sa place au sein du club des auteurs de transcription des *Essais* au moment de l'anniversaire de la mort de l'essayiste. Les dernières semaines qu'il passe à la Bibliothèque de Bordeaux seront pénibles. Il est payé à la fin du mois d'octobre et prend ses fonctions à Orléans le 1er novembre 1906. L'échange de points de vue opposés dans la presse et la lettre d'accusation de Cagnieul créent un climat propice aux échauffourées entre Paris et Bordeaux. L'Imprimerie Nationale tentera d'envoyer des troupes fraîches à Bordeaux en la personne d'Ernest-Daniel Grand, un paléographe inexpérimenté, pour vérifier l'exactitude de la copie figurée de Courbet. Cette tentative rencontrera une série d'obstacles et, dans les coulisses, auront lieu les négociations entre Strowski, Mirmont et Bréton, le directeur des éditions Hachette. Les architectes de l'Édition Municipale se plairont à mêler vérité et fiction comme le feront leurs adversaires.

Pendant que Cagnieul passe son ultime mois à la Bibliothèque, Ernest-Daniel Grand, le paléographe inexpérimenté dont Strowski a prédit l'arrivée dans son « Histoire édifiante », se rend à Bordeaux. Le 2 octobre 1906, il adresse au maire ses lettres de créances dans un style méticuleux et guindé. Dans son étude de graphologie, Klara Roman note qu'en Europe « the space left blank above the salutation of a letter varies in depth according to the status of the person adressed »[1]. Par exemple, les lettres de Mirmont présentent habituellement un petit espace ou n'en présente pas, son autorité lui permettant de s'attribuer toute la page. La lettre de Grand est présentée de la façon exactement contraire, et les fonctionnaires de Bordeaux n'ont sûrement pas manqué d'en interpréter la signification. Comme l'écrit Klara Roman, « a letter adressed to a government ministry, for instance, will have a specially enlarged top margin ». La première page de la lettre de Grand comporte la date à droite, la formule d'adresse « Monsieur le Maire » placée seule au milieu en signe de respect et les cinq premières lignes de sa lettre.

[1] *Handwriting: A Key to Personality*, New York, Pantheon, 1952, p. 306.

Paris, le 2 octobre 1906.

Monsieur le Maire,

J'ai l'honneur de vous demander l'autorisation de consulter, pendant plusieurs jours de suite (deux ou trois semaines au moins), à la Bibliothèque municipale de Bordeaux, les jours et heures

Les lettres individuelles dans les mots respectueux qu'il écrit pour formuler sa demande de consultation de l'Exemplaire de Bordeaux ne s'inclinent ni à gauche ni à droite, témoignage du caractère à la fois indépendant et solitaire de sa mission :

> J'ai l'honneur de vous demander l'autorisation de consulter, pendant plusieurs jours de suite (deux ou trois semaines au moins), à la *Bibliothèque municipale*, les jours et heures d'ouverture de cette bibliothèque, l'exemplaire des *Essais* de Montaigne de 1588, annoté par l'auteur.

Grand ajoute de petites lignes horizontales aux M et N majuscules pour leur donner l'air d'être sculptées comme des caractères romains :

et

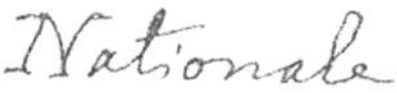

En fait, Grand, qui représente l'Édition Typographique, a une calligraphie semblable aux caractères d'imprimerie. Il écrit ce qu'il fait ou ce qu'il projette de faire. Sa lettre s'achève comme elle commence, sur un grand espace, mais cette fois-ci par une formule rappelant ses qualités personnelles. Grand semble être au courant de la querelle qui s'est développée dans la presse. Il a conscience des difficultés qu'il va rencontrer et s'efforce de donner du poids à sa requête en la concluant par ces lignes :

> Veuillez agréer, Monsieur le Maire, l'assurance de mes sentiments de haute considération,
> Ernest-Daniel Grand
> (Paris (IVe arr.), 9, place des Vosges)
> – archiviste-paléographe
> – ancien archiviste de la Ville de Montpellier,
> – ancien chargé de cours à la Faculté des Lettres de Montpellier,
> – A.M. (Harvard University)

Il demande à avoir accès au manuscrit de Montaigne pendant plusieurs semaines, sous-estimant de nouveau le temps nécessaire à sa transcription. Avant que Céleste ne puisse décider où il va travailler, le maire doit décider s'il va travailler. Grand complète sa requête en se basant sur le précédent qu'ont constitué les photos de Courbet :

> Je vous demanderai également l'autorisation de calquer, au crayon, et de photographier, avec un appareil portatif, pour les besoins du collationnement, certains passages de ce livre rare, indépendamment des trente photographies, destinées à l'impression, que vous avez déjà autorisé M. Courbet, qui a publié une édition de Montaigne d'après le texte de 1595, à faire faire pour la réimpression entreprise par l'Imprimerie Nationale.

Mirmont lance sa contre-attaque dès qu'il lit la lettre pour la première fois : en effet, il souligne deux fois le participe passé « mis » qu'il fait suivre de « sic », Grand n'ayant pas fait l'accord :

> Je suis chargé officiellement par l'Imprimerie Nationale de collationner une des publications qu'elle a mis [*sic*] sous presse depuis plusieurs années déjà[1].

Mirmont note dans le coin supérieur gauche un 5, indiquant le jour du mois d'octobre où la lettre est parvenue à Bordeaux. Il a fait mettre le tampon officiel pour donner une seconde garantie. Il réalise

[1] A 36 comme pour les trois citations précédentes.

à ce moment-là que toutes les dates doivent être soigneusement mentionnées afin que demeurent les traces de la collaboration entre l'Édition Municipale et le fac-similé photographique de Hachette. En haut de la lettre de Grand, Mirmont note qu'il veut «deux copies de cette lettre», une pour Strowski, l'autre pour Guillaume Bréton qui dirige Hachette. Il n'accorde pas l'autorisation de photographier le manuscrit, il n'y aura ainsi aucune photo dans l'Édition Typographique.

Dans sa réponse à Grand datée du 11 octobre 1906, Mirmont lui écrit de se mettre en contact avec Strowski, qui est en train de travailler sur l'Exemplaire de Bordeaux. Il ne lui donne pas l'autorisation de faire des calques ou des photos:

> M. Strowski, Professeur à la Faculté des Lettres de l'Université, est chargé de procurer cette édition; il use quotidiennement de notre exemplaire de 1588. C'est avec lui que vous devrez vous entendre pour avoir la disposition du volume.
> Quant aux calques et à la photographie, je fais toutes réserves sur cette question dont je soumettrai l'examen à la Commission de Publication. (A38)

De son côté, Mirmont a informé Strowski de cette lettre le 11 octobre 1906 et lui demande conseil:

> Je vous serai reconnaissant de me faire savoir quelle conduite vous pensez tenir à l'endroit de ce paléographe. On pourra gagner du temps en se réclamant de l'avis de la Commission de publication des archives municipales qu'il serait opportun de convoquer à la fin du mois. (A37)

Le même jour, il écrit à Bréton à qui il adresse une copie de la lettre de Grand et le presse de lui adresser rapidement la demande officielle de prendre les photographies destinées au fac-similé:

> Je vous envoie une copie de la lettre que le Maire a reçu du paléographe Grand. J'ai répondu que nous avons besoin de l'exemplaire de 1588 pour les travaux de Strowski. Il serait bien que tu adresses immédiatement la demande de photographier l'exemplaire, ce qui me permettrait de dire en toute vérité que le volume étant aux mains de Strowski, directeur de l'édition, et de la maison Hachette à qui la ville a concédé le droit de photographier [il] ne peut être jusqu'à nouvel ordre confié au personnage «chargé officiellement par l'Imprimerie Nationale». (A39)

Selon Mirmont, si Bréton fait assez rapidement cette demande, la ville de Bordeaux n'aura pas à mentir sur le statut officiel du manuscrit de Montaigne et sur l'endroit où il est conservé. Pendant ce temps, comme Strowski l'aurait écrit, Ernest-Daniel Grand ne se tourne pas les pouces. Mû tant par sa passion que par sa soif de vengeance, il rencontre le 13 octobre le maire de Bordeaux, M. Daney, pendant l'absence de Mirmont, retenu à Pau par les épreuves du baccalauréat. Il parvient à faire annuler l'ordre de Mirmont et en informe aussitôt Céleste à qui il écrit le 15 octobre :

> Je considère comme un devoir pour moi de tenir cet ordre comme annulant la lettre que M. le premier Adjoint de la Mairie m'a fait adresser précédemment sur le même sujet. (A40)

Le 19, Strowski écrit une nouvelle fois au maire à propos de Grand, qu'il trouve bien tenace. Il commence par lui faire remarquer que le représentant de l'Imprimerie Nationale n'a pas pris contact avec lui à propos de son travail. Dans ces conditions, Strowski considère qu'il continue à travailler comme auparavant et que Grand doit s'en accommoder. Mais Strowski attire l'attention du maire sur un autre problème : c'est que la stratégie de l'Imprimerie Nationale pourrait nuire à Hachette et réhabiliter la copie figurée :

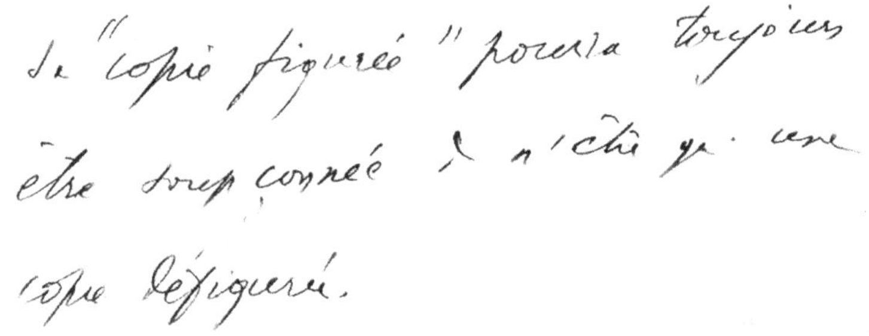
La "copie figurée" pourra toujours être soupçonnée de n'être qu'une copie défigurée.

> Il y a plus : M. Grand peut photographier, avec un petit appareil sans doute, tout ce qu'il voudra, c'est à dire tout l'exemplaire, la maison Hachette ne sera jamais assurée que l'Imprimerie Nationale ne fait pas à son égard, ce qu'elle a fait à notre égard. On peut toujours craindre que l'Imprimerie nationale ne se serve de ces photographies de petit format pour établir à sa manière et dans le plus profond secret, cet album photographique sans lequel sa « copie figurée » pourra toujours être soupçonnée de n'être qu'une copie défigurée[1].

Selon Strowski, les menées de Grand menacent l'éthique même du travail des chercheurs, le « très haut sentiment de cette solidarité entre savants, qui exclut les mesquines rivalités, les concurrences

[1] A41 comme pour la citation suivante.

par-dessous, les mines et les contre-mines ». Pourtant, la conduite de Strowski est en absolue contradiction avec les valeurs qu'il met ici en avant. La solidarité d'un côté implique l'exclusion de l'autre. Au tournant du XIXe siècle, le monde des alliances, des associations et des clubs n'offrent pas d'autre choix. Il n'en va pas autrement dans celui de l'érudition.

L'imprimerie Nationale elle-même entre officiellement dans la danse : une lettre dactylographiée datée du 19 octobre mais ne portant pas de signature – son directeur, Arthur Christian est mort en septembre 1906 – est envoyée à Bordeaux.

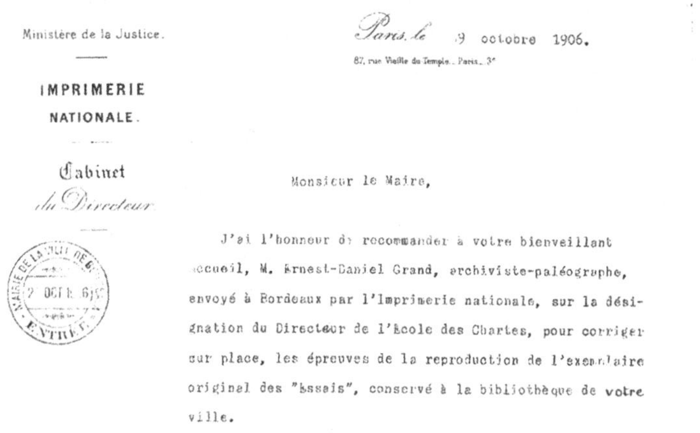
Ministère de la Justice.

IMPRIMERIE NATIONALE.

Cabinet du Directeur

Paris, le 19 octobre 1906.

87, rue Vieille du Temple. Paris. 3^e

Monsieur le Maire,

J'ai l'honneur de recommander à votre bienveillant accueil, M. Ernest-Daniel Grand, archiviste-paléographe, envoyé à Bordeaux par l'Imprimerie nationale, sur la désignation du Directeur de l'École des Chartes, pour corriger sur place, les épreuves de la reproduction de l'exemplaire original des "Essais", conservé à la bibliothèque de votre ville.

L'absence de signature permet de se faire une idée de l'importance qu'elle a pu avoir. Il y a plus d'une similitude avec la réponse de Courbet parue dans le *Bulletin du Bibliophile* au sujet d'une éventuelle concurrence entre l'Édition Municipale et l'Édition Typographique :

> Conçue sur un plan complètement différent, en dehors de tout esprit de rivalité, l'édition de l'Imprimerie nationale ne fait à l'édition qu'a entreprise la ville de Bordeaux aucune concurrence. Ces publications, au contraire, semblent devoir se compléter très heureusement l'une par l'autre. Leur apparition simultanée ne peut avoir pour conséquences que le bien des lettres françaises et la plus grande gloire de votre illustre compatriote. (A42)

Bien que ce soit les mots employés par Courbet lui-même, Bordeaux n'est pas en mesure de dire qu'il a dicté cette lettre. À la fin du mois d'octobre, Grand, qui loge à côté de la Bibliothèque, au Grand Hôtel, a accès au manuscrit de Montaigne. Pendant une semaine, il travaille au côté de Cagnieul, son prédécesseur, bien que le travail de ce dernier n'ait plus aucun rapport avec Montaigne et la transcription de son manuscrit. Le 23 octobre, le maire reçoit une lettre de Raymond Céleste où celui-ci explique que Cagnieul s'est démis de son poste à la Bibliothèque et que ses fonctions prennent fin le 31 du mois (A43). Seul, Grand travaille dans une salle spacieuse, la « Salle de la Commission ». Si Cagnieul ne le voit pas, Grand a dû être présent à son esprit. En effet, pouvait-il ne pas considérer les efforts de ce paléographe comme irritants puisqu'ils répétaient les siens ?

Début octobre, Grand a demandé à consulter le manuscrit pendant trois semaines ; il restera trois mois à Bordeaux. Au début du mois de janvier suivant (1907), il écrit à Céleste pour lui indiquer qu'il n'avance ni dans la transcription ni dans la relecture des épreuves. Sa lettre s'ouvre par une formule de politesse : Grand remercie Céleste de lui avoir permis de consulter l'Exemplaire de Bordeaux dans la « Salle de la Commission » (« Je vous renouvelle… »). Il ajoute cependant qu'il y fait un froid qui rend son travail tout à fait impossible. L'accueil tiède d'octobre est devenu glacial :

> Cette salle n'est pas chauffée directement par le calorifère de la Bibliothèque. Les grands froids exceptionnels de l'hiver actuel à Bordeaux et l'humidité qui s'accumule dans cette salle (et qui ne la quittera plus pour le reste de l'hiver) m'empêchent de continuer à y travailler aux heures habituelles que je consacre au collationnement de Montaigne, soit de midi à 7 heures du soir environ. (A47)

Grand indique qu'il travaille de midi à sept heures du soir, ce qui étaie son argument concernant le froid intolérable qui règne à la bibliothèque. À s'en tenir aux relevés de la *Petite Gironde* de l'hiver 1906, les plaintes de Grand ne sont pas exagérées. Même dans ses salles chauffées, la Bibliothèque de Bordeaux n'a pas dû être un lieu particulièrement propice au travail microscopique qu'imposent la transcription des annotations en marge de Montaigne et la comparaison minutieuse des différentes copies. Dans une lettre de mars 1906, Strowski décrit les difficultés qu'il a rencontrées au cours de l'hiver :

> l'hiver il m'était impossible à cause de la lumière (et de la façon dont la Bibliothèque est éclairée) d'étudier les variantes, la ponctuation et l'orthographe du manuscrit. (A30)

Grand devait arriver à la Bibliothèque après que le faible soleil d'hiver avait réchauffé le sombre et majestueux bâtiment de la rue

Mably ; il devait aussi travailler durant le repas pour profiter de la lumière et de la faible chaleur. Depuis que personne ne peut plus être laissé seul avec le manuscrit de Montaigne, le personnel de la Bibliothèque ne doit pas apprécier l'assiduité et le mécontentement de ce chercheur parisien. La « Salle de Travail » où Grand demande à avoir l'autorisation de travailler, a favorisé l'innovation dans le travail à la Bibliothèque :

> J'ai l'honneur de vous demander l'autorisation de travailler au collationnement de l'exemplaire de Montaigne de la Bibliothèque de Bordeaux en me transportant dans la salle de cette bibliothèque dite « salle de travail ». Cette salle, prenant jour sur la salle vitrée (du musée) et munie d'armoires à l'usage des personnes spécialement autorisées à y travailler, est chauffée par un calorifère et éclairée au gaz. Elle est destinée aux travailleurs ayant à faire des travaux prolongés et demandant du silence et du recueillement. (A47)

Grand n'a ni chauffage ni lumière dans la « Salle des Commissions ». Ces détails matériels semblent avoir ôté à son travail une part de sa dignité et de son caractère intellectuel. Mais ses malheurs font notre bonheur : sans les conditions de travail dues à la rigueur de l'hiver nous ne disposerions pas de document sur le labeur quotidien de Grand. Une nouvelle fois, l'histoire, comme l'écrit Raymond Queneau, garde principalement des traces de ce qui va mal[1].

Raymond Céleste répond rapidement à la requête pathétique de Grand. Comme nous l'avons déjà observé, il est tout acquis à la

[1] « S'il n'y avait pas de malheurs, il n'y aurait rien à raconter ». *Une Histoire Modèle*, Paris, Gallimard, 1966, p. 15.

cause des chercheurs et même à l'entreprise de Grand, la réalisation de l'Édition Typographique. Il ne peut pourtant pas aller à l'encontre du règlement de la Bibliothèque. Il est vrai que Grand travaille pour Armaingaud et Courbet. Mais Céleste a donné peu auparavant à ces deux amis de la Bibliothèque de Bordeaux la copie figurée de Cagnieul, remerciant chèrement Courbet du cadeau qu'il avait fait. Cela lui a valu de perdre un sous-bibliothécaire plein de promesses. C'est pourquoi les ennuis matériels que rencontre le paléographe n'éveillent pas sa pitié ; il répond donc négativement à la demande de Grand :

> Je regrette de ne pouvoir donner satisfaction au désir que vous exprimez dans votre lettre, d'être placé dans la salle de travail pour continuer ce que vous avez commencé dans une salle que la rigueur de la saison rend inhabitable. La salle dite de travail est sans surveillance autre que celle résultant de l'inscription des ouvrages prêtés sur place aux lecteurs autorisés. Les ouvrages aussi précieux que celui de Montaigne ne peuvent *en aucun cas* y être communiqués. Je vous réitère l'offre de vous mettre dans la salle de lecture à la place où M. Strowski a fait le même travail et où il s'est très bien trouvé. (A48)

Il renouvelle à Grand son offre de travailler dans la Salle de Lecture, où, comme l'écrit Baudelaire dans son poème « Invitation au Voyage » « tout est luxe, calme, et volupté ». Mais le problème n'est pas seulement celui de l'absence de contrôle ; selon Céleste, son travail pourrait être gêné dans la Salle de Travail : « et les indiscrétions ne sont pas à craindre comme dans l'autre salle où sont admis les candidats à l'agrégation ». Rien ne prouve que Grand ait accepté à contrecœur l'offre de Céleste de travailler dans la Salle de Lecture. Il n'achève pas, en tout cas, sa transcription au cours de ce premier séjour. Le premier volume de la luxueuse Édition Typographique paraît en 1913, six ans plus tard.

V

Un nouveau dans l'arène

Les luttes que mène Grand à la Bibliothèque de Bordeaux mettent en vedette la confrontation politique au cœur de la bureaucratie chargée des affaires littéraires. Elles rappellent aussi que des contraintes physiques pèsent sur les travaux d'érudition : pour les effectuer, les chercheurs ont besoin d'une température confortable, détail plutôt passé sous silence, sauf au cours de l'hiver 1906 dans la Salle des Commissions. Un tel confort, comme celui d'avoir la lumière nécessaire à la lecture, ou la capacité même de lire, est considéré d'habitude comme acquis. Quand ces conditions ne sont pas réunies, nous voyons perdre de leur sublime nos affirmations sur l'indépendance du travail intellectuel. En 1906, la confrontation entre les transcriptions de Montaigne aboutit à la victoire de Strowski et de l'Édition Municipale. Mais Paris comme Bordeaux savent qu'une autre transcription est en cours à la même époque. Durant la première décennie du XXe siècle, le monde des *Montaignistes* est bousculé par un jeune philologue aveugle de moins de trente ans qui révolutionne le champ de ses investigations. À une époque qui se passionne pour l'aspect visuel des *Essais* de Montaigne, Pierre Villey, le dernier successeur de Strowski, constitue une exception un peu déconcertante. En 1908, lors de la parution de son ouvrage, *Les Sources et l'évolution des Essais de Montaigne*[1], Pierre Villey a non seulement esquissé une chronologie pour de nombreux chapitres des *Essais* de Montaigne, tâche des plus ardues puisque Montaigne fait rarement allusion à des événements datables, mais il a aussi relu la plupart des ouvrages de la Bibliothèque de Montaigne[2]. Ainsi, pendant que Cagnieul et Strowski scrutent l'Exemplaire de Bordeaux dans la pénombre de la Biblio-

[1] Paris, Hachette, 1908, publié en même temps que *Les Livres d'histoire moderne utilisés par Montaigne*, 3 volumes.

[2] Celle-ci est tout à fait conséquente : Montaigne écrit : « Sans peine et sans suffisance, ayant mille volumes de livres autour de moy en ce lieu où j'escris, j'emprunteray s'il me plaist une douzaine de tels ravaudeurs », *Essais*, III, 12, p. 1056.

thèque de Bordeaux, pour voir tout ce qui peut être vu dans le texte de Montaigne, Villey consulte une version des *Essais* qui ne nécessite ni lumière ni loupe. Il laisse courir ses doigts curieux tout le long d'une transcription de Montaigne en braille.

L'émoi provoqué par la révélation publique de sa cécité amène Villey à expliquer en 1909 comment il poursuit son travail de recherche. Mais dans son article, « Le Travail intellectuel chez les aveugles »[1], la discussion sur son handicap physique va à l'encontre de son code d'objectivité. Il semble que Villey décrive sa démarche philologique uniquement pour répondre aux questions posées notamment par Victor Giraud dans la *Revue des deux mondes* un mois plus tôt[2] ou par des collègues dignes d'estime tels que Grace Norton de Harvard. Villey répond par exemple à Norton le 18 mars 1907, qu'il est complètement aveugle depuis sa plus petite enfance ; mais il souhaite « que cette confession ne [l'] empêche pas de [lui] demander quelques renseignements »[3]. Sur un ton noble et un peu grondeur, il s'explique :

> Les compliments que vous me faites me gênent un peu. Croyez bien chère Mademoiselle qu'il n'y a dans mon travail rien du tout de surprenant. Je le dis en conscience ; je ne me sens aucun mérite particulier [...] d'une façon générale, tout me paraît assez simple [...]. Mon principal obstacle, c'est certainement ma mauvaise santé générale ; celui-là me gêne et m'entrave plus que l'absence des yeux.

Dans son édition critique des *Essais* de Montaigne, commencée en 1920 et devenue l'édition de référence au XXe siècle, Villey ne mentionne pas qu'il est aveugle ; il n'en est pas non plus question dans ses écrits sur la précision des phrases ou sur les innombrables influences des *Essais*. Implicitement, Villey a la conviction que l'identité et l'infirmité d'un chercheur n'ont aucune incidence sur son travail.

Villey n'en a pas moins écrit des ouvrages sur les aveugles. Comme l'observe Henri Chibon en 1937, Villey fut un secrétaire général actif au sein de la plus ancienne association française d'aide aux déficients visuels, l'Association Valentin Haüy :

---

[1] *Revue des deux mondes*, 1er mars 1909, p. 420-433.

[2] « Les époques de la pensée de Montaigne », Revue des deux mondes, 1er février 1909, p. 623-658.

[3] Correspondance privée, Famille Norton, bMS AM 1088.1, reproduite avec la gracieuse autorisation de la Houghton Library, Harvard College, Cambridge.

Ajoutons que l'homme valut le savant. Aveugle, il voulut aider ses frères aveugles, et écrivait pour eux des livres originaux. Il avait accepté la charge de Secrétaire général de l'Association Valentin Haüy, et la remplit avec un dévouement qui alla jusqu'au sacrifice[1].

Ses ouvrages théoriques, *Le Monde des aveugles* (1914), *L'Aveugle dans le monde des voyants* (1927), *La Pédagogie des aveugles* (1930), *Maurice de la Sizeranne* (1932)[2] ne contiennent pratiquement aucune allusion à Montaigne. Il semble donc qu'il n'y ait pas de relation directe entre les travaux de Villey sur les *Essais*, qui, selon Chibon, ont «renouvelé profondément l'étude de Montaigne»[3], et ses écrits sur la cécité. Pourtant, l'article paru dans la *Revue des deux mondes* nous invite à les comparer. Le travail de recherche de Villey replace celui des autres savants en charge d'une transcription à Bordeaux dans une nouvelle perspective. En même temps ce travail relativise la recherche sur le maître du relativisme.

Villey commence par décrire les obstacles qu'un aveugle rencontre chaque jour à l'extérieur. Selon lui, l'aveugle est «dans la vie extérieure et matérielle [...] dans un état d'extrême infériorité», mais «au dedans, il est l'égal des autres hommes»[4]. Pourtant, il ne s'attarde pas sur cette situation et met en évidence que le handicap d'un aveugle est une forme de protection contre les distractions de la vie moderne:

> Mettrai-je encore en ligne de compte que souvent leur infirmité les abrite contre l'invasion du journal? La substitution du journal au livre, du fait-divers et de l'article bâclé à l'œuvre longuement mûrie semble bien être à notre époque un des obstacles au progrès intellectuel.

Ce ne sont que les clairvoyants bien intentionnés qui exposent les aveugles à cette confusion:

> [...] Si les aveugles ne sont point entraînés par quelque clairvoyant de leur entourage qui leur fait chaque jour la lecture d'une feuille publique, ils échappent à la contagion. Ils peuvent donner aux livres tout le temps de lecture dont ils disposent.

[1] *Bulletin de la Société des Amis de Montaigne*, 1937, p. 37 (Slatkine Rep., 1970).

[2] Parus respectivement chez Flammarion pour les deux premiers et chez Plon pour les deux derniers.

[3] *Article cité*, p. 37.

[4] *Revue des deux mondes*, 1909, p. 425 et p. 430 pour les deux citations suivantes.

L'horreur de Villey pour la presse aurait pu lui épargner les faits divers sur Montaigne ; cependant il a dû être au courant de la querelle entre Strowski et Courbet dans la *Petite Gironde* en 1906. Peut-être a-t-il sous-estimé le rôle que pouvait jouer la presse tant pour défendre des théories que pour les attaquer, ce qui était tout à fait pertinent dans le cas de ses propres travaux. Quoi qu'il en soit, il serait difficile de surestimer l'importance qu'accorde Villey à la lecture de livres entiers comme préliminaire indispensable à la compréhension de Montaigne.

Contrairement aux autres personnes chargées de transcrire les *Essais* vers 1900, Villey ne prétend pas parvenir à une compréhension particulière des *Essais* s'appuyant sur la transcription en braille que sa cécité l'oblige à employer. En fait, il ne reconnaît aucun héroïsme à son travail – il le met sur un même plan que celui de tous les autres érudits de son époque. C'est seulement à la fin de cet article qu'il suggère que les conditions matérielles dans lesquelles il a manipulé les *Essais* ont joué sur son interprétation du texte. Villey a effectué sa relecture de Montaigne à l'aide des fiches en braille réalisées à partir de sa propre transcription. L'élaboration de sa théorie de l'évolution de la pensée de Montaigne dépend étroitement de ces fiches : « Pour sa lente maturation mes fiches en Braille étaient l'aliment nécessaire et suffisant, et j'ai dit combien le maniement m'en était aisé » (440). Les copies figurées comme celle en braille reconstituent mot après mot, page après page, l'écriture de Montaigne. Pour Villey, son travail ne lui a pas posé de problème, et cette absence de difficultés fait écho aux observations de Strowski sur la transparence des *Essais* et sur la facilité avec laquelle le manuscrit se lit : « le mot barré n'est jamais entièrement illisible, presque toujours il est lisible sans peine »[1]. Toutefois, si en 1909 Villey se donne la peine de mettre en évidence l'indépendance de sa réflexion, qui provient de la méthode braille, c'est parce que Strowski, qui a lui aussi été l'élève de Brunetière à l'École Normale Supérieure, est parvenu aux mêmes conclusions théoriques. En fait, Villey rejoint l'équipe de l'Édition Municipale après 1909[2]. La municipalité de Bordeaux se référera régulièrement au quatrième volume de Villey consacré aux sources des *Essais* pour inciter Strowski à terminer son travail, mais cette incitation aura peu d'effet[3].

---

[1] *Essais*, préface, reproduction phototypique, Paris, Hachette, 1912, p. 9.

[2] Le second volume de l'Édition Municipale est publié cette année-là.

[3] Voir à ce sujet les lettres du 16 avril 1912 (A 57) et du 25 avril 1913 (A 61) et le chapitre 7.

Villey commence par transcrire personnellement les *Essais* en braille[1]. Les vingt volumes correspondant à ce premier travail lui permettent d'être indépendant et de réaliser sous forme de fiches son propre catalogue des idées, des figures et des exemples historiques présents dans les *Essais*, les trois catégories qu'il choisit pour ses analyses. « Puis ces trois amas de fiches ont été classés, chacun séparément, et placés dans une caisse volumineuse [...] qui pendant plusieurs années est restée constamment à la portée de ma main » (438). Sur la tranche de ces fiches en braille il inscrit le mot clé désignant la catégorie puis les met à l'envers en les inclinant légèrement pour pouvoir les identifier d'un simple examen de la main :

> Il me suffisait de promener rapidement les doigts sur la tranche qu'elles me présentaient pour découvrir immédiatement dans ces piles considérables la fiche dont j'avais besoin (438).

Avec ces fiches comme avec les *Essais*, son travail est à la fois facile, rapide et précis. Bien qu'il n'utilise ni de lampe ni de loupe, comme Cagnieul, Courbet ou Strowski, il se servira de la fiche comme eux, outil essentiel de la philologie de cette époque.

Villey critique les effets délétères de la presse sur la vie intellectuelle mais, en même temps, il apprécie Montaigne, ce qui est paradoxal. Comme pour les « esprits primesautiers », « capricieux », et dissipés parmi les aveugles (430), le style de Montaigne, caractérisé par la digression, a dû frustrer Villey qui recherche la cohérence et la synthèse propre au livre. Une fascination pour les livres – ce que certains pourraient appeler « l'ordre des livres » – existe à coup sûr dans les *Essais*. Dans « De l'Oisiveté », Montaigne emploie une image pour dire de quelle manière il espère donner du sens à ses pensées, il s'agit pour lui d'en constituer un livre. Cependant, ce livre métaphorique n'a pas la forme d'un livre relié mais d'un rouleau :

> Mais je trouve, *variam semper dant otia mentem*, que au rebours, faisant le cheval eschappé, il [mon esprit] se donne cent fois plus d'affaire à soy mesmes, qu'il n'en prenoit pour autruy ; et m'enfante tant de chimeres et monstres fantasques les uns sur les autres, sans ordre, et sans propos, que pour en contempler à mon aise l'ineptie et l'estrangeté, j'ay commancé de les mettre en rolle, esperant avec le temps luy en faire honte à luy mesmes[2].

---

[1] « Mon premier soin a donc été de transcrire intégralement en Braille l'œuvre de Montaigne », « Le Travail intellectuel », *Revue des deux mondes*, 1909, p. 438.

[2] *Essais*, I, 8, p. 33.

C'est par la constitution de ce «rolle», que Montaigne souhaite se préserver de la confusion de son esprit. Lorsqu'il crée sa bibliothèque à Bordeaux, qui lui fut léguée par La Boétie et qui sert de base à ses lecteurs, il recherche le même objectif. De son côté, Villey interprète Montaigne en lisant les livres que l'auteur des *Essais* a lui-même lus. Par conséquent, il se prive de ce que Montaigne mettait au premier plan, l'expérience dans le monde. À cela s'ajoute que Montaigne lisait de manière peu attentive et sporadique, jamais plus d'une heure d'affilée; ses livres le suivaient souvent en voyage, non pas pour qu'il puisse les lire mais parce qu'ils lui permettaient d'être sûr qu'il ne s'ennuierait pas[1]. Du reste, Villey, qui accorde une telle importance aux livres, formule une critique d'une grande portée sur la manière dont Montaigne a écrit les *Essais*: implicitement, il établit que les *Essais* sont un livre produit à partir d'autres livres, le résultat des lectures continuelles et ininterrompues de Montaigne. De son côté, Montaigne considère que son livre est différent de tous les autres, qu'il est un enfant de son esprit et le prolongement de son corps. Son livre est consubstantiel à son auteur: «Je n'ay pas plus faict mon livre que mon livre m'a faict, livre consubstantiel à son autheur, d'une occupation propre, membre de ma vie»[2].

À première vue donc, l'approche de Villey semble assez éloignée de celle d'un auteur moderne qui, comme l'écrit Estienne Pasquier, «se laissoit aisément emporter à la beauté de son esprit»[3]. En 1906, Ferdinand Brunetière dit combien il admire l'incohérence de Montaigne:

> [les *Essais* sont] l'un des livres assurément les plus décousus qu'il y ait, et si je ne craignais qu'on ne prît mal le mot, je dirais l'un des plus 'incohérens' [sic] que je connaisse dans aucune littérature[4].

À propos de l'effet «lent et insensible» des *Essais* sur ses lecteurs, il va jusqu'à employer le terme de «contagion», le mot qu'emploie Villey pour critiquer les journaux[5]!

---

[1] À ce sujet, voir notamment «De trois Commerces», *Essais*, III, 3, p. 827-828.

[2] *Essais*, Livre II, chap.XVIII, «Du démentir», p. 665.

[3] «Il estoit persannage hardy, qui se croyoit et comme tel se laissoit emporter à la beauté de son esprit» (1619), cité dans le second appendice des *Essais*, p. 1207.

[4] «Publications récentes sur Montaigne», *Revue des deux mondes*, 1er septembre 1906, p. 200.

[5] «c'est pour beaucoup d'autres, avec lui, Montaigne, tout au contraire, et par lui, par la lente et insensible contagion des Essais, que le doute méthodique ou systématique est entré dans le monde moderne», *Id.*, p. 203.

En 1909, Villey écrit qu'on « avait généralement coutume de lire les *Essais* de Montaigne comme une œuvre homogène et formant un bloc »[1]. Comme Strowski, il entend révéler les différentes étapes de la pensée de Montaigne et présenter une perspective hétéroclite, évolutive :

> Retrouver autant que possible les étapes successives que sa pensée a traversées, les couches qui se sont l'une sur l'autre déposées dans son esprit par les transformations de son œuvre, en un mot retracer l'évolution de Montaigne comme philosophe et comme artiste, tel a donc été mon dessein.

L'expérience que Villey a du texte par l'intermédiaire du braille, s'appuyant sur un processus de classification et de manipulation appris à l'Institution des Jeunes Aveugles et sur les théories littéraires développées à l'École Normale Supérieure qu'il a connues plus tard, sont à l'origine de l'identification des couches A, B et C, divisions désormais naturelles et nécessaires du texte de Montaigne. (Dans *A la Recherche du temps perdu*, Proust trouve tout aussi naturel de présenter des portraits de ses personnages en couches successives). Ainsi, Villey renonce à voir les *Essais* comme un tout homogène et en fait une lecture archéologique, lecture courante et favorisée à l'époque. Bien qu'il travaille dans des conditions radicalement différentes de celles qu'avaient les personnes chargées des éditions rivales en fac-similé, il parvient à des conclusions largement similaires. Comme Montaigne l'écrit dans son premier essai, il semble que « par divers moyens on arrive à pareille fin »[2]. Villey remplace la clairvoyance des éditions Typographique et Municipale par la lecture en braille et l'écoute des sources de Montaigne.

Ainsi, la méthode employée par Villey s'adapte bien aux *Essais* de Montaigne et est peut-être plus appropriée que celle employée par les personnes chargées de transcrire le manuscrit de Montaigne à la même période. Elle correspond au caractère non-visuel propre aux *Essais*, c'est-à-dire à l'importance qu'accorde Montaigne à ce qu'on peut dire, entendre ou sentir. Autant de thèmes essentiels comme en témoignent certains titres des *Essais*, tels que « Nos affections s'emportent au-delà de nous », « De la force de l'imagination », « Des

---

[1] « Le travail intellectuel chez les aveugles », *Revue des deux mondes*, 1909, p. 437, même page pour la citation suivante.

[2] Titre du premier chapitre du Livre I des *Essais*, p. 7-10.

Livres», «De la Cruauté», «De trois Commerces», «De l'Expérience»[1]. Comme l'écrit Carol Clark,

> Montaigne's curious, sometimes absurd imagery, drawn as it often is from the lower senses, recalls [...] the mottled stones and misshapen pearls around which the more fanciful Renaissance jewelry designers built their asymmetrical but charming pieces[2].

Montaigne doit beaucoup de ce qu'il dit et apprend au bouche-à-oreille; ses remarques sur les cultures brésilienne ou péruvienne dans «Des Cannibales»[3], par exemple, ne sont pas considérées comme intellectuellement malhonnêtes sous prétexte que Montaigne ne s'est pas rendu dans ces pays. Ses images favorites sont cinétiques et non visuelles, il se réfère au vent et au mouvement, à la maladie et au vieillissement, à la danse et à la chute. Des chapitres ostensiblement consacrés à l'autoportrait, «De la Physionomie», «De l'Expérience» par exemple, dépeignent le «passage»[4], la façon dont nos habitudes se façonnent. Cette étude des coutumes et des mœurs fonde la tradition du moralisme français s'inspirant du relativisme et de l'équanimité. La qualité principale des *Essais* est que Montaigne y adopte le ton naturel et vagabond de la conversation. C'est ce qu'observe Emerson:

> The sincerity and marrow of the man reaches to his sentences.
> I know not anywhere the book that seems less written. It is the language of conversation transferred to a book. Cut these words, and they would bleed; they are vascular and alive[5].

Comme peu de critiques et d'éditeurs avant lui, Villey, malgré sa cécité, fait l'expérience de ce caractère parlé de l'écriture de

[1] Respectivement I,3, p.15-21, I, 21, p.97-106, II, 10, p.407-420, II, 11, p. 421-435, III, 3, p. 818-829 et III, 13, p. 1064-1116.

[2] Carol Clark, *Web of Metaphor: Studies in the Imagery of Montaigne's «Essays»*, Lexington, KY: French Forum, 1978, p. 140.

[3] *Essais*, I, 31, p. 202-214.

[4] Respectivement III, chapitre 12, p.1037-1063, et chapitre 13, p. 1065-1116. «Je ne peints pas l'estre. Je peints le passage: non un passage d'aage en autre, ou, comme dict le peuple, de sept en sept ans, mais de jour en jour, de minute en minute», «Du Repentir», II, 2, p. 805.

[5] *Representative Men*, p.95, dans *Essays et lectures*, New York Literary Classics of the U.S., Viking P., 1983. «La sincérité et la moelle de l'homme pénètrent ses sentences. Je ne connais pas de livre qui paraisse moins écrit. C'est le langage de la conversation traduit en livre. Coupez les mots et ils saignent, tellement ils sont vasculaires et vivants», «Montaigne ou le sceptique», *Les Représentants de l'humanité*, trad. P. de Boulogne, Paris, A. Lacroix, Verboeckhoeven et Cie, 1863, p. 189.

Montaigne. Il peut avoir de la sympathie pour un auteur qui emploie métaphoriquement le verbe « voir ». Que voit Montaigne quand il s'approche de la fenêtre du troisième étage de sa bibliothèque ? Un paysage avec des arbres agités par le vent ? Non, un paysage personnel le ramenant 1600 ans en arrière, à l'époque de l'Antiquité romaine. Montaigne décrit la tour de sa bibliothèque dans l'essai intitulé « De trois commerces » :

> Chez moy, je me destourne un peu plus souvent à ma librairie, d'où tout d'une main je commande à mon mesnage. Je suis sur l'entrée et vois soubs moy mon jardin, ma basse court, ma court, et dans la pluspart des membres de la maison. Là, je feuillette à cette heure un livre, à cette heure un autre, sans ordre et sans dessein, à pieces descousues[1].

La supériorité de l'ouïe permet à Villey de faire une force de son handicap. Il s'agit de sa première réponse à la question indiscrète de Victor Giraud de février 1909, question placée dans une note de bas de page où est employé le subjonctif passé, mode de l'admiration, du doute et peut-être même de la frustration :

> *Qu'un aveugle*, pour le dire en passant, *ait pu* se livrer à ce travail qui exige tant d'agilité d'esprit et, semble-t-il, tant de promptitude visuelle, c'est ce qui est tout à fait surprenant. Il serait bien intéressant de savoir comment M. Villey a pu procéder à une enquête de cette nature[2].

Giraud insiste sur la « promptitude visuelle » nécessaire au travail sur Montaigne, rappelant ainsi les transcriptions faites et refaites à Bordeaux depuis 1883. Pourtant, d'un point de vue historique, le triomphe de la copie figurée et du photo-réalisme des fac-similés typographiques et photographiques doivent coexister avec la lecture en braille de Villey[3].

Pour répondre à Giraud qui se demande comment il a pu mener à bien une telle étude, Villey s'en tient aux conditions de travail particulières aux aveugles. Compte tenu de ses écrits sur la cécité, en particulier *La Pédagogie des aveugles*, il est évident que Villey considère les louanges de Giraud comme une sorte de piège. En

---

[1] III, 3, p. 828. La description se poursuit dans la suite de ce passage.

[2] « Les époques de la pensée de Montaigne », *Revue des deux mondes*, 1er février 1909, p. 628, c'est nous qui soulignons.

[3] L'Édition Typographique est publiée entre 1913 et 1931 à Paris, l'Édition Municipale paraît à Bordeaux entre 1906 et 1933.

effet, du point de vue de Villey, elles sont très problématiques puisqu'elles font appel à des tendances à l'apitoiement sur soi-même ou à l'auto-célébration. Villey insiste sur le premier écueil psychologique de ces louanges :

> On ne saurait inspirer trop de mépris pour elle [la mendicité] aux élèves de nos écoles, car elle les guettera : toute leur vie parfois elle sera la tentatrice cachée dans l'ombre, toute prête à mettre à profit la moindre défaillance de leur volonté [...]. Le plus à craindre pour l'aveugle instruit c'est le métier de musicien ambulant où plusieurs ont sombré dans la crapule [...] la mendicité, les appels muets à la pitié sur laquelle on compte pour faire passer un travail bâclé, les brosses négligées qu'on dirige sur les ventes de bienfaisance[1].

Le ton calme de son article de 1909 et son désir de distinguer son travail sur Montaigne de ses réflexions sur la cécité prouvent sa profonde aversion pour l'inaptitude manuelle excusée par l'infirmité des aveugles. Il refuse de prendre en compte son handicap dans son travail intellectuel, ce qui revient à refuser par la même occasion de s'apitoyer sur son propre sort. Pourtant, il ne considère pas que c'est la mendicité qui menace le plus les aveugles. Non, selon lui,

> c'est l'orgueil. Lorsque le jugement est faussé par l'amour-propre, la volonté d'agir comme les voyants se mue en vanité d'étonner les voyants [...]. Du moment où il est entouré de voyants qui le regardent comme un phénix, la louange le grise [...] l'admiration stupide du public fait l'orgueil de quelques aveugles, comme sa pitié inconsidérée fait leur égoïsme.

Villey explique donc son travail révolutionnaire sur les *Essais* sans mettre en avant son handicap. Ses mises en garde au sujet de l'amour propre pourraient aussi s'appliquer à Routhier et Cagnieul et à leurs copies figurées. Ils n'ont simplement pas conscience de leur dépendance visuelle, qu'ils prennent seulement pour de la perspicacité et du talent. Comme le prouve la disgrâce de Cagnieul, il est clair que ceux qui voient peuvent aussi s'enivrer de ce que Villey appelle « l'admiration stupide du public ».

Les travaux de Villey sur les *Essais* de Montaigne ont bénéficié de la vogue des mouvements de charité au cours des dernières années du XIXe siècle. Ainsi, à l'initiative de Maurice de la Sizeranne, une bibliothèque de braille voit le jour à Paris, preuve de la vivacité de ce mouvement qui va rendre sa liberté à un petit groupe

---

[1] *La Pédagogie des aveugles*, Paris, Plon, 1932, p. 224 et 224-225 pour la citation suivante.

d'individus asservis jusqu'alors à des guides, des lecteurs et des secrétaires. Villey aura ainsi la liberté de lire les *Essais* de manière indépendante. Lui-même ne se plaint pas de dépendre de lecteurs et de guides, mais il ne manque pas de mentionner les expériences pénibles d'un de ses collègues :

> Imaginez un peu le supplice d'avoir sans cesse près de soi un secrétaire ; de l'entendre ânonner, des heures durant, d'admirables chefs-d'œuvre qu'il faut rebâtir d'après sa mélopée ennuyée comme si vous déchiffriez un palimpseste ; de le mêler à votre correspondance et à vos sentiments les plus intimes ; de sentir ses yeux constamment fixés sur le cadran, tandis que ses bâillements appellent le moment de la délivrance ; c'est une torture d'enfer[1].

Le handicap physique de Villey n'est pas typique des conditions de recherche de son époque ; comme les autres chercheurs, il a besoin de recourir à des intermédiaires et à des subalternes. Les transcriptions de l'Exemplaire de Bordeaux nécessitent l'intervention de tels employés dont la « mélopée ennuyée » est inaudible parce qu'ils peuvent voir, certains même trop bien. Le succès de l'approche typologique de Villey pourrait nous faire douter du statut de puzzle visuel des *Essais*, bien que leurs qualités visuelles soient illustrées de manière irrésistible par le précieux manuscrit conservé à Bordeaux. Villey lui-même semble avoir pensé que la publication du photofacsimilé et la révélation des qualités graphiques seraient une clé à la compréhension de Montaigne. Le 28 mars 1908, il écrit à Grace Norton que la reproduction photographique de Hachette va apporter « la réponse à toutes les questions pendantes »[2]. Pourtant, l'expérience de Villey réfute le travail de ses contemporains autant qu'elle le confirme, ce qui semble indiquer que chez Montaigne, tout ce qui brille n'est pas d'or.

---

1 *Id.*, p. 228.

2 Collection privée, Houghton library.

VI

UNE SOCIÉTÉ D'AMIS

Ernest-Daniel Grand n'aurait pas trouvé plus de confort à la Bibliothèque de Bordeaux durant l'hiver 1911 qu'en 1906. Le 14 mars 1911, le Professeur Lafitte écrit au maire pour se plaindre : en termes plus dramatiques que ceux employés par Grand en 1906, il décrit le froid qui règne dans les locaux :

> Je me permets de vous faire observer qu'il règne, actuellement, à la bibliothèque, le soir surtout, un temps glacial qui rend des plus pénibles les instants que les lecteurs vont y passer. Les gens bien portants viennent y contracter la grippe et ceux, déjà légèrement grippés, viennent y aggraver leur état. (A52)

Un an plus tard, le 29 mars 1912, le même lecteur se plaint de l'un des employés de la bibliothèque, M. Massé :

> Je tiens à porter à votre connaissance les procédés inqualifiables dont vient d'user, à mon égard, un des employés subalternes de la Bibliothèque Municipale, le nommé Massé. Depuis deux ans [...] j'ai noté bien des accrocs au règlement, bien des brusqueries envers le public, de la part des employés[1].

La période mentionnée, c'est-à-dire les années 1910-1912, est précisément celle au cours de laquelle Céleste est malade et où sont réalisés les travaux pour le fac-similé photographique de Hachette. Lafitte considère que le comportement de Massé est devenu inacceptable :

> mais aucun n'avait montré, jusqu'ici, le degré de grossièreté dont a fait preuve déjà plusieurs fois l'employé Massé [...]. M. Massé se précipite vers moi, comme un furibond, m'arrache brutalement la plume des mains.

Ainsi, en 1911, au moment où Céleste en quitte la direction, la bibliothèque de Bordeaux semble aux mains de personnes aigries, qui ne partagent pas les conceptions de son ancien directeur. Les

---

[1] Lettre du 29 mars 1912, A 55, comme pour la citation suivante.

lettres détenues aux Archives de la Bibliothèque dépeignent une atmosphère où les nerfs sont à fleur de peau, un lieu privé de l'équanimité de Céleste et de l'ambitieuse intelligence de Cagnieul. Désormais, Massé, un « donneur de livres », y assume les responsabilités, suivant les instructions de Céleste agonisant, pour superviser les premières prises de vue du manuscrit destinées au fac-similé photographique de Hachette. Il aurait été naturel pour Strowski d'éviter la bibliothèque durant une période aussi difficile et stressante. En vérité, à partir du moment où Céleste est malade, Strowski cesse de travailler à l'Édition Municipale.

C'est pour s'opposer à cet arrière-plan de confusion et de tension qui règne à Bordeaux que Ernest Courbet et Arthur Armaingaud créent leur Société des Amis de Montaigne à Paris en 1912. Indubitablement, Courbet savait que Strowski avait des problèmes et que le travail de l'Édition Municipale était en perte de vitesse. *Schadenfreude*[1], voilà qui doit bien exprimer ce que Courbet ressent. Il peut se réjouir de voir que son édition synoptique rencontre finalement plus de succès que celle de Strowski, qui, après un long triomphe, bat de l'aile. Alors que l'atmosphère est sombre à Bordeaux, la Société est fondée dans la joie le 21 décembre 1912. Les membres de la toute nouvelle Société des Amis de Montaigne portent un toast à l'occasion de sa création et manifestent dans la joie leur admiration pour les premiers volumes des nouvelles éditions critiques. Anatole France, que Strowski a ridiculisé en 1906, lui reprochant d'avoir été choisi pour écrire une préface destinée à l'édition de l'Imprimerie Nationale, lit à la Société sa conférence rédigée sur un manuscrit plaisamment décoré de croquis représentant Courbet sous les traits de Montaigne lui-même[2]. Fortunat Strowski, qui ne se soucie pas de cette célébration qui a lieu à Paris, est alors maître-assistant à la Sorbonne. Il ne se soucie pas plus de ce qu'il doit faire à Bordeaux.

Si l'Imprimerie Nationale avait arrêté l'impression de l'Édition Typographique en 1912 (comme certains critiques l'ont sincèrement souhaité après coup[3]), la Société des Amis de Montaigne n'aurait

---

[1] « Malignité, malice, joie prise des malheurs des autres », *Dictionnaire français-allemand*, p.p. P. Grappin, coll.Saturne, Paris, Larousse, 1963.

[2] Bibliothèque Nationale, N.A.Fr. 11656, manuscrit du discours d'Anatole France.

[3] Auguste Salle considère que passé cette date, l'Imprimerie Nationale a manqué de prudence et a géré les fonds publics de manière irresponsable, « Une édition coûteuse et inutile », *Journal des Débats*, édition hebdomadaire, 13 mai 1932, p. 758.

certainement pas été créée avant la Première Guerre mondiale, peut-être ne l'aurait-elle jamais été. C'est l'euphorie liée à la publication du premier volume de l'Édition Typographique en 1913, qui pousse un groupe d'ardents montaignistes, Courbet, Armaingaud et Monod, leur chef, à donner une forme officielle à leur groupe. Bien qu'ils n'y fassent aucune allusion dans leurs remarques inaugurales le 21 décembre 1912, leur publication coûteuse, loin de faciliter la lecture des *Essais*, offre plutôt une façon de lire leur copie photographique. En fin de compte, Armaingaud achève la préface du dernier volume publié en 1931 en avertissant l'acheteur que l'Édition Typographique est une simple façon de lire le fac-similé publié par Hachette en 1912. De son côté, l'Imprimerie Nationale avait probablement envisagé un tel fac-similé photographique dès que Courbet avait convaincu Arthur Christian de s'en charger en 1905. Grand se réfère à ce projet lorsqu'il mentionne les trente photographies réalisées par Courbet en mai 1906[1].

Le sort de l'Édition Typographique est lié à celui d'Arthur Christian qui est devenu Directeur de l'Imprimerie Nationale en 1895. Christian avait servi le gouvernement en d'autres circonstances : en tant qu'inspecteur des prisons, il a rédigé plusieurs plans au sujet de leur construction et de leur réforme. Il s'oppose par exemple à ce que des documents officiels soient publiés par des détenus afin de ne pas accroître le chômage des ouvriers de l'imprimerie. Il craint aussi que les détenus ne se servent d'une éventuelle formation de compositeur pour contrefaire des documents importants pour le gouvernement. Il pense que les prisonniers pourraient être « plus habiles encore à devenir des faussaires ou autres criminels de même espèce »[2]. En matière de condamnation et de réhabilitation, il préfère ce qu'il appelle le « modèle américain » consistant à construire puis détruire une maison de sept étages :

> Tous les détenus sont occupés [...]. La maison grandit, s'achève. A peine est-elle terminée, qu'avec non moins de méthode, on exige des détenus qu'ils la démolissent et la rasent. On recommence ensuite, autant qu'il est nécessaire.

Christian ne pouvait pas savoir que ce châtiment inspiré de celui de Sisyphe décrirait, sinon l'Édition Typographique elle-même, du

---

[1] Voir la lettre de Grand au maire de Bordeaux du 2 octobre 1906, A 36.

[2] Arthur Christian, *Débuts de l'Imprimerie Nationale en France*, Paris, Imprimerie Nationale, 1904, p. 119, même page pour la citation suivante.

moins les copies et épreuves louées et ensuite blâmées, construites et déconstruites au nom de l'authenticité visuelle et philologique.

Christian a rencontré des problèmes administratifs avant l'Édition Typographique. Dans l'ouvrage qu'il consacre à l'histoire de l'Imprimerie Nationale, publié en 1904, il se défend et défend son institution avec passion contre ce qu'il appelle la « légende » consistant à dire que les dépenses de son établissement ont ruiné le pays[1]. Strowski et la municipalité de Bordeaux sont probablement au courant des surcoûts et des failles dans la direction. Au moment du déménagement de l'Imprimerie Nationale dans ses nouveaux locaux du IXe arrondissement, Christian oublie de mentionner le coût du déplacement des machines et d'autres équipements. En 1905, il accepte un poste qui a peut-être précipité sa propre ruine ou lui a, au moins, valu de nombreux problèmes. L'Édition Typographique nécessite, pour commencer, que le caractère Garamond soit refondu pour l'édition de 1588 des *Essais*, ce qui représente déjà une entreprise coûteuse. En second lieu, l'Imprimerie Nationale doit réaliser un caractère miniature spécial pour reproduire en page de gauche les passages biffés par Montaigne (ceux qui restent lisibles malgré les biffures), les additions horizontales et verticales ainsi que les passages rognés par le couteau du relieur au XVIIIe siècle. En 1912, Courbet décrit les principes de présentation de l'Édition Typographique :

> En regard de chaque recto, absolument synoptique avec lui, se trouve sur tout verso dans un cadre plus menu, mais d'une lisibilité parfaite, les interventions de Montaigne dans le texte de 1588 et tout à l'entour suivant des dispositions identiques à celle de l'exemplaire original, sont typographiquement reproduites les additions manuscrites de l'auteur, les unes entrecoupées de ratures à la suite des remaniements du texte, les autres pures de toutes corrections[2].

Ce projet est, de toute façon, l'un de ses derniers ; peu après 1905, Christian démissionne :

> sa réussite le dessert, sa gestion est contestée, et il doit donner sa démission. Il meurt de chagrin quelques mois plus tard[3].

[1] *Id.*, p.127.

[2] Courbet, « Allocution », *Bulletin de la Société des Amis de Montaigne*, Paris, 1913, vol. 1, p. 53 (Slatkine Rep., 1970).

[3] Christian a dirigé l'Imprimerie Nationale de 1885 à 1905, voir *L'Art du livre à l'Imprimerie Nationale*, Paris, Musée du Luxembourg, 1984, p. 31.

L'auteur anonyme de ce commentaire fait croire que Christian n'avait plus aucune raison de vivre après son départ de l'Imprimerie Nationale.

Le premier numéro du *Bulletin de la Société des Amis de Montaigne* est publié en 1913. Il comporte les minutes de la première réunion du groupe le 21 décembre 1912, sous la présidence d'Anatole France. Le vice-président, Henri Roujon, remercie France et fait l'éloge du père fondateur de la Société, le docteur Armaingaud, qu'il appelle «l'âme du montaignisme», ainsi que celui de Courbet, Strowski et Villey pour leur énorme contribution aux études sur Montaigne. Anatole France annonce le calendrier qui comporte «la présentation des trois textes du livre de Montaigne nouvellement publiés ou en voie de publication»[1]. Les remarques de Roujon sont suivies de l'«Allocution» de Courbet qui comporte une description détaillée de l'Édition Typographique. De son côté, Armaingaud fournit un document important pour les archives de la Société: il s'agit de la lettre envoyée à Arthur Christian à l'Imprimerie Nationale le 22 mars 1905. Elle est essentielle dans le débat continu visant à déterminer laquelle de l'Édition Municipale ou de l'Édition Typographique a été la première, au moins parce que cette lettre a été envoyée en mars 1905, soit un mois avant que les premiers exemplaires de l'Édition Municipale ne paraissent lors d'une cérémonie ayant lieu en avril 1905. Ceci est censé dégager les éditeurs de l'Édition Typographique de l'accusation la plus sérieuse formulée par Strowski, celle de plagiat. En l'absence de Strowski, «empêché et excusé», Armaingaud doit parler de l'Édition Municipale, ironie des événements.

Dans sa brève histoire de l'Édition Typographique, Armaingaud note que deux exemplaires de l'édition de 1588 des *Essais* «sur lesquels devaient être recopiées les additions manuscrites» étaient nécessaires. Avec Courbet et Monod, ils ont mis en commun leurs ressources afin de fournir ces exemplaires à l'Imprimerie Nationale. Courbet a pris la précaution de faire réaliser deux copies des annotations de Montaigne, allusion à celle de Routhier et peut-être au travail de Cagnieul. Courbet se voit confier la charge du premier volume de l'Édition Typographique. Plusieurs mois après le début du travail de transcription (1906), Armaingaud reçoit les épreuves du premier volume. Il les compare au manuscrit de Montaigne.

[1] *Bulletin de la Société des Amis de Montaigne*, 1913, vol.1, p. 34 (Slatkine Rep., 1970) comme pour la citation suivante.

Arrivé à ce point, son chemin a dû croiser celui de Strowski à la Bibliothèque de Bordeaux. Cette rencontre met Strowski au courant du complot du gouvernement et convainc Armaingaud de la nécessité d'envoyer un autre paléographe à Bordeaux :

> Quelques mois après, je reçus un exemplaire des épreuves de ce premier volume que je fus chargé de soumettre, à Bordeaux, à un premier collationnement avec le manuscrit. Ce collationnement sommaire démontra que pour ne rien négliger de ce qui pouvait assurer l'absolue fidélité de la reproduction typographique du manuscrit il était prudent que l'Imprimerie Nationale envoyât à Bordeaux un paléographe, chargé, avant que les bons à tirer fussent donnés, de rapprocher et de comparer très attentivement les épreuves dernières avec le manuscrit original[1].

Les Archives de la Bibliothèque nous apprennent que ce « paléographe » est Ernest-Daniel Grand. Armaingaud fait un saut en avant de six ans mais ne fait pas état de son « raid » sur la copie figurée de Cagnieul le 13 septembre 1906. Il ne mentionne pas plus l'accueil glacial réservé au paléographe envoyé à Bordeaux par l'Imprimerie Nationale. En 1912, son but est d'établir l'« absolue fidélité » de l'Édition Typographique, qui est selon lui l'« un des plus beaux livres qui soient sortis des presses [du] grand établissement national ». À l'aube de la Première Guerre mondiale, le vocabulaire d'Armaingaud a les couleurs patriotiques de son époque. Il vante la précision scientifique de l'Édition Typographique : en effet, là où l'édition de Bordeaux donne

> les parties ajoutées ou corrigées de la main de Montaigne, en les incorporant au texte et en les distinguant par des caractères italiques

celle de Paris est hyper-réaliste, puisqu'elle donne les additions et les suppressions

> page par page, ligne par ligne, [...] imprimées en petits caractères, et occupant exactement sur les marges la place qu'elles occupent réellement sur l'exemplaire annoté.

Armaingaud dit que le premier groupe des « Amis de Montaigne », c'est-à-dire Monod, Courbet et lui-même, ont eu l'idée d'une édition s'appuyant sur l'Exemplaire de Bordeaux quatorze ans auparavant[2]. Si l'on retient la date de 1912, il faut donc remonter à

---

[1] *Id.*, p. 35.

[2] *Id.*, p. 36, même page pour la citation suivante.

1898. Ainsi, la décision du groupe coïnciderait avec le don de Courbet à la Bibliothèque de Bordeaux de l'édition interfoliée et le travail de correction des épreuves réalisé par Cagnieul pour l'édition des *Essais* de 1580 publiée chez Lemerre. Armaingaud écrit avec insistance que l'idée de réaliser une édition s'appuyant uniquement sur l'Exemplaire de Bordeaux a été retenue par un autre groupe à Bordeaux, composé de Cagnieul, Strowski et Mirmont préparant l'Édition Municipale. Il ajoute qu'aucun des deux groupes n'était au courant des projets de l'autre : ils « s'ignoraient réciproquement » et travaillaient « sans entente préalable ». Comme Cagnieul, Armaingaud est passé maître dans l'art de la litote. Cette allusion au travail indépendant réalisé de part et d'autre correspond, bien entendu, au code de la Belle Époque pour évoquer un combat long et âpre entre deux éditions rivales perçues comme incompatibles et représentant une menace l'une pour l'autre.

Ainsi, c'est en 1912 que voit le jour la Société des Amis de Montaigne, obligatoirement en 1912 puisqu'il faut défendre et faire l'éloge de l'Édition Typographique. Armaingaud se déchaîne contre l'édition de Gournay de 1595, ce qui lui permet de détourner l'attention des partisans de l'Édition Typographique et celle des défenseurs de l'Édition Municipale et de passer sous silence leurs différences. L'édition de Gournay devient un ennemi commun :

> Quelle que soit la sympathie que nous inspire Marie de Gournay [...] quelque reconnaissance qui lui soit due [...] on est cependant contraint de reconnaître que dans la dernière édition qu'elle a publiée, elle n'a pas toujours bien compris les devoirs qui s'imposent à l'éditeur d'un livre posthume[1].

Toute la question est de savoir quels sont ces devoirs. Bien que les méthodes se soient affinées depuis l'époque de Gournay, les réponses n'étaient pas plus claires ou plus faciles à trouver à la fin du XIXe siècle qu'elles ne l'étaient trois siècles plus tôt. Bien des tentatives ont été faites pour corriger les faiblesses et les infidélités de l'édition de Gournay à la fin du XIXe siècle ; mais comment éviter le parti pris et les défauts ? Nous découvrons que chacune des nouvelles éditions, au moment de sa parution, peut être accusée d'être infidèle à Montaigne. Selon Strowski, Montaigne fut à l'origine de cette tradition lorsqu'il se mit à compléter son texte de 1580 avec acharnement.

---

1 *Id.*, p. 37.

Armaingaud révèle un secret intéressant lors de cette première réunion: il nous apprend que ses soupçons se sont éveillés lorsqu'il a comparé deux versions différentes de l'éloge extraordinaire que Montaigne fait de sa fille d'alliance à la fin de l'essai «De la Præsumption»[1]. L'édition de Gournay de 1595 en donne une version longue tandis que celle de 1635 en donne une plus courte et plus modeste. Armaingaud n'accepte pas l'explication que Gournay donne dans la préface de 1635[2]: elle aurait abrégé cet éloge de manière à ne pas attirer sur elle une attention qui ne lui était pas due. Il y voit le signe de quelque chose de bien pire encore, une philologie négligente: «ce droit que Mlle de Gournay s'arrogeait, de présenter suivant les circonstances, tantôt sous une forme, tantôt sous une autre, un texte de Montaigne la concernant, me mit en véhément soupçon»[3]. Devenu détective, Armaingaud engage Albert Cagnieul, le sous-bibliothécaire de Bordeaux, à qui il écrit le 4 mars 1901, pour qu'il fasse une petite enquête au sujet de cette infidélité. Occupé par sa première transcription de Montaigne, Cagnieul abandonne momentanément le Premier Livre de l'Exemplaire de Bordeaux et consulte la dernière page du chapitre 17 du Second. Il n'aura besoin ni de loupe ni d'une forte lumière pour trouver ce que cherche Armaingaud. Le 7 mars 1901, il répond rapidement au Docteur en lui adressant une lettre accompagnée d'un fac-similé fait à la main. En 1912, Armaignaud informe son auditoire passionné que Montaigne n'a pas rédigé d'éloge enthousiaste de Marie de Gournay dans les marges de l'Exemplaire de Bordeaux. Voilà qui sape l'édition de la fille d'alliance de Montaigne. La logique consistant à la dénigrer est désormais en route: puisque l'Exemplaire de Bordeaux est l'unique

---

[1] *Essais*, Livre II, chap.17, p.631-662. L'éloge se trouve p. 661-662.

[2] Voir la réimpression que François Rigolot a donnée de la préface de 1595, *Montaigne Studies*, nov. 1989, vol.1, p.22-55. Voir aussi Philippe Desan, «"Cet orphelin qui m'estoit commis": la préface de Marie de Gournay à l'édition de 1635 des *Essais*», *Montaigne Studies*, nov. 1990, II, 2, p. 58-99. Voici le texte de la préface de 1635, censurée par Gournay:

> «J'ay pris le plaisir à publier en plusieurs lieux, l'esperance que j'ay de Marie de Gournay le Jars ma fille d'alliance et certes aymee de moy paternellement. Si l'adolescence peut donner presage, cette ame sera quelque jour capable des plus belles choses. Le jugement qu'elle fit des premiers Essays, et femme, en ce siècle, et si jeune, et seule dans son quartier, et la bienveillance qu'elle me voua, sur la seule estime qu'elle en print de moy, long-temps avant qu'elle m'eust veu, sont des accidents de tres digne consideration».

[3] *Bulletin de la Société des Amis de Montaigne*, 1913, vol. 1, p. 38 (Slatkine Rep., 1970).

exemplaire existant comportant des annotations manuscrites, c'est la seule version fiable des *Essais*. Les responsables des éditions Typographique et Municipale sont d'accord sur ce point et considèrent par conséquent que le passage suivant de l'édition de 1595 de Gournay n'est pas de la main de Montaigne :

> J'ay pris plaisir à publier en plusieurs lieux l'esperance que j'ay de Marie de Gournay le Jars, ma fille d'alliance : et certes aymée de moy beaucoup plus que paternellement, et enveloppée en ma retraitte et solitude, comme l'une des meilleures parties de mon propre estre. Je ne regarde plus qu'elle au monde. Si l'adolescence peut donner presage, cette ame sera quelque jour capable des plus belles choses, et entre autres de la perfection de cette très-saincte amitié où nous ne lisons point que son sexe ait peu monter encores : la sincérité et la solidité de ses mœurs y sont desjà bastantes, son affection vers moy plus que sur-abondante, et telle en somme qu'il n'y a rien à souhaiter, sinon que l'apprehension qu'elle a de ma fin, par les cinquante et cinq ans ausquels elle m'a rencontré, la travaillast moins cruellement. Le jugement qu'elle fit des premiers Essays, et femme, et en ce siècle, et si jeune, et seule en son quartier, et la vehemence fameuse dont elle m'ayma et me desira long temps sur la seule estime qu'elle en print de moy, avant d'avoir veu, c'est un accident de tres-digne consideration[1].

À la place de cet éloge développé et remarquable, le fac-similé rapide de Cagnieul présente une grande croix, placée en bas dans la marge gauche de la page. Cela n'est-il pas le symbole de la « philologie négligente » de l'édition de Gournay ? Armaingaud est un maître conteur et il prouve à son auditoire médusé que des découvertes sont encore possibles dans l'univers de la recherche sur Montaigne, que peut-être de plus grandes surprises sont à venir :

> Quelle ne fut pas ma surprise et celle de mes amis du déjeuner Montaigne auxquels je communiquai le résultat de mon examen ! Cette page où Mlle de Gournay est célébrée à côté des personnages « d'extraordinaire grandeur et non commune » n'existe pas sur l'exemplaire de Bordeaux[2].

Quelle a dû être la fascination des auditeurs d'Armaingaud pour cette découverte ! C'est justement cette fascination qui nous rappelle à quel point il serait injuste de considérer que seules la jalousie, la suspicion ou la rivalité seraient à l'origine des éditions critiques

---

[1] *Essais*, p. 661-662.

[2] *Bulletin de la Société des Amis de Montaigne*, 1913, vol.1, p. 39 (Slatkine Rep., 1970).

publiées vers 1900. N'oublions pas que ces entreprises sont mues par un profond respect et une soif de découverte. Nous ne pouvons pas non plus oublier que, même si Armaingaud le passe sous silence à travers ses descriptions, l'enjeu du discrédit de l'édition de Gournay n'est pas seulement d'ordre philologique : il s'agit de bannir les femmes de l'« amitié » sacrée sur laquelle est fondée la Société des Amis de Montaigne.

Mis au courant de la disparité entre l'édition de 1595 et l'Exemplaire de Bordeaux, Armaingaud prend le train pour Bordeaux afin de voir cette page de ses propres yeux. Dans ses remarques à la Société, il se lance dans une brillante analyse de bibliographie matérielle, décrit les marges et les habitudes d'écriture de Montaigne. Il réussit un tour de force d'érudit qui le mène à insérer une note de bas de page dans une note de bas de page[1]. Toute son attention est retenue par la croix tentatrice inscrite par Montaigne dans la marge ; il débat sur l'espace dont Montaigne dispose, sur la façon dont Montaigne employait habituellement ces renvois, et parle de la sagesse populaire des habitudes de Montaigne, peu judicieuse selon lui. En chemin, il émaille son texte de remarques sur des passages suspects et sur des intervenants fantômes[2]. Il renforce sa position en évoquant les altérations que Gournay a fait subir aux poèmes de Ronsard. Souhaitant adoucir le langage du poète dans une édition posthume de son œuvre, elle s'attire les foudres de ses contemporains :

> Elle réalisa partiellement son dessein, et apporta à Colletet un premier fascicule de ce prétendu *Ronsard* posthume. Colletet lui défendit, en la menaçant de la dénoncer au jugement du public, de continuer ce travail de falsification.

De pareilles dénonciations concernant Montaigne ne sont pas limitées au XVIIe siècle. Dans son discours aux membres de la Société, Courbet doit se défendre d'attaques similaires formulées à son encontre par Strowski et son groupe en 1906.

Après avoir discrédité le travail de Gournay, Armaingaud reprend sans parti pris sa description de l'Édition Municipale, estimant que Strowski viendra la compléter dans une réunion ultérieure, ce que celui-ci ne fit jamais. Armaingaud est doublement béni. Il lui revient

---

[1] *Ibid.*

[2] « Quant à la croix de renvoi, elle a pu être mise, après la mort de Montaigne, par une main étrangère », *Id.*, p. 40 (Slatkine Rep., 1970), p.41 pour la citation suivante.

de décrire le fac-similé photographique de Hachette, publié en trois volumes en 1912, et de remercier Guillaume Bréton, son généreux éditeur, de les avoir offert à la Société à l'occasion de son inauguration. Il regrette l'absence de Bréton, retenu par des obligations familiales. Ainsi, les principaux rivaux de l'Édition Typographique sont absents de cette première réunion cruciale de la Société. Pour finir, Armaingaud fait remarquer une erreur dans la pagination du fac-similé photographique, « une petite lacune qu'il est très facile de faire disparaître »[1]: aucun détail n'échappe à son attention.

À la suite de la description dramatique des trois éditions que propose Armaingaud vient le texte calme et rassurant de l'« Allocution » de Courbet, auquel nous nous sommes référés plus haut pour établir l'histoire de la transcription de Routhier. Courbet aborde des sujets traités par Armaingaud. Il esquisse une brève histoire des éditions de Montaigne et fait référence à l'édition de Naigeon parue chez Didot, la première à considérer avec sérieux l'Exemplaire de Bordeaux et à y voir plus qu'« un objet de pure curiosité »[2]. Puis Courbet s'intéresse à l'édition de 1595, et rappelle que Marie de Gournay avait à l'époque une vingtaine d'années et qu'elle « crut pouvoir annoncer sur le titre même de l'ouvrage, qu'il était augmenté d'un troisième livre et de six cents additions aux deux précédents ». Pour Courbet, cette formule résume à elle seule toute la tactique commerciale de Gournay qui, pour lui « est tout entière dans cette formule de réclame ». Il porte aux nues l'édition de Naigeon tout en regrettant son étrange goût pour les orthographes anciennes et en déduit que « des libertés de forme donnent à craindre des libertés de fond ».

On pourrait aussi rétorquer que des convictions qu'on a sur la forme proviennent de celles qu'on a sur le contenu. Courbet en vient ainsi à énumérer les raisons de publier les *Essais* en s'appuyant exclusivement sur l'Exemplaire de Bordeaux. La première d'entre elles est que cela permettra d'accéder au fonctionnement de la pensée de Montaigne[3]. Il fait observer ensuite que le fac-similé photographique de Hachette est difficile à lire en raison de la façon dont Montaigne écrivait. Comme on pouvait le faire dans le cas d'Armaingaud, les événements de 1595 présentés peuvent être mis en parallèle avec ceux se déroulant à la fin du XIXe siècle. Peut-être

[1] *Id.*, p. 43.

[2] *Ibid.*, p. 48 et 49 pour les deux citations suivantes.

[3] Courbet évoque « le mode de formation et de correction de sa pensée et l'évolution ou la confirmation de ses idées », *Id.*, p. 51.

est-ce pour cette raison que la date de 1595 est, par erreur, systématiquement remplacée par celle de 1895 dans le premier volume du *Bulletin de la Société des Amis de Montaigne*. Telle est la nature des erreurs typographiques: elles révèlent souvent ce que des corrections auraient caché.

Au moment où Courbet explique comment il a commissionné la transcription de Routhier, il devient moins direct, plus elliptique. Il adopte un ton distant, administratif, bien différent du ton enflammé adopté par Strowski en 1906. Il explique comment Routhier a été choisi pour exécuter à Bordeaux la transcription «en 1886, sous les yeux de M. Dezeimeris, alors Conservateur de la bibliothèque de Bordeaux» (A51). Il invoque la surveillance de Dezeimeris pour établir le caractère public et ouvert de la transcription ingénieuse et coûteuse qu'il fait réaliser. Il ne mentionne aucunement son débat de 1906 avec Strowski, défend une nouvelle fois la transcription de Routhier et répète qu'il a stoïquement refusé de la prêter ou de la céder. La façon indirecte dont Courbet présente les offres de Dezeimeris et la façon impersonnelle dont il a fallu les refuser – «il m'était impossible d'aller plus loin» – trouvent leur équivalent dans le caractère indirect de ce geste de gratitude plein de noblesse qu'a été le don d'un exemplaire interfolié de l'édition des *Essais* de 1588. Cette façon calme de présenter les événements, dont Courbet sait qu'ils vont devenir une part de l'histoire officielle, est en partie due au fait que les années se sont écoulées et que les moyens directs et plus opposés de discuter sont épuisés. Le langage de 1912 n'est plus celui de 1906.

L'exemplaire fourni par Courbet à la Bibliothèque n'a jamais été utilisé comme il était prévu qu'il le soit, c'est-à-dire pour fixer et seconder le texte de l'Exemplaire de Bordeaux déjà bien fatigué. Selon toute vraisemblance, il a pourtant accéléré la mise en chantier de la transcription de Cagnieul qui a abouti au travail de correction de Strowski sur l'Édition Municipale[1]. Ainsi, l'intérêt que Courbet a porté pendant des décennies à l'Exemplaire de Bordeaux a été à l'origine d'une édition dont il allait devenir un opposant véhément. Bien qu'il n'existe aucune trace écrite à Bordeaux de l'offre que Dezeimeris a faite à Courbet, il n'y a aucune raison de ne pas la prendre au sérieux. Pourtant, rétrospectivement, il est stupéfiant qu'un philologue de la compétence de Reinhold Dezeimeris ait envisagé de remplacer l'Exemplaire de Bordeaux par le fac-similé

[1] Sur ce sujet, voir plus haut, chapitre 3.

manuscrit de Routhier pour des chercheurs ayant des études importantes à mener. Mais la transcription de Routhier aura plusieurs fonctions. La Bibliothèque de Bordeaux, qui ne la possède pas, est contrainte d'entreprendre sa propre transcription; l'Imprimerie Nationale, la possédant, s'emploie à établir une édition typographique. C'est un document bien utile, une sorte de sage-femme pour les éditions critiques.

Courbet a longuement parlé de questions de pures formes et de l'histoire des formes du travail de Montaigne. Pour lui, ces explications sont nécessaires car «elles montrent sous leur véritable jour l'origine et la marche régulière d'une œuvre entreprise assez loin du sanctuaire où est gardé le livre sacré de Montaigne». La dernière idée est importante: l'Édition Typographique tente d'abolir la distance entre Paris et Bordeaux, afin que des érudits curieux puissent éviter de prendre le train pour consulter l'original. L'édition de Courbet cherche donc à contourner le règlement de la Bibliothèque de Bordeaux qui stipule que le manuscrit de Montaigne ne quittera jamais plus la ville. Courbet met ensuite en évidence la qualité de cette édition: «Il ne me semble point douteux que vous ne soyez touchés de la perfection de ce chef-d'œuvre de l'art d'imprimerie»[1]. Ainsi s'achève sa tentative de rectifier les faits. Comme les différentes copies de Montaigne, la présentation de Courbet est à la fois fidèle et infidèle à ce qui s'est vraiment passé.

L'Édition Typographique a connu sa part de retards et de faux départs, mais en 1912 son premier volume est prêt à être publié. Ses architectes ont assez de hardiesse pour fonder la première organisation officielle consacrée à l'étude et à l'échange de points de vue sur Montaigne, quelque trois cent vingt ans après la mort de l'auteur. Ces éditeurs scrupuleux, qui ont pour mot d'ordre une religieuse fidélité au manuscrit de Montaigne, laissent se glisser une erreur révélatrice sur la page de titre de leur édition. Pour des raisons symboliques, l'Imprimerie Nationale imprime 1906 au lieu de 1913 sur cette page, rappelant ainsi ce que Montaigne lui-même a fait en choisissant d'inscrire la date de 1580 au bas de l'«Avis au lecteur» des *Essais* de 1588, bien qu'il fasse d'autres modifications pour mettre son œuvre au goût du jour, altérant ainsi pour des raisons symboliques l'histoire officielle des *Essais*. En le faisant, Montaigne veut convaincre ses lecteurs que son projet de se peindre avec sincérité et en respectant la nature date de la toute première édition, celle

[1] *Bulletin de la Société des Amis de Montaigne*, 1913, vol.1, p. 53 (Slatkine Rep., 1970).

de 1580. De la même façon, les éditeurs de l'Édition Typographique inscrivent la date de 1906 afin de persuader leurs lecteurs que le projet de présenter les *Essais* de Montaigne avec sincérité et dans leur nudité, c'est-à-dire en s'appuyant sur l'Exemplaire de Bordeaux, était contemporain de la publication du premier volume de l'Édition Municipale. Il devient donc impossible de séparer la fondation de la Société des Amis de Montaigne du triomphe momentané de l'Édition Typographique et de l'effondrement momentané de l'Édition Municipale à Bordeaux. L'Imprimerie Nationale aura peu après à publier bien d'autres documents officiels, plus importants, ceux concernant la défense nationale et la sécurité durant la Grande Guerre. En fait, les années 1912-1913 représentent la dernière chance pour l'édition de Courbet de partager les feux de la rampe avec la version de Bordeaux, beaucoup plus connue. La fondation de la Société des Amis de Montaigne constitue le signe extérieur de cette gloire éphémère.

VII

Résignation

Le troisième et dernier volume de l'Édition Municipale des *Essais* paraîtra finalement en 1919, après la Première Guerre Mondiale. Le nouveau directeur de la Bibliothèque de Bordeaux, François Gébelin, succède à Strowski pour ce volume. Le 30 mars 1914, il écrit au maire, dans le style de l'époque :

> j'ai terminé la transcription des Essais de Montaigne, d'après l'exemplaire de Bordeaux, et [...] je viens de remettre la fin de la copie à l'imprimerie Pech. (A69)

Autant sa lettre est claire dans sa graphie et ne témoigne d'aucun effort, autant les transcriptions ont été complexes et frustrantes. Gébelin couvre toute la page de ces mots, introduisant une double division au milieu du mot destiné à l'imprimeur, « l'impri : :merie », souvenir graphique de l'histoire brisée et redondante de cette édition.

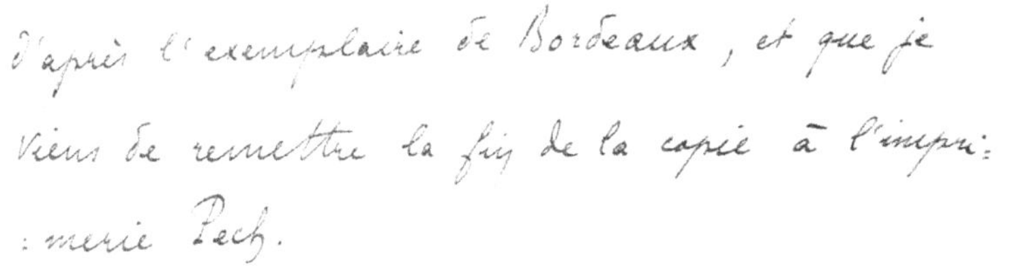
d'après l'exemplaire de Bordeaux, et que je
viens de remettre la fin de la copie à l'impri:
:merie Pech.

Il est certain que Gébelin a d'autres préoccupations qui sont plus importantes. Quelques mois plus tard, il écrit de nouveau au maire pour l'avertir que l'imprimeur Pech « néglige[...] complètement le tirage des feuilles prêtes du Montaigne » et qu'il a découvert que l'un des compositeurs, M. Elies, était « occupé à un autre travail »[1]. Il semble que le travail de Pech soit lui aussi divisé et suspendu. Il n'y a donc rien de surprenant si dans ces conditions « des feuilles

[1] Voir A 70, lettre du 21 juillet 1914.

promises pour la fin de juin, ne soient pas prêtes le 21 juillet». Le lendemain, Mirmont dicte une lettre destinée à Pech où il reprend les observations de Gébelin et ajoute :

> J'ai l'honneur de vous inviter à effectuer dans le plus bref délai la livraison attendue car ~~dans le cas contraire~~ sans cela je me verrai contraint de prendre des mesures pour suppléer à ~~une insuffisance~~ un état de choses si préjudiciables à la publication dont il s'agit. (A71)

Comme l'indiquent les corrections, Mirmont atténue l'effet négatif de la lettre en remplaçant « dans le cas contraire » par « sans cela » et « une insuffisance » par « un état de choses ». Sa menace n'aura pas plus de résultat que les mises en garde qu'il adresse à des transcripteurs, des imprimeurs et des éditeurs trop lents. Six jours plus tard, l'Autriche-Hongrie déclare la guerre à la Serbie, le 28 juillet 1914 ; le 3 août, c'est au tour de la Prusse de déclarer la guerre à la France. Comme nous l'apprend la préface de Mirmont au volume de 1919, c'est depuis son lit d'hôpital situé sur le front que Gébelin a envoyé ses épreuves ! Quatre ans plus tard, après que plus d'un million de Français ont été massacrés et qu'il y a eu le même nombre de blessés, l'Armistice est signé, le 11 novembre 1918, la France récupérant l'Alsace-Lorraine. Les derniers volumes de l'Édition Municipale paraissent ainsi durant l'entre-deux guerres, dans une société privée de tout optimisme et ayant totalement perdu le sens de la sécurité. L'état désastreux de la nation se reflète, en miniature, dans l'état des affaires à la bibliothèque de Bordeaux où la mort et le départ de certaines personnes ont affaibli une équipe exemplaire. Comme les projets relatifs à Montaigne ont dû avoir bien peu d'importance durant ces années ! Seule la dévotion monomaniaque d'érudits tels que Pierre Villey ou Arthur Armaingaud les pousse à poursuivre une tache ayant perdu le caractère d'urgence qu'elle avait avant la guerre.

La réalisation de l'édition critique des *Essais* aura nécessité bien plus de temps que Montaigne n'en a pris pour les écrire, durant les vingt années qui s'écoulent entre 1572 et 1592. De nombreuses personnes impliquées directement ou indirectement dans la préparation de ces éditions critiques ne verront pas le fruit de leur labeur. Les premières d'entre elles sont les bibliothécaires et les auteurs des transcriptions, ces serviteurs de la philologie et de la paléographie, qui ont travaillé sur le manuscrit ou ceux qui les ont épaulés. Le meilleur exemple de cette servitude est certainement Raymond Céleste : le Directeur de la Bibliothèque, qui a eu l'œil sur les travaux consacrés à l'Exemplaire de Bordeaux depuis 1884, est mort en 1911. La dernière lettre officielle qu'il adresse à ses collègues de la Bibliothèque, alors qu'il est malade, les informe des règles à respecter pour la communication permanente du manuscrit de Montaigne qui est toujours une source d'embarras. Il écrit à son nouveau sous-bibliothécaire, Boucherie, à qui il ne parle que de Montaigne : il ne s'agit pas de l'auteur, mais du livre. Sa fatigue et sa santé déclinante se lisent dans la façon dont il relie régulièrement ses phrases, non pas avec des points, mais avec de courtes lignes, comme s'il n'avait pas la force de soulever sa plume. À une époque plus heureuse, il donnait des coups de plume horizontaux énergiques pour tracer la barre de ses « t ».

Des ouvrages contenant des reproductions

Mais sa lettre du 8 juin 1911 est bien loin de contenir une énergie et un optimisme semblables. Céleste y indique comment doit être protégée la perle de la Bibliothèque de Bordeaux durant le travail de prise de vue réalisé par Hachette :

> Pour ce qui est de la photographie de Montaigne : l'administration municipale tient à ce que le travail soit exécuté le plus rapidement possible de façon à ce que la publication soit faite avant le mois de mai prochain[1].

Il insiste sur la rapidité avec laquelle ce travail doit être réalisé. Il importe à la Municipalité que le fac-similé photographique soit effectué bien rapidement afin que Strowski reprenne goût à sa tâche initiale consistant à superviser l'Édition Municipale. Après avoir attiré son attention sur la nécessité de se presser, Céleste recommande à Massé de rester avec le photographe au début des séances afin de s'assurer qu'il manipule le manuscrit avec précaution :

> J'ai dit à M. Massé de rester dans les commencements avec le photographe, jusqu'au moment où il sera bien assuré que l'exemplaire est traité avec soin. Si ce photographe est soigneux, comme l'était le précédent, la présence de Massé à ses côtés n'est pas utile,___c'est affaire de conscience,___De toute façon, c'est à dire si Massé, d'après ce qu'il vous dira avoir vu, doit rester avec le photographe__toutes choses cessantes il doit le faire__mais je le répète si cela est indispensable.

[1] A 53, comme pour les trois citations suivantes.

Le premier photographe mentionné par Céleste est celui que Courbet avait envoyé vers le 26 mai 1906. Apparemment, cette première série de prises de vue s'était bien déroulée, puisque Céleste écrit à son sujet qu'il avait été « soigneux ». Il n'est pas aussi sûr de celui envoyé par Hachette. Il revient apparemment à Massé de juger si l'Exemplaire de Bordeaux est traité avec le soin qu'il mérite. Céleste estime qu'il s'agit pour Massé d'une « affaire de conscience ».

Céleste indique de manière très précise les précautions à prendre lors des séances des prises de vue et le reste du temps :

> De toutes manières, il faut veiller avec le plus grand soin à la conservation des « Essais » annotés__ce volume ne doit jamais sortir sous aucun prétexte de la Bibliothèque,__il ne doit jamais rester dans la salle de photographie, seul c'est à dire à l'heure du déjeuner, ou à un moment quelconque de la journée, si l'opérateur a besoin de sortir, même pour peu de temps, à plus forte raison ne doit-il pas rester la nuit hors de son coffre fort__ . Etablissez nettement les responsabilités__que ce soit toujours le même qui descende le volume et qui le remonte__Dites bien à l'opérateur qu'il doit remettre en haut à M. Dupuch le volume, s'il sort avant la fin de la séance__les jours où il sera nécessaire de travailler un peu après 5hes, dites à M. Dupuch de ne pas sortir sans avoir mis le volume dans le coffre fort, à moins que Massé restant se charge de ce soin__En aucun moment Montaigne ne doit stationner dans la loge ; en attendant qu'on le remonte__dès qu'il sortira des mains de l'opérateur ce sera pour réintégrer son coffre sans station ni arrêt en aucun lieu__ Si on venait consulter le volume des Essais pendant que l'opérateur fonctionne__refusez la communication en indiquant le motif.

Il est probable que ces instructions n'auraient jamais été écrites si Céleste n'était pas tombé malade à un moment où l'activité autour du manuscrit de Montaigne était si importante. Son absence forcée de la bibliothèque le contraint à être aussi explicite que possible. Il n'est pas non plus impossible que ses assistants aient fait preuve de négligence en manipulant le précieux volume. C'est pour cette raison que Céleste énumère avec précision ce qui pourrait arriver à l'Exemplaire de Bordeaux et quand cela pourrait lui arriver, sans laisser divaguer son imagination. Sa lettre nous rappelle que le manuscrit de Montaigne est sans cesse consulté par les érudits, même « pendant que l'opérateur fonctionne », c'est peut-être même la cause pour laquelle il l'est. Céleste achève sa lettre en insistant sur l'importance qu'ont ces photographies tant pour Hachette que pour la Ville de Bordeaux :

> Je puis vous assurer que l'administration tient beaucoup à ce que le travail marche rapidement__il ne faut pas qu'il y avait [sic] du retard

> du fait du photographe, qu'il puisse dire que c'est la faute du personnel de la Bibliothèque.

La Ville aura plus d'une occasion de regretter le retard pris. Céleste conclut sur une note personnelle concernant son état de santé : « J'ai sué sang et eau pour écrire cette épître__la température est estivale et je me sens faible, bien qu'il y ait une amélioration réelle__ce me semble »[1]. Ce sont ses derniers mots dans les archives de la Bibliothèque de Bordeaux. Ils servent d'épitaphe à ces décennies consacrées au service du manuscrit de Montaigne et des autres livres.

En 1912, l'année de la création de la Société des Amis de Montaigne, la grande Édition Municipale, jalousement préparée pour le monde érudit, est en plein désarroi, stoppée dans son élan par la répugnance épique de son brillant « éditeur scientifique », Fortunat Strowski. Comme Cagnieul avant lui, Strowski n'a pas réussi à prendre le contrôle de l'Édition. En même temps, il perd sa crédibilité à Bordeaux, où il est devenu un paria et a perdu, selon la métaphore athénienne, son « droit de cité ». Strowski, à cause de qui Cagnieul a dû abandonner sa transcription en 1903, refuse ainsi de mener à son terme un projet, auquel, comme il l'écrit à Mirmont dans une lettre du 14 avril 1912, il a consacré le « meilleur de sa vie ». Henri de la Ville de Mirmont révèle dans sa préface au troisième volume quels étaient les problèmes de Strowski. Il indique même l'endroit précis où Strowski a cessé son travail : à la page 190 du troisième volume des *Essais*[2]. Dans son style impérial inimitable, Mirmont dit que le départ de Strowski est une « émigration », une désertion de sa « patrie ». Il aurait pu dire qu'il s'agissait d'une mutinerie. Il note qu'il n'a obtenu les épreuves finales de Strowski qu'après les avoir demandées de nombreuses fois. Puis, c'est l'« abstention absolue ». Le 14 juillet 1913, Strowski reçoit une lettre de la Ville de Bordeaux qui le relève de ses fonctions de directeur de l'Édition Municipale. Les Archives de Bordeaux possèdent le brouillon personnel de Mirmont pour cette lettre et l'« accusé de réception » de Strowski. Ce brouillon comporte des blancs que les

---

[1] Lettre écrite de la Villa des Bessons, Pontaillac-Royans, Charente-Maritimes.

[2] « En décembre 1910, M. Strowski [...] acceptait une délégation à la Faculté de Lettres à Paris. En juillet 1911, l'émigration de M. Strowski était définitive. Il est de règle, les émigrés se désintéressent absolument de la patrie désertée ; c'est avec toutes les peines du monde qu'on a pu obtenir des envois faits de Paris qui allaient jusqu'à la page cent quatre-vingt-dix du Tome troisième ; puis ce fut l'abstention absolue », Henri de la Ville de Mirmont, préface, *Essais*, t. III, Édition Municipale, Bordeaux, Pech, 1919, p. v.

secrétaires doivent compléter, en reportant en l'occurrence le nom de Strowski et les dates de ses lettres :

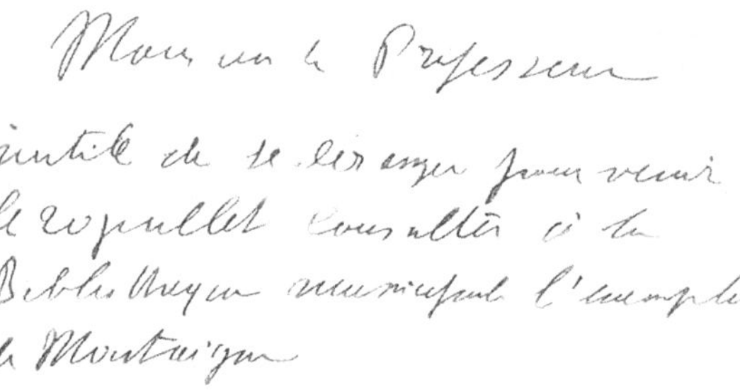

> Monsieur le Professeur_______ inutile de se déranger pour venir le 20 juillet consulter à la Bibliothèque municipale l'exemplaire de Montaigne. Par sa lettre en date du_____ M.S. avait offert de venir se mettre à la disposition de la commission de publication des archives municipales à la date qu'on lui indiquerait. Par la lettre du_____on l'a prié de fixer lui-même cette date. Il n'a pas répondu. _____ Dans sa réunion du 21 juin 1913 la commission de publication des archives municipales a décidé de confier la direction de l'édition à qq un qui s'en occuperait plus activement. M. S. peut se considérer comme relevé de ses fonctions de directeur de l'édition. (A66)

Comme Cagnieul et Céleste avant lui, Strowski est réduit à une abréviation, « M. S.», dans ce brouillon destiné aux secrétaires de Mirmont. Et comme les transcriptions elles-mêmes, ce brouillon est un document provisoire, situé entre les pensées de Mirmont et une lettre officielle. Certaines lignes qu'il a écrites ne sont pas des phrases, certaines n'ont pas de point, une en particulier, séparée des autres, exprime bien sa destinée muette :

Il n'a pas répondu

Au moment où Mirmont stipule à Strowski qu'il « peut se considérer comme relevé de ses fonctions de directeur de l'édition », ni Bordeaux ni Strowski ne remporte la victoire. Comme la note où Gébelin indique qu'il a achevé la transcription du dernier volume des *Essais*, le départ de Strowski est un autre chapitre dans l'histoire des éditions critiques. Mais ce chapitre n'apporte aucune conclusion.

Pourquoi Strowski abandonne-t-il si près de la ligne d'arrivée? Maurice Levaillant propose plusieurs éléments de réponse dans la notice nécrologique qu'il lui consacre[1]. Strowski a commencé ses études universitaires à l'âge de 19 ans en 1885, à l'École Normale Supérieure et a eu pour maître Ferdinand Brunetière[2]. En 1898, il soutient sa thèse de doctorat intitulée *Saint François de Sales, introduction à l'étude du sentiment religieux en France au XVIIe siècle* et est très rapidement nommé professeur à l'Université de Bordeaux qui jouit alors d'une brillante réputation:

> L'Université de Bordeaux étendait alors un rayonnement envié sur toute la région du Sud-Ouest, chère à l'arrivant. Il y trouva des collègues d'élite, bientôt amis fidèles, comme le philosophe et mathématicien Duhem, ou le philologue Barckhausen, éditeur et biographe de Montesquieu[3].

Selon Levaillant, Strowski découvre alors le vrai Montaigne et les *Essais* eux- mêmes:

> ces Essais n'étaient pas un livre, mais trois livres au moins, mêlés et embrouillés les uns dans les autres.

Comme Villey, Strowski distingue dans les *Essais* les couches correspondant à leur composition, ce qui l'amène à percevoir la personnalité de leur auteur en y distinguant des étapes psychologiques ou philosophiques:

> trois livres reflétant trois personnages plus ou moins successifs, un sceptique provisoire vite relevé d'un stoïcien, puis, vers la fin un épicurien qui, « malade et mélancolique, s'égaye en des pensements fols et jeunes ».

Non sans condescendance, Levaillant se fait l'écho des jugements sexistes de la fin du XIXe siècle concernant Marie de Gournay:

> Les *Essais*, détordus fil à fil et tirés hors du fuseau où Mlle de Gournay les avait entortillés, content l'histoire intellectuelle de leur auteur, pendant vingt-cinq années décisives.

---

[1] « Un montaigniste souriant: Fortunat Strowski (1866-1952)», *Bulletin de la Société des Amis de Montaigne*, 1954, p. 73-87.

[2] Voir à ce sujet les études de Antoine Compagnon, « Les Repentirs de Fortunat Strowski », *Journal of Medieval and Renaissance Studies*, 1995, vol. 25, n° 3, p. 345-362 et *Connaissez-vous Brunetière?*, Paris, Seuil, 1997.

[3] Maurice Levaillant, article cité *supra*, p. 77 et p.78 pour la citation suivante.

Un an après la parution du premier volume de l'Édition Municipale et celle d'une étude proposant une interprétation historique et littéraire des *Essais*[1], Strowski publie les trois volumes de son *Pascal et son temps*. Comme le note Levaillant, c'est durant les vingt ans séparant la parution du premier volume de l'Édition Municipale et celle du dernier que la carrière universitaire et littéraire de Strowski atteint son apogée, preuve que son absence de Bordeaux, ne correspondait guère au niveau professionnel à une forme de disgrâce.

Pour Levaillant, l'expérience de Strowski à la Sorbonne est cruciale. De façon générale, il est en phase avec la recherche où règnent en maître la fiche et l'archive. Cette méthode est celle qu'a suivie Pierre Villey dans ses travaux et dont le maître est Gustave Lanson: c'est du reste peut-être ce respect de la précision et du détail qui est à l'origine du travail d'édition critique des *Essais*. Levaillant dresse le portrait suivant de Lanson:

> Epris de rigueur et amoureux de précision, il entendait exiger ces qualités de l'histoire littéraire, comme de l'histoire tout court. S'ensuivaient des corollaires. Il s'était, l'un des premiers, avisé que les textes de nos meilleurs écrivains [...] nous sont parvenus trop souvent remplis et comme farcis de fautes. Il importait donc [...] d'appliquer aux auteurs français les mêmes méthodes qui, sans cesse en progrès depuis la Renaissance, avaient permis aux philologues d'amender et de restituer dans une relative pureté les œuvres léguées, à travers tant de hasards, par les antiquités grecque et latine[2].

Cependant, la «philologie française» de la fin du XIXe siècle, inspirée de Gustave Lanson, n'était pas sans connaître des excès et Levaillant ne se prive pas de les mettre en évidence dans son éloge de Strowski:

> Ô culte passionné de la méthode, que d'erreurs furent trop souvent commises en ton nom ! Contre tout ce qui ressemblait à l'explication nécessairement intuitive des suprêmes arcanes de la poésie et de l'art, il semblait parfois que l'on ne sait quel fanatisme eût établi, sans oser la promulguer, une loi des suspects.

Strowski s'est-il fatigué des prétentions «scientifiques» de son travail sur les *Essais*? Son scepticisme s'est-il renforcé à l'égard de l'approche myope de Lanson? Il pourrait en être ainsi: en effet,

---

[1] Cette étude est intitulée *Montaigne*, 1906. Le premier volume de *Pascal et son temps* parut en 1907 chez Plon.

[2] Article cité, p.79 et p. 80 pour la citation suivante.

durant ses dernières années, Strowski sera moins l'éditeur scientifique de Montaigne qu'un écrivain et un penseur semblable à Montaigne lui-même, mêlant la souplesse, l'intuition, la poésie et la psychologie. Levaillant le présente ainsi. Il est évident que, dès son arrivée à la Sorbonne en 1910, Strowski a changé. Pour Bordeaux, une part coûteuse et mystérieuse du rejet des idéaux de Lanson se traduit par le refus de Strowski de finir l'Édition Municipale.

Quand la municipalité de Bordeaux décide de compléter l'Édition Municipale en y ajoutant un volume des sources de Montaigne et un autre de son vocabulaire – les volumes IV et V –, elle choisit Pierre Villey comme éditeur. Il est peu probable que Strowski ait goûté les comparaisons que la Ville n'a pas dû manquer de faire par la suite entre sa lenteur et la régularité de son collègue plus ponctuel et plus prompt à répondre, P.Villey. Les archives contiennent une copie élégante d'une lettre du maire, M.Bouche, adressée à Strowski et consacrée à ce sujet. Il y est question de l'effet malheureux du retard pris pour le troisième volume. L'écriture en est inclinée vers la droite, pour honorer le statut professionnel de Strowski, elle est presque couchée. Mais cette révérence, et le « M » et le « P » ornés de « Monsieur le Professeur », ne parviennent pas à masquer le mécontentement du maire à l'égard de Strowski à cause de ce qu'il appelle un « ralentissement fâcheux »dans son travail :

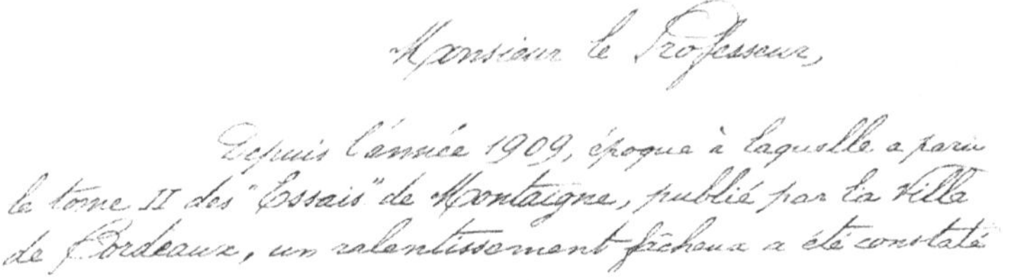
Monsieur le Professeur,

Depuis l'année 1909, époque à laquelle a paru le tome II des "Essais" de Montaigne, publié par la Ville de Bordeaux, un ralentissement fâcheux a été constaté

> Depuis l'année 1909, époque à laquelle a paru le tome II des « Essais » de Montaigne, publié par la Ville de Bordeaux, un ralentissement fâcheux a été constaté dans la publication de cet important ouvrage, impatiemment attendu par les érudits et par les bibliophiles. L'impression du tome III, qui depuis l'apparition du tome II, n'avait porté que sur cinq feuilles jusqu'en mars 1911, est complètement arrêtée depuis cette dernière époque, c'est à dire depuis plus d'un an[1].

Le maire note à la suite qu'un tel retard ne s'est pas manifesté dans la préparation du quatrième volume et que les atermoiements de

[1] A57 comme pour la citation suivante.

Strowski vont perturber le travail de Pierre Villey. Il ajoute que la Commission a même abordé la question d'éventuelles coupes dans le budget de l'Édition Municipale puis rappelle les désagréments que cause cette situation :

> D'autre part, les divers libraires qui se sont engagés à vendre cette intéressante publication nous demandent chaque jour le tome III que leur réclament leurs clients avec insistance et que mon administration s'était moralement engagée à faire paraître à la fin de 1911.

Bouche espère qu'une solution d'apaisement sera trouvée et que le travail de Strowski recevra « une impulsion nouvelle » dans un proche avenir, faute de quoi la Commission serait forcée de prendre des mesures, Bouche ne précise toutefois pas leur nature.

La lettre de Bouche du 16 avril 1912 croise celle de Strowski datée du 14. Le maire écrit donc de nouveau à Strowski le 22. L'original de cette lettre ainsi qu'une copie se trouvent aux Archives Municipales. Sous un large **55**, Bouche note en diagonale dans la marge supérieure gauche que sa réponse a été approuvée par Henri de la Ville de Mirmont. L'expérience de ce dernier en la matière est large. Bouche finit la première phrase, où il mentionne l' « ardent désir » de Strowski de finir l'édition, en corrigeant le déterminant démonstratif – « cette publication » –, par un article défini ; la phrase s'achève sur une proposition restreignant le travail de Strowski à la publication du troisième volume des *Essais* de Montaigne : « ~~cette~~ la publication. **X...** du Tome III des Essais de Montaigne », il n'est plus question de lui confier celle de toute l'édition. Bouche reprend l'un des arguments avancé par Strowski pour justifier son retard, le travail sur l'édition photographique :

> Vous dites dans votre lettre que c'est la préparation de la reproduction phototypique de l'exemplaire de Bordeaux entreprise par la maison Hachette qui a absorbé tous vos instants durant ces derniers mois.
>
> Permettez-moi, de vous dire, Monsieur le Professeur, que l'argument paraît n'avoir qu'une faible portée. En effet, il semblait, au contraire, que la publication de ces planches eût dû vous permettre de travailler à l'édition municipale sans recourir à l'original pour le déchiffrement du texte, tout déplacement à Bordeaux devenant ainsi inutile. (A58)

Le point de vue de Bouche sur le texte de Montaigne évacue tous les problèmes, il croit que Strowski peut aussi bien travailler avec des photographies qu'avec l'Exemplaire de Bordeaux. Il est possible que Strowski ait été prêt à avancer cette idée, mais il ne pouvait pas se permettre d'être très convaincant. Après tout, il a contribué à la réalisation du fac-similé photographique à la fois pour dévoiler la copie « défigurée » de Courbet et pour donner un compagnon clair et exact à l'Édition Municipale :

> Si les efforts de la maison Hachette sont couronnés de succès, l'Édition Municipale sera donc accompagnée d'une excellente reproduction photographique du manuscrit de Montaigne – photographie aussi claire, grâce à notre texte, qu'une copie figurée et qui aura de la copie figurée, l'avantage de l'exactitude absolue. (A41)

Strowski a-t-il trouvé ce compagnon high-tech des *Essais* si attrayant qu'il a fini par délaisser son premier amour, l'Édition Municipale ?

Quand Pech fait le point le 7 avril 1913, il donne d'autres preuves du retard pris par Strowski par rapport au travail de Villey sur le quatrième volume. L'en-tête de la lettre de F.Pech et Compagnie comporte une illustration très fournie : il s'agit d'une vue aérienne de l'immense usine de la rue de la Merci à Bordeaux, une vue intérieure représentant des ouvriers affairés et une rangée de presses et, dans un panneau central, dans le style « art nouveau », une version moderne de la déesse de la lecture et de l'écriture.

Les chiffres de Pech sont cependant moins glorieux : Villey lui a adressé 288 pages pour le quatrième volume et Strowski seulement 184 pour le troisième. La commission se réunit une nouvelle fois le 8 avril, aborde la question du retard et discute des réclamations. Le 25 avril 1913, le nouveau maire, Charles Gruet écrit à Strowski en termes très clairs :

> La situation qui nous est faite est en effet intolérable ; et chaque jour le service des archives reçoit des réclamations de libraires français et étrangers auxquels la ville de Bordeaux avait annoncé l'achèvement de cette publication pour la fin de l'année 1912[1].

Gruet menace par la suite Strowski de lui imputer la responsabilité financière de ce retard mais ne mentionne aucune mesure concrète. En fait, le langage du nouveau maire laisse une telle place à l'euphémisme que Strowski a probablement été convaincu qu'il pouvait sauver son travail :

> Cependant si contre toute attente et si malgré nos démarches courtoises et malgré l'esprit largement conciliant dont ont fait preuve à votre égard la municipalité précédente et la municipalité actuelle, nous n'obtenons pas le résultat tant désiré ; nous nous verrions dans la pénible obligation de demander à la commission de la publication des archives municipales de prendre toutes les mesures utiles pour assurer l'achèvement de cette publication.

Gruet avertit Strowski qu'au cas où la Ville n'obtiendrait pas le résultat désiré, elle se verrait « dans l'obligation de demander à la commission de publication des archives municipales de prendre toutes les mesures utiles pour assurer l'achèvement de [...] [la] publication ». Peut-être aurait-il fallu être plus explicite. On peut penser que Strowski aurait pu l'être.

Deux semaines plus tard, Strowski répond à la lettre du maire. Il lui demande de faire preuve de compréhension et de patience et demande aussi de ne pas être relevé de sa fonction. Il souhaite qu'on lui donne un assistant à Bordeaux. Si Cagnieul y était resté et s'il n'avait pas été compromis par l'Édition Typographique, il aurait été en 1913 un collaborateur idéal. Strowski promet de venir très rapidement à Bordeaux afin d'y rencontrer la commission et son nouvel assistant. Le 27 mai 1913, Mirmont écrit à Strowski pour lui demander de proposer une date pour cette rencontre. Plus d'un mois s'écoule. Aucune réponse de Strowski. En fin de compte, il envoie une lettre à son ami Mirmont dans laquelle il s'explique sur ce nouveau retard :

> Depuis deux mois, j'ai mon billet pour Bordeaux et je n'ai pas trouvé trois jours pour m'absenter. Mais le 20 juillet je serai dans votre ville municipale ; j'y resterai jusqu'au 25 ou 26, je contrôlerai le manuscrit, le travail que je prépare ici avec la photographie et je

[1] A 61 comme pour la note suivante.

> vous prierai de me désigner quelqu'un qui m'aiderait de plus dans les corrections des épreuves. (A64)

Par respect, Strowski emploie l'expression de « ville municipale » pour désigner Bordeaux, nouvelle répétition dans une longue série de répétitions.

Pendant ce temps, le 10 juillet 1913, Gébelin écrit au maire à propos de la lettre qu'il a adressée à M. Poupardin à l'École des Chartes, l'école nationale de paléographie située à Paris. Qui est M. Poupardin ? Gébelin ne le dit pas dans sa lettre, mais ce nom semble lié à la recherche d'un remplaçant pour Strowski. La lettre de Mirmont à Strowski du 12 juillet prouve que cette recherche n'a plus lieu d'être dès la fin du mois de juin. Mirmont écrit à Strowski pour lui dire qu'il n'a plus besoin de prendre le train. Sur son brouillon, il hésite entre deux versions pour avertir son vieil ami qu'il est relevé de ses fonctions :

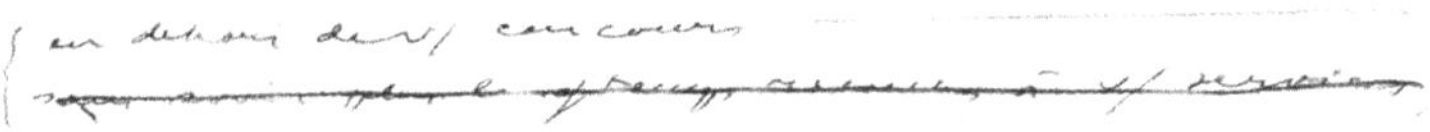

> M.
>
> La Commission de la publication des archives municipales a, dans sa ~~une~~ réunion ~~tenue depuis peu~~ du 21 juin dernier, pris de nouvelles dispositions pour activer et mener à bonne fin__________
> en dehors de v/ concours ______________________________
> ~~sans avoir plus longtemps recours à v/ services~~,
> la publication de l'Edition Municipale des Essais. (A67)

Mirmont préfère l'expression « en dehors de v/ concours » à « sans avoir plus longtemps recours à v/ services ». Les Archives possèdent aussi la lettre recommandée signée par Strowski le 14 juillet et la lettre où il dit avoir pris connaissance de la décision de la commission de le relever de ses fonctions[1].

Il est difficile de terminer le chapitre de la participation de Strowski à l'Édition Municipale sans aborder les traits principaux de son écriture personnelle. Comme sa correspondance privée et publique l'a amplement illustré, son style tranchant est plein d'esprit. Il en va de même pour sa calligraphie, qui n'a peut-être pas d'équivalent parmi celle des autres personnes évoquées jusqu'ici. Aucun, pas même Mirmont, et certainement pas Montaigne, n'écrit d'une manière aussi illisible. Il est très plaisant que son jugement sur

[1] Voir A 68.

l'écriture de Montaigne soit devenu celui qui s'est imposé à beaucoup au XXe siècle. Il écrit :

> Aussi ne faut-il pas croire que ces pages soient un brouillon. Montaigne s'y reprend souvent mais ce n'est pas, sauf d'inévitables exceptions, à la manière des gens qui hésitent sur le mot ou sur l'idée. La formule est tout arrêtée dans sa tête, ou vraisemblablement dans un brouillon, avant qu'il le transcrive posément sur les marges de l'exemplaire de 1588[1].

Selon Strowski, le trait essentiel des additions de Montaigne est qu'elles sont lisibles. L'apparent chaos dans lequel apparaissent les mots est aisé à déchiffrer, les mots rayés l'étant même le plus souvent[2]. Pour Strowski, ce manuscrit est d'une très grande valeur :

> Il reste le plus direct et le plus significatif monument de la vie intellectuelle d'un homme de génie [...] aucun manuscrit, en effet, non pas même celui des *Pensées* de Pascal, ne révèle avec une plus fidèle précision le mouvement de la pensée de son auteur [...].
> Ce sont les confidences de son esprit en travail, ce sont les secrets de son art et de son style pris sur le vif, ce sont enfin les reliques les plus émouvantes de son génie.

Il n'a pas dû voir beaucoup de points communs entre la calligraphie de Montaigne et la sienne. Invariablement, les lignes montent dans la partie droite, sont largement espacées et contiennent rarement plus de six ou huit mots écrits à toute vitesse dans la passion du moment. Il est fréquent que les prépositions et les verbes auxiliaires soient réduits à la plus simple des lettres ou au symbole d'une lettre. La préposition « de » est ainsi régulièrement réduite à une boucle semblable à un ruban :

Dans son élan, il lui arrive fréquemment de ne pas écrire les terminaisons des verbes. Si son écriture est souvent très dure à lire, c'est que le choix qu'il fait de ses mots n'est pas toujours prévisible. Dans

[1] *Essais*, préface, reproduction phototypique, Paris, Hachette, 1912, p. 9. Même page pour la citation suivante.

[2] Strowski note que « tout peut se lire sans grande peine, [...] ce chaos est facile à débrouiller », « le mot barré n'est jamais entièrement illisible, presque toujours lisible sans peine », *Id.*, p. 8 et 9, p. 6 et 10 pour les deux citations suivantes.

sa lettre du 19 octobre 1906 par exemple, où il met en garde la Municipalité de Bordeaux contre les efforts de l'Imprimerie Nationale pour réaliser un fac-similé photographique, il écrase un verbe dans la marge de droite après ces mots très lisibles: «à son projet si 30 phototypies ^^^^^^^^^^^^^^^^^^^^^^^^^^^ .» Le verbe en question, «vulgarisaient», est un choix intéressant mais peu facile à deviner dans ce contexte. Courbet avait bien sûr tort de reprocher à Strowski d'employer des expressions enfantines dans sa lettre au rédacteur en chef de la *Petite Gironde*. Souvent, Strowski prend le soin de bien écrire les premières lettres d'un mot,

«cra^^^-» du verbe «craindre» par exemple, puis il le laisse se désintégrer vers la fin. Il devait écrire deux à trois fois plus vite que Cagnieul. Sa transcription des *Essais*, celle qu'il a commencée lui-même en 1903, devait être un chaos que lui seul était capable de déchiffrer. Qui a transcrit sa transcription pour l'imprimeur? Ces remarques sur son écriture énergique et très personnelle ne sont en rien une condamnation. Ses lettres imposent un effort de déchiffrement et de compréhension. À ce titre, elles s'apparentent aux notes marginales de Montaigne. On pourrait en dire autant de celles des autres personnes considérées jusqu'ici, qu'il s'agisse d'imprimeurs, de sous-bibliothécaires, de paléographes ou de maires. Pour paraphraser l'éloge que Strowski fait de l'Exemplaire de Bordeaux, les notes et les lettres administratives écrites par les admirateurs de Montaigne au début du XXe siècle révèlent de précieux secrets de l'art et du style de leurs auteurs. Elles aussi sont les reliques émouvantes de l'esprit de toute une époque où, à la différence de la nôtre, l'écriture était la forme dominante de la communication entre êtres humains.

VIII

CÉLÉBRATIONS

Un observateur qui critique les dépenses du gouvernement et signe « A.S.», exprime en 1932 son incrédulité et sa frustration face au budget de l'Imprimerie Nationale pour l'année 1933. Il s'agit sans doute d'Auguste Salles, qui fut longtemps rédacteur en chef du *Bulletin de la Société des Amis de Montaigne*[1]. Il apprend que les recettes vont bondir entre 1932 et 1933 en raison des ventes de la nouvelle édition des *Essais* de Montaigne – elles vont passer de 60000 à 375000 francs – et demande d'un ton sceptique :

> D'où vient cette poussée formidable et assez inattendue ? C'est qu'on va mettre en vente 600 exemplaires d'une édition des *Essais* de Montaigne depuis plus de vingt ans sur le chantier.

Il note qu'en 1933, la France va célébrer le quatre-centième anniversaire de la naissance de Montaigne et ajoute de manière sardonique qu'une «œuvre nouvelle poursuivie *lento, lentissimo* verra le jour en une saison favorable ». Puis il s'interroge sur l'utilité d'une telle publication, puisque vingt auparavant Hachette avait publié en trois volumes un fac-similé à un prix raisonnable, rendant par la même occasion « superflue l'entreprise traînante de l'Imprimerie Nationale ». Salles estime que toute personne douée du sens des affaires aurait cessé la publication en 1912, là où elle en était, tandis que l'Imprimerie Nationale a continué, « insouciante de la dépense [...] éditant à perte ». Il conclut que personne ne saura jamais combien a coûté cette édition inutile au contribuable, puisque « les monopoles d'État ne livrent pas volontiers le secret de leurs profits et pertes ».

En 1940 le *Bulletin de la Société des Amis de Montaigne* mentionne les circonstances peu propices rencontrées par l'Édition Typographique. L'auteur anonyme de l'article intitulé « Les principales éditions de Montaigne », cite des critiques d'une revue qu'il

[1] Salles est aussi le dernier propriétaire de la copie figurée de l'Exemplaire de Bordeaux réalisée par Manchon en 1883.

n'a pas réussi à identifier, ou on parle d'« agissements coupables autant qu'imprudents »:

> L'Imprimerie Nationale a voulu faire concurrence à l'Édition Municipale de Bordeaux [...]. On ne s'explique pas pourquoi les auteurs de cette édition ont gardé un mystère si impénétrable, quand parut le tome I de l'édition de Bordeaux. Agissements coupables autant qu'imprudents. [...] Entreprise par un groupe ardent de Montaignistes [...] [l'Édition Typographique] a eu la malchance d'apparaître dans le même temps que l'édition phototypique de la librairie Hachette[1].

Ernest Courbet, l'« instigateur »[2] de l'édition de l'Imprimerie Nationale, est mort en 1916, bien avant que Salles ne se plaigne de ce fiasco pour les finances publiques dans le *Journal des Débats*. Arthur Christian, lui aussi véhément supporter de l'édition synoptique du dernier état des *Essais* de Montaigne, a quitté son poste en 1905, de vifs reproches lui ayant été faits. Cependant, tous les défenseurs de l'Édition Typographique n'ont pas disparu en 1932. Arthur-Antoine Armaingaud vient juste d'avoir quatre-vingt dix ans, il prétend même que l'étude de Montaigne a prolongé sa vie. C'est lui qui devient l'homme clé et le propagateur de l'Édition Typographique durant ces dernières décennies. Il ne s'en tient pas à des monuments symboliques consacrés à son auteur adoré; il en commande un en bronze en 1932: il s'agit d'une statue réalisée par le sculpteur Landowski représentant Montaigne souriant, elle doit être érigée dans un square près de la Sorbonne. Dans une lettre du 25 décembre 1932 adressée au maire de Bordeaux – il avait un certain goût pour les dates symboliques – Armaingaud décrit cette statue et répond à une invitation le conviant à participer aux célébrations du quatre centième anniversaire de la naissance de Montaigne. Il y parle de sa santé et de son âge d'un ton confiant et assez original:

> Je crois que je pourrai assister à la fête de Montaigne à Bordeaux fin février, parce que j'espère, ou plutôt je suis presque sûr d'être guéri à cette date d'une maladie qui a été très grave et qui m'a tenu pendant plusieurs mois entre la vie et la mort [...]. Je serais heureux que le Maire veuille bien me considérer comme devant à cette date

[1] « Les Principales éditions des *Essais* de Montaigne », *Bulletin de la Société des Amis de Montaigne*, 1940, p. 58.

[2] Expression employée par Jean de La Rouxière, *Revue de la Renaissance*, 1910, t. 11, p. 238.

être assez guéri (je ne serai jamais complètement) de la maladie de vessie qui, je le répète, a beaucoup diminué[1].

Armaingaud a dû être flatté de souffrir de la même maladie que Montaigne, une « maladie de vessie ». Une autre raison qui le pousse à déclarer sa guérison pour les célébrations de Bordeaux est que l'inauguration de la statue de Montaigne à Paris doit avoir lieu à la même époque :

> Je serai à plus forte raison guéri pour le jour de l'inauguration que j'offre à la ville de Paris une statue de Montaigne qui sera élevée sur le square de la Sorbonne vis-a-vis la Sorbonne [sic] au mois de juin prochain. Ce sera encore une fête à l'occasion du quatrième centenaire de la naissance de Montaigne, ce sera encore un beau jour pour moi.

Armaingaud espère que la statue sera prête pour l'été 1933 :

> C'est par l'intermédiaire de la Société des Amis de Montaigne à Paris mais entièrement payée par moi qui n'ai pas voulu établir une souscription, qui dans l'état de ma santé aurait été trop fatigant [sic] à faire par les journaux. C'est le grand sculpteur Landowski qui en ce moment fait la statue et la donnera avant de partir l'an prochain en juillet pour Rome où il est nommé directeur [...]. J'espère que vous pourrez venir assister à cette inauguration et déjeuner avec moi et votre fille dans le courant de juin 1933. Je vous serre sympathiquement la main.

Tout au long de sa vie, Armaingaud aura eu des centres d'intérêt aussi curieux et éclectiques que le sont ses projets pour la statue de Montaigne[2]. Emile de Perceval le présente, entre autres, comme le « sauveur de petits enfants »[3], comme un homme de science, fondateur de bonnes œuvres, grâce à qui une statue a été réalisée que « par une incurie impardonnable on avait oublié de dresser à Paris ». Tel que Perceval le décrit, Armaingaud est un héros, trop sincère pour nier ses talents et son implication dans des œuvres de bienfaisance. Perceval

---

[1] Ms 1822 Reserve, « Fêtes commémoratives du IVe Centenaire de Montaigne 1533-1933 », Archives Municipales de Bordeaux., comme pour les deux citations suivantes.

[2] Armaingaud (1842-1935) est présenté ainsi : « Médecin français. Professeur agrégé à la faculté de médecine de Bordeaux, il a entrepris une propagande en faveur des sanatoriums marins », *Grand Larousse*, Paris, Librairie Larousse, 1960.

[3] « Figures de Bibliophiles Bordelais de la fin du XIXe siècle au début du XXe : Dr. Armaingaud », *Bulletin de la Société des bibliophiles de Guyenne*, 1936, p. 174.

observe que la cérémonie d'inauguration de la statue était « fastueuse » et « un peu théâtrale »; nous avons déjà pu nous rendre compte qu'Armaingaud affectionnait ce genre d'attitude, notamment lorsqu'il qu'il fit main basse sur la transcription de Cagnieul, le 13 septembre 1906. Il semble qu'il ait eu deux religions, la construction des hôpitaux d'Arcachon et de Banyuls pour les enfants souffrant de problèmes respiratoires et la recherche sur Montaigne. Mais son attachement aux travaux sur l'auteur des *Essais* ne va pas sans une aura de futilité :

> Armaingaud usa sa sagacité [...] usa son temps [...] sa peine [...] sa fortune. Du moins en ces vains efforts fit-il œuvre utile et louable [...]. Culte [de Montaigne] généreux, encore que décevant, qu'il pratiqua avec une foi que certains peuvent regretter qu'il n'ait pas pratiquée pour une cause moins ingrate et plus consolante[1].

Quand Perceval met en évidence que le travail d'Armaingaud sur Montaigne a été peu productif et mal récompensé, il met en avant un aspect tragique ou excessif de cet attachement, rappelant le fanatisme de Gournay et celui de paléographes, d'éditeurs et d'assistants venus après elle. Comme le premier éditeur des *Essais*, pour qui Montaigne devint une religion, Armaingaud était d'une exigence virant au fanatisme avec les autres : « peu trouvent grâce chez lui ». Sa vendetta contre les interprétations contemporaines de Montaigne l'amène à s'en prendre à tout le monde, y compris Strowski, Barckhausen, Bonnefon, Villey et Dezeimeris, par exemple. Perceval s'émerveille de l'énergie de ses attaques[2] et finit par dire qu'Armaingaud est un « Montaignolâtre » :

> Montaigne « for ever », Montaigne toujours, le père spirituel de l'auteur dont celui-ci défendra jusqu'à épuisement la mémoire [...]. Montaigne est sa chose, son bien, seul il le connaît à fond, seul il a surpris son secret, seul il peut parler, en son nom, interpréter sa pensée.

Mais Armaingaud n'est pas le seul à estimer avoir lu la pensée de Montaigne. Marie de Gournay affirme la même chose dans sa préface de 1595, préface qu'elle renia quelques années plus tard : « C'est à moy d'en parler ; car moy seulle avois la parfaite cognoissance de cette grande ame »[3]. À la fin du XIXe siècle, tous ceux qui

[1] *Ibid.*, p.158-159 et respectivement p.164 et 168 pour les deux citations suivantes.

[2] « Et ces interventions ou plus calmes ou plus ardentes se poursuivent indéfiniment », article cité *supra*, p.170.

[3] « Préface de Marie de Gournay à l'édition de 1595 des *Essais* », p.p. F. Rigolot, *Montaigne Studies*, 1989, I, p. 34.

ont scruté l'Exemplaire de Bordeaux sont convaincus d'avoir accédé à l'esprit de Montaigne. Strowski exprime le même sentiment dans sa correspondance et dans ses préfaces; dans une lettre des années 1900, Courbet confie:

> Il m'est arrivé avec Montaigne ce que j'ai éprouvé avec Mathurin Régnier. À force de vivre dans leur intimité, de me pencher sur leurs œuvres avec la loupe en main j'en saisis le dessus et le dessous, j'en ai appris plus qu'il n'en avait jamais été su[1].

Courbet et Armaingaud estimaient que la clé permettant d'accéder à la pensée de Montaigne était de prendre une loupe et de s'immiscer au cœur de son écriture. Cela confine à une expérience mystique. Arthur-Antoine Armaingaud n'avait pas de religion[2], excepté celles des bonnes œuvres et... de Montaigne. Il est ainsi possible de considérer que la statue d'Armaingaud est une expression de sa fervente dévotion pour l'image personnelle qu'il a de Montaigne. Elle constitue un témoignage artistique approprié aux éditions monumentales commencées environ un demi siècle plus tôt. La statue et les éditions seront achevées sous la pression des célébrations du quatre-centième anniversaire de la naissance de Montaigne, le 28 février 1533.

Bordeaux publie le dernier volume de l'Édition Municipale en 1933. Un tel laps de temps s'est écoulé qu'elle a naturellement perdu bien de sa gloire et de ses admirateurs. La perte financière pour la Ville prouve que l'intérêt est tombé. L'archiviste A. Ducaunnès-Duval propose une explication du déficit de 4786 francs pour le quatrième volume:

> Ce déficit doit avoir pour cause, d'abord le long espace de temps qui s'est écoulé entre l'apparition du Tome I (1906) et celle du tome IV (1921). Plusieurs souscripteurs du début de la publication ont disparu et leur collection incomplète est tombée dans les mains de personnes indifférentes. Ensuite le tome IV ne contient plus le texte des Essais; c'est un commentaire sur les Sources des Essais, et il se peut que certains souscripteurs n'aient pas jugé à propos de compléter leur collection par un ouvrage de pure érudition[3].

Pierre Villey réalise pourtant les deux derniers volumes de l'Édition Municipale. Cette expérience s'achève sur une note ambiguë. À Bordeaux, les organisateurs des commémorations de l'anniversaire

---

[1] Lettre du 12 juillet 1900, Bibliothèque de Besançon.

[2] «La vie, la mort – et après ... le Néant», Perceval, article cité *supra*, p.171.

[3] Document daté du 15 avril 1927, A74.

de Montaigne, oublient de l'inviter à la célébration le 26 mars 1933. Le 21 mars, Villey écrit à l'archiviste de la ville, M. Vedère, pour lui dire quel chagrin lui cause cet oubli :

> Une lettre d'un de mes amis bordelais, reçue ce matin, m'apprend que les fêtes ont lieu dimanche prochain 26. Elle me cause une profonde déception. J'avais lu [...] que je recevrais une invitation [...]. J'ai promis une conférence à Lyon le 26 après-midi[1].

Puisqu'il est dans l'impossibilité d'assister personnellement à la célébration, Villey adresse une requête aux organisateurs, proposant qu'on le remplace par ses livres :

> J'aimerais, puisqu'il me faut me résigner à être absent, que mes livres au moins me représentent, et disent quelque chose du temps énorme de ma vie que j'ai consacré à Montaigne.

Villey aura raison de déplorer la lenteur avec laquelle l'édition a été préparée au cours des années qui ont précédé l'achèvement de l'Édition Municipale, ces retards ayant été dus, selon lui, aux difficultés rencontrées pour obtenir des épreuves de l'imprimeur. Le 29 novembre 1932, il écrit à l'archiviste que durant les six premiers mois de l'année il n'a reçu de l'imprimeur que « très peu d'épreuves » (A80). De son côté, l'archiviste ne cesse de rappeler à Villey la nécessité de respecter les délais imposés par la célébration :

> Il faut absolument [...] que ce volume paraisse avant les fêtes du centenaire. Les délais sont courts mais suffisants à condition que l'imprimeur ne s'attarde pas et qu'il ne soit pas lui-même retardé[2]. L'impression du Lexique des *Essais* de Montaigne approche peu à peu de sa fin [...]. Or l'Administration Municipale attache un grand prix, vous le savez, à ce que ce volume soit achevé avant la commémoration du 4e centenaire de Montaigne. Ce but doit être atteint[3].

La Municipalité de Bordeaux, et tout particulièrement le maire-adjoint Costedoat et l'archiviste Védère, commencent à paniquer. Ils ont conscience des difficulté*s* qu'ont rencontrée*s* leurs prédécesseurs pour mener à bien la grande édition critique. Une partie du problème est que les Bordelais ont alourdi leur édition d'un extraordinaire complément composé de deux volumes comprenant une analyse, des commentaires et le lexique de Montaigne. L'histoire des *Essais* de Montaigne montre qu'ils ont assez souvent été accompa-

---

[1] A 82 comme pour la citation suivante.

[2] Lettre du 3 décembre 1932, A 81.

[3] Lettre du 26 novembre 1932, A 79.

gnés de préfaces ou de postfaces malencontreuses ou pesantes: Gournay se repent de celle de l'édition de 1595, allant jusqu'à la couper de sa propre main dans les exemplaires n'ayant pas été vendus, Naigeon voit son long « Avertissement » anticlérical écarté de son édition de 1802 par Napoléon, la préface d'Armaingaud à son édition de Montaigne de 1927 occupe pratiquement tout le premier volume des *Essais*.

La Municipalité de Bordeaux écrit à Villey pour lui demander de « redoubler de soin et de célérité si possible ». À la même époque, elle menace Pech, l'imprimeur qui manque d'intérêt pour ce travail, en fixant comme date limite le 1er janvier 1933, « car l'administration Municipale ne saurait admettre qu'un volume commencé en 1928 ne soit pas terminé en 1933 ». Mais Pech a déjà entendu de tels propos auparavant et est très occupé par d'autres projets, plus réalisables. Le 6 juillet 1932, Villey écrit à Védère qu'il a « toujours l'inquiétude que quelque indisposition ou quelque accident ne vienne ralentir la marche » du projet. Ce commentaire a quelque chose de prophétique. Plusieurs semaines plus tard, Védère écrit à Pech que la publication « n'avance qu'avec une extrême lenteur » (A77), ce qui remet en cause la date limite de la publication. Bien que le prix du papier augmente brusquement au début des années 30, en raison de l'inflation, une part de ces retards est due à Villey lui-même. Dans une lettre datée du 26 novembre 1930, il reconnaît sa responsabilité. Quelques jours auparavant, Costedoat lui avait reproché ce retard:

> J'ai l'honneur d'attirer votre attention sur la lenteur, peut-être exagérée, avec laquelle progresse l'impression du tome V des Essais de Montaigne. Il serait pénible aux yeux de l'administration Municipale [...] de commémorer en 1933 le quatrième centenaire de la naissance de notre grand philosophe avant l'achèvement de ce volume[1].

Il est à la fois surprenant et poignant de voir qu'au cours des années ayant précédé la grande célébration, Pierre Villey doive supporter seul le poids d'une échéance due à une commémoration. Le dernier éditeur de l'Édition Municipale meurt dans un accident de train entre Caen et Paris, le 24 octobre 1933. Comme le note tristement Maurice Rat dans sa bibliographie des *Essais* de Montaigne, la mort de Villey fit planer une ombre sur les célébrations organisées en 1933[2].

---

[1] Lettre du 21 novembre 1930, A 75.

[2] Montaigne, *Œuvres complètes*, p.p. A. Thibaudet et M. Rat, Paris, Gallimard, La Pléiade, 1962, p. 1777.

Conclusion

Il est tentant d'attribuer les rivalités et les retards propres à l'Édition Municipale à la répugnance des Montaignistes à partager le travail intellectuel. Nous avons vu jusqu'à quel point les notions d'honneur et d'appartenance à un groupe ont autant permis qu'elles ont gêné l'avancée des transcriptions réalisées à la Belle Époque. En ce qui concerne Fortunat Strowski, par exemple, son sens de l'honneur propre au savant lui impose de reprendre la transcription depuis le début[1]. L'expérience malheureuse d'Albert Cagnieul à Bordeaux pour qui des difficultés peuvent surgir à tout instant[2], suggère un parallèle avec le comportement des militaires et des hommes politiques sans cesse menacés d'être trahis ou disgraciés. De tels parallèles ont leur sens, puisque la réalisation d'éditions critiques constitue, selon le mot de Courbet, une véritable campagne, faite d'abord contre ce même temps éditorial, ensuite contre les autres groupes luttant eux-mêmes contre le temps. Ne perdons pas de vue non plus que l'Édition Municipale, ou ses rivales, avait un caractère d'urgence et de nécessité à la fin du XIXe siècle, ce qui rendait difficile, voire impossible, un travail intellectuel serein fondé sur la coopération, tout particulièrement dans une société croyant facilement à la conspiration et pour laquelle les relations entre les membres étaient fortement marquées par le respect de la hiérarchie et du décorum. La répugnance à échanger des informations entre les groupes rivaux, le goût de la découverte et de l'authenticité sauvegardée sont pour beaucoup dans la lenteur avec laquelle l'Édition Municipale a progressé.

Cependant, comme le travail de transcription est un processus nécessitant des copies, il est impossible qu'il ne comporte pas un aspect de sociabilité. De par sa nature, c'est une activité sociale qui révèle les relations de travail au sein d'un groupe, voire entre les

---

1 «déchiffrement du manuscrit; transcription; correction d'épreuves, j'ai tout fait moi-même», lettre du 8 mars 1905, A 30.

2 Note de Cagnieul de 1901: «Tout ce qui reste à faire, est en grande partie préparé et pourra être terminé dans un temps relativement court qu'il est difficile d'évaluer à cause des difficultés particulières qui surgissent à tout instant» (A 18).

groupes. Les transcriptions sont un travail collectif non seulement parce qu'elles ont besoin d'être vérifiées mais aussi parce qu'elles ne peuvent être réalisées par une seule personne. La « valeur inestimable » des *Essais* de Montaigne, d'un point de vue culturel ou financier, impose une surveillance constante[1]. Même Strowski, fier de sa marche forcée à travers la transcription, a eu un collaborateur : c'est certainement le Professeur Bourciez qui a déchiffré la transcription manuscrite qu'il a faite du texte de Montaigne afin d'en proposer une version lisible à l'imprimeur Pech. C'est pour cela que Strowski lui adresse un éloge généreux. Cependant, l'histoire de ces éditions critiques est ponctuée de plus de crispations que de collaborations. Quand Cagnieul souligne que sa copie figurée n'a pas été collationnée en janvier 1905[2], il refuse sèchement – et de manière tout à fait irréaliste – le devoir de communiquer ses découvertes à d'autres, en même temps qu'il souligne ce désir de partager. La rencontre entre Strowski et Armaingaud à la Bibliothèque de Bordeaux en août 1906 montre à quel point l'échange d'informations peut être ironique, quand l'un des partis en sait plus que l'autre et estime avoir été dupé. Selon le point de vue, le raid d'Armaingaud sur la transcription de Cagnieul, qui en a la propriété intellectuelle, tient du larcin ou signifie tout simplement qu'il reprend un cadeau qui n'a pas su être apprécié. L'arrivée d'Ernest-Daniel Grand dans le froid de Bordeaux fin 1906 qui vient comparer la copie de Routhier au manuscrit de Montaigne est un autre épisode burlesque sur la route chaotique de la non-coopération.

L'histoire de ces transcriptions confère une signification sociale aux *Essais*, qui est en harmonie avec les desseins de ce que Hobsbawn appelle l'« Époque de l'Empire ». Il est clair que dans ce contexte de récriminations entre la France et l'Allemagne, entre Paris et Bordeaux, subsiste assez peu de l'équanimité de Montaigne, dont le manque de suspicion et de malveillance était quelque chose d'exceptionnel à l'époque des Guerres de Religion. Ainsi, vers 1900, le pari d'éditer l'œuvre de Montaigne devient un moyen de révéler des objectifs et des priorités d'ordre social. Ces fins sociales comportent un engouement pour l'exploration archéologique, comme c'est le cas à Delphes par exemple, qui à son tour sert de devise au colonialisme et à la gloire impériale. L'intérêt que porte Arthur Christian à une édition typographique des *Essais* fait partie

---

[1] En 1939, les Essais sont estimés 1 500 000 francs par A. Masson, un bibliothécaire (Bordeaux Municipal Archives, 1304-R1).

[2] Sur ce sujet, voir le chapitre III.

de cet engouement de ce qu'il appelle « la colonisation par le livre ». C'est seulement au moment où on comprend que les transcriptions de la Belle Époque et les travaux réalisés autour d'elles ne sont pas transparents, ne sont pas des moyens permettant d'atteindre une fin mais des fins en elles-mêmes, que des aspects de leur fonction sociale et de leur utilité deviennent clairs. Cela ne signifie nullement que ces significations sociales l'emportent en fin de compte sur la signification littéraire ou philosophique des *Essais*; cela signifie qu'il est impossible de séparer les deux. Si ces fac-similés rivaux se servent de l'œuvre de Montaigne comme d'un prétexte pour atteindre d'autres objectifs, de promotion culturelle personnelle notamment, comme c'est sûrement le cas, il est alors évident que les *Essais* ont été colonisés à l'« Époque de l'Empire ».

Montaigne est-il coupable ? Nous suggérions au début de cette étude que les transcriptions réalisées vers 1900 pouvaient être un miroir à double face, reflétant non seulement des façons d'être de chercheurs mais aussi des traits des *Essais* eux-mêmes. Si cela est vrai, une part des critiques et du mérite des travaux si longs et dépourvus d'harmonie effectués entre 1868 et 1933 pourrait revenir à Montaigne. Les *Montaignistes* pourraient avoir inventé une nouvelle façon scientifique de prendre en compte l'Exemplaire de Bordeaux ; ils n'ont pas inventé le livre lui-même, pas plus qu'ils n'ont inventé la qualité ouverte et à jamais inachevée de ce livre exceptionnel ; les innombrables additions faites par Montaigne au cours des quatre dernières années de sa vie ne sont pas non plus à l'origine du soin avec lequel l'Exemplaire de Bordeaux a été protégé. Loin de là, ces additions étaient simplement pour le public curieux de la fin du XVIe siècle la trace manifeste du développement d'un livre à succès. La célébrité de l'Exemplaire de Bordeaux provient de l'écho immédiat et durable qu'ont rencontré les *Essais* auprès de lecteurs proches et lointains, dès leur première publication en 1580 à Bordeaux. Sans cet écho et cette fascination, ni l'édition de 1588 ni l'Exemplaire de Bordeaux sur lequel Montaigne pouvait porter autant d'additions qu'il le voulait n'auraient existé. En d'autres termes, seules les personnes familiarisées avec les traits personnels et spontanés des *Essais* tels qu'ils étaient publiés jusque vers 1900 pouvaient apprécier pleinement la spontanéité et le caractère personnel que peut révéler le volume annoté de la main de Montaigne. Seuls ces admirateurs de la première heure, parmi lesquels ont dû se compter les Frères du monastère des Feuillants hors de Bordeaux, pouvaient juger que l'Exemplaire de Bordeaux méritait d'être mis à l'abri. Le reste est l'histoire de la renommée et de la conservation d'un livre rare à travers trois siècles, un livre dont la valeur, qui le situe au premier rang, provient de son mode d'écriture original et alerte consistant pour l'auteur à reproduire ses pensées comme « elles lui passent par l'esprit », ce qui correspond à l'une des définitions du mot « transcription ».

L'enthousiasme mis à sauver ce manuscrit orignal au début du XXe siècle est, par conséquent, une excroissance de la popularité des thèmes abordés dans les *Essais* et de leur originalité littéraire. Mais la Belle Époque apporte un autre élément important dans la thématique de la conservation. C'est une époque qui a découvert que l'écriture manuscrite et la photographie avaient des traits séduisants capables de révéler la psychologie humaine. Dans son *Traité de graphologie*, C. Ruys écrit :

> L'écriture en elle-même qu'est-elle ? Si ce n'est l'indication exacte des phases par lesquelles traverse le cerveau [sic]. Dans l'écriture, l'état présent de l'âme se lit admirablement, la moindre agitation dans les idées se fait voir, car aussitôt elle devient fébrile, nerveuse, irrégulière. [...] le cerveau, siège de toutes nos pensées, se trouve, comme a dit Michon, photographié[1].

L'analyse graphologique est par conséquent une première forme de test polygraphe, une forme de photographie de l'esprit. Les commentaires de Strowski sur le texte de Montaigne dans la préface au fac-similé photographique de 1912 se font l'écho des idées de Ruys et des autres graphologues de l'époque. La dernière idée de Ruys est exprimée par une métaphore. Mais c'est la photographie, le contraire de l'écriture manuscrite, qui est le meilleur moyen de faire partager la « moindre agitation dans les idées » à un public plus large, c'est-à-dire la photographie d'un texte manuscrit. C'est pour cette raison que l'édition de Hachette estime donner le meilleur de deux mondes. Comme d'autres méthodes permettant de tirer des conclusions d'ordre psychologique en partant d'évidence biologique, la phrénologie par exemple, le point de vue photo-graphologique peut aisément être parodié et déformé. D'une façon peut-être innocente, les copies figurées de Routhier et Cagnieul réalisées en 1886 et 1900 présentent de telles parodies et distorsions. Elles poussent leur admiration *fin de siècle* pour l'écriture de Montaigne dans l'Exemplaire de Bordeaux jusqu'à l'extrême et attirent davantage l'attention sur elles-mêmes, étant bien plus que de simples moyens permettant d'accéder à une fin. Courbet en a fait la démonstration lorsqu'il a

---

[1] C. Ruys, *Traité de graphologie*, Paris, Delarue, 1906, p. 7.

refusé de donner sa copie à la Bibliothèque de Bordeaux au cours des années 1890. Si cet extrémisme semble plus clair aujourd'hui qu'en 1900, c'est parce que nous vivons à une époque où les documents manuscrits n'ont plus le rôle officiel qu'ils avaient il y a un siècle et où les interprétations psychologiques sur lesquelles elles s'appuient ont à peu près disparu. Par quoi ont-ils été remplacés ?

Jusqu'ici nous n'avons établi que de façon indirecte les raisons pour lesquelles les retards de l'Édition Municipale pouvaient être imputés aux *Essais*. Nous avons vu que leur dernier état, le plus authentique, a joui d'une très haute considération et a été jalousement conservé en raison des versions mises à la disposition du large public depuis des générations. Mais cette responsabilité est purement externe. Cela ne rend pas complètement compte du zèle mis à conserver l'Exemplaire de Bordeaux à travers des éditions critiques ni des difficultés rencontrées à cette occasion. Ces difficultés proviennent de la façon dont les *Essais* se sont frayés un chemin à travers les méandres de l'administration littéraire au tournant du XIXe siècle. Compte tenu de la nature intimidante et guindée de cette bureaucratie, la rencontre difficile avec les *Essais* de Montaigne, qui n'ont rien de guindé et d'intimidant, était prédestinée.

N'oublions cependant pas que le naturel et la souplesse des *Essais* sont à l'origine de la difficulté rencontrée pour les préserver sous des formes durables. Mais le processus de copie qui contribue à protéger le dernier et le meilleur état des *Essais*, l'Exemplaire de Bordeaux, vient bouleverser le *statu quo*. La décision prise en 1868 par la *Commission des Archives* de publier l'Exemplaire de Bordeaux en fonction du projet de Reinhold Dezeimeris, même si elle correspond à la noble cause consistant à préserver les livres les plus rares de Bordeaux, perturbe l'« ordre des archives »; les *Essais*, au sens étroit du terme, ne sont en rien un document d'archives. Ils sont eux-mêmes étrangers à l'idée de collection, ont du mal à s'insérer dans les chroniques des titres, droits de propriété et privilèges transmis de génération en génération. De fait, compte tenu de la pratique courante de la digression et de la part d'introspection dans leur écriture, les *Essais* s'opposent à un tel catalogage ou à une telle solidité. Les *Essais* sont certes l'œuvre d'un maire, mais d'un ancien maire qui a renoncé à l'interprétation des événements au profit de digressions propres à un essayiste : « Le maire et Montaigne ont tousjours esté deux, d'une separation bien claire »[1]. L'histoire de l'Édi-

[1] *Essais*, « De Mesnager sa volonté », III, 10, p. 1012.

tion Municipale commence ainsi en brisant les règles des archives et des bibliothèques. Le rédacteur de la proclamation de 1868 le sait : au début de sa lettre ouverte, il écrit que l'Exemplaire de Bordeaux, de « par sa nature ne semble pas devoir être compris dans cette collection historique » (A1). Nous savons le reste de l'argumentation concernant des menaces planant sur l'état de l'Exemplaire de Bordeaux et sur le service « doublement patriotique » que l'Édition Municipale entend rendre.

Les lettres d'archives et les documents présentés dans l'appendice révèlent de nombreux éléments de l'histoire bureaucratique tumultueuse de l'Édition Municipale du livre de Montaigne. La décision de publier les *Essais* dans une collection d'archives ne constitue que la première transgression parmi plusieurs. Le prêt temporaire d'exemplaires rares des bibliothèques de Nantes et Montpellier, au sujet duquel Gergerès, le directeur de la bibliothèque, s'inquiète à juste titre en 1868, prouve que ce qui perturbe le bon « ordre des archives » perturbe le bon « ordre de la bibliothèque ». La minuscule écriture de Gergerès ne peut être attribuée à des préoccupations insignifiantes ou mesquines, bien qu'une certaine arrogance propre à la profession académique, hier comme aujourd'hui, puisse amener à la croire telle. L'arrivée des premières éditions des *Essais* à Bordeaux confronte Gergerès à des décisions concernant le règlement et le prêt pour lesquelles il ne dispose d'aucun précédent, d'aucun repère. C'est pour cela qu'il demande au maire d'avoir rapidement ses « instructions et [son] autorisation spéciale qui déterminent clairement 1. À compter de quelle époque [il peut] confier et prêter à Messieurs Dezeimeris et Barckhausen [...] les ouvrages dont il s'agit » (A6). La décision de Messier de murer les *Essais* dans la chambre secrète des fondations de la vieille bibliothèque, rue Jean Jacques Bel, en 1870, constitue un autre exemple d'une situation où la hiérarchie politique a été négligée et offensée dans le but de préserver l'ouvrage de Montaigne. Le directeur de la bibliothèque s'excuse auprès du maire de n'avoir pas suivi la « voie hiérarchique »(A7). Le « gadget » surprenant qu'invente Courbet quand Routhier, son assistant, a pu effectuer sa copie figurée quelques années auparavant, le don de l'exemplaire des *Essais* muni de grandes marges, constitue une menace pour la procédure normale parce qu'un « non-livre », faux et expérimental, est introduit dans la bibliothèque de Bordeaux. De tels non-livres, rendant hommage au livre des livres que sont les *Essais*, vont proliférer. La tentative infructueuse de Dezeimeris de procurer à Courbet une sorte de copie pour des raisons de consultation semble peu professionnelle et, rétrospectivement, imprudente. Quand Céleste finit par remercier Courbet pour le don d'une édition interfoliée vers 1898, il lui faut adopter un ton élogieux et contraint parce qu'il a négligé son devoir de bibliothécaire consistant à remercier un mécène pour un « don magnifique[1] ». Il s'excuse, avançant des « circonstances atténuantes », « des occupations multiples survenues entre temps [l'ayant] fait ajourner l'envoi d'un accusé de réception qui eût dû être rapide » (A12). Mais le don de Courbet a perdu de sa valeur en étant indirectement associé à des transcriptions s'appuyant sur l'Exemplaire de Bordeaux. Plus généralement, la décision de la ville d'employer Albert Cagnieul à plein temps à la transcription au début de 1900, incite ce dernier à agir, non comme un sous-bibliothécaire, mais comme un conservateur ou un théoricien du livre, le résultat ayant été qu'il lui fallut honteusement quitter la bibliothèque en 1906. Les entorses au règlement amènent des ruptures dans la solidarité collégiale, Céleste se sépare de la copie de Cagnieul, et conduisent certains à renoncer à leurs charges, comme le fait Strowski en 1911.

Chaque fois qu'est remis en cause l'ordre hiérarchique, politique ou celui de la bibliothèque, on peut trouver comme excuse l'influence que les *Essais* ont sur ses admirateurs. Ainsi, quand Cagnieul ajourne sa transcription des *Essais* en 1902 pour préparer des conférences sur l'Histoire du livre, il le fait parce qu'il travaille tous les jours avec le livre le plus singulier qui ait jamais été écrit, dont Montaigne dit qu'il est « le seul livre au monde de son espece (C), d'un dessein farouche et extravagant »[2]. À la façon d'un corps céleste lourd, les *Essais* attirent la minuscule astéroïde Cagnieul autour de leur orbite avant de la propulser dans un autre univers de sujets. D'une certaine manière, Cagnieul reste fidèle à son devoir au moment même où il le délaisse, puisque tous les livres sont contenus dans celui de Montaigne. Les *Essais* attirent au sein de leur orbite d'autres règles et d'autres modes de fonctionnement, et les soumettent à une gravité nouvelle et singulière.

La popularité des thèmes et du style des *Essais* a ainsi amené à préserver et à garder jalousement l'Exemplaire de Bordeaux. Sa singularité, due à son statut de témoignage précieux de la pensée de Montaigne, a été créée par des siècles d'admiration, d'idolâtrie parfois. Dit autrement, les livres rares le sont seulement en fonction

---

[1] A12 comme pour la citation suivante.

[2] *Essais,* « De l'Affection des pères aux enfans », II, 8, p. 385.

de la façon dont les générations successives, comme celle à laquelle se réfère la proclamation de 1868, partagent cette profonde admiration et en fonction de l'importance qu'elles accordent à cette tradition. De là vient que les formes sous lesquelles les *Essais* paraissent entre le XVIe et le XIXe siècle n'ont eu aucune incidence sur le succès du livre, la plupart des lecteurs n'étant pas concernés par les variantes, les biffures ou les passages suspects. De là vient aussi que la fascination pour ces détails philologiques est un phénomène secondaire s'efforçant de consolider et repenser une tradition de réception et d'éloge des *Essais*. Pour un petit groupe de chercheurs français de la fin du XIXe siècle, les questions sur le fond des *Essais* sont éclipsées par ces questions de forme. La recherche d'une édition critique est conçue, comme l'explique Strowski, comme celle d'une forme finale, définitive. Il est probable qu'une fois que ce modèle a été fixé, la discussion sur les grandes questions posées par les *Essais*, sur la tolérance, la connaissance de soi et la vanité humaine, pourront passer au premier plan. Mais l'histoire longue et laborieuse de l'Édition Municipale montre que l'une des grandes questions que pose le livre de Montaigne est celle de la forme exacte qu'il prend. Il devient donc impossible de distinguer l'interprétation littéraire et l'histoire éditoriale. De par leur fond, les *Essais* prouvent qu'ils résistent à la forme sous laquelle leurs éditeurs ont voulu les présenter. Les additions que Montaigne reporte sur l'Exemplaire de Bordeaux rappellent cette résistance à l'achèvement, cette élasticité qui distingue l'œuvre dès le début. La préface des *Essais* de Marie de Gournay prend, en 1595, la forme d'une dévotion extrême et, en 1635, celle d'un repentir attristé concernant la précédente. Les éditions posthumes qu'elle propose doivent prendre en compte les additions de l'exemplaire de Bordeaux, ce qui n'est pas une mince affaire. D'une certaine façon, les *Essais*, légués par Montaigne à Gournay et à la postérité, constituent de par leur nature un texte vulnérable et rébarbatif. Depuis le début, ils attendent de livrer bataille avec les loupes et les lampes des chercheurs de la fin du XIXe siècle.

Appendice

Lettres d'archives et autres documents

La majorité des lettres figurant dans cet Appendice sont détenues par les Archives Municipales et par la Bibliothèque de Bordeaux. Je souhaite exprimer toute ma gratitude aux directeurs de la Bibliothèque, Hélène de Bellaigue et Pierre Botineau (« Fonds Patrimoniaux ») qui m'ont aidé et guidé très gracieusement. Sarah Cantrell, assistante de Français à Centre College en 1999, a accompli la plus grande part du travail méticuleux de déchiffrement des lettres parfois très dures à lire. Les dossiers détenus par les Archives Municipales sont catalogués ainsi : « Dossier de la Commission de Publication des *Essais*: Édition Municipale des *Essais*» (liasses portant les cotes 1029-D1, 1007-D1 à D8, 1008-D1 à D33); le dossier 1024-D2, « Édition Municipale, Tome V, Lexique »; le dossier 1028-D3, « Hachette ». À ces dossiers s'ajoutent ceux détenus par les Archives Municipales de Bordeaux contenant la correspondance entre la Ville et la Bibliothèque. Pour notre période, les dossiers intéressants sont les suivants : 1302-R1 (1809-1858), 1302-R2 (1860-1869), 1302-R3 (1870-1874), 1304-R2 (1877-1933, intitulé « Rapports annuels ») et 1302-R4 (1884-1919). Toutes les lettres provenant des archives de la Bibliothèque de Bordeaux se trouvent dans les dossiers couvrant la période qui va de 1888 à 1912.

Les lettres constituent différents ensembles : A1 à A7 sont consacrées à la période initiale de préparation de l'Édition Municipale ; les lettres et documents A12 à A27 retracent l'histoire de la transcription de Cagnieul débutée en 1900; A29 à A50 couvrent la période s'ouvrant par la « trahison » de Cagnieul et l'arrivée de nouveaux paléographes à Bordeaux venus préparer soit l'Édition Typographique, soit l'Édition Municipale ; A51 à A71 couvrent la période des atermoiements de Strowski et de son renoncement final ; enfin, A74 à A83 révèlent les combats et les tribulations de Pierre Villey pour le cinquième et dernier volume de l'Édition Municipale. J'ai inséré différentes lettres ou rapports extérieurs à ces ensembles qui nous éclairent sur le travail quotidien à la Bibliothèque durant cette période (A8 à A10, A72, A73 et A84 à A86). Les notes du directeur Jean de Maupassant consacrées aux obligations de service des employés et à un larcin insignifiant au début des années 1920 peuvent ne pas sembler à leur place ici, par exemple, mais ces descriptions nous aident, rétrospectivement, à comprendre quelles tâches incombent aux bibliothécaires tout au long de la période qui nous intéresse.

A1

[ca.1868]

La Municipalité de Bordeaux a, par une décision que l'on ne saurait assez louer, voté l'impression des Archives de la Ville. Le premier volume qui a déjà paru et qui a reçu du public lettré l'accueil le plus favorable préserve à tout jamais de la destruction les vestiges de la vie des Bordelais d'autrefois. D'autres volumes qui suivront nous conserveront leurs privilèges et leurs franchises ainsi que les délibérations des magistrats municipaux remontant à la fin du Moyen Age. Il est, cependant, un inestimable trésor qui, par sa nature ne semble pas devoir être compris dans cette collection historique. La Ville de Bordeaux a eu pour maire un des plus grands génies de la France ; elle possède de l'œuvre de Montaigne un exemplaire, en grande partie autographe et dont on n'a pas encore tiré tout ce qu'il renferme de précieux. Ce volume d'un prix inestimable et miraculeusement conservé peut être anéanti un jour ou l'autre par un sinistre et nous laisser d'éternels regrets. L'importance de son texte a été dernièrement mis en lumière par un membre de notre Académie ; il est certain que l'édition définitive des *Essais* est encore à faire, et l'on sait aujourd'hui comment elle devrait être faite. Il appartient, ce semble, à la Ville de Bordeaux d'élever ce monument à la mémoire de Montaigne. Nous croyons savoir que deux de nos compatriotes, qui se sont livrés déjà à divers travaux de ce genre ne refuseraient pas de diriger l'exécution de cette belle œuvre et une allocation annuelle relativement peu considérable suffirait pour la conduire à bonne fin. D'ailleurs, si la ville voulait vendre une partie de l'édition, elle rentrerait aisément dans les fonds déboursés par elle. En somme, l'occasion se présente pour Bordeaux de rendre absolument sien un de ses monuments, qui ne doivent jamais périr ; laisser ce soin à nos successeurs c'est risquer de tout perdre. Ne nous exposons plus longtemps à un tel danger, lorsqu'en faisant autrement nous sommes certains d'avoir l'approbation de tout ce qu'il y a en France de lettrés et intelligents.

[1302-R2, Archives Municipales de Bordeaux)

A2

Loupiac, le 24 Juin 1868

Monsieur,

Absent de Bordeaux depuis assez longtemps, je ne sais si vous avez déjà soumis au Conseil Municipal la pensée d'une édition des Essais de Montaigne à publier par la ville, dans les conditions dont mon ami Monsieur Barckhausen et moi avons eu l'honneur de vous entretenir.

Si, par hasard, des affaires plus urgentes vous avaient empêché d'en parler encore, vous pourriez, Monsieur, si vous le jugiez convenable, soutenir votre proposition de l'appui certain de l'Académie de Bordeaux.

Saisie du projet en question par une communication spontanée de Monsieur Dégranges, cette docte compagnie a daigné donner son approbation entière à l'idée de cette œuvre, et, dans une lettre qu'il m'a fait l'honneur de m'écrire, Monsieur le Président (M.Roux) me fait savoir que l'Académie se dispose à appuyer de toutes ses sympathies votre proposition dès qu'elle aura été rendue publique.

J'espérais Monsieur, pouvoir vous transmettre moi-même ce renseignement, mais, obligé de partir ce soir pour la Dordogne, je crains que mon éloignement de Bordeaux ne se prolonge encore et je crois devoir vous adresser ces lignes pour vous faire connaître une approbation qui, vu la compétence particulière du corps savant dont elle émane, ne peut manquer d'avoir une influence notable dans la décision du Conseil Municipal.

Veuillez agréer, Monsieur, l'expression de mes sentiments très distingués et mes civilités empressées.

Reinhold Dezeimeris

[1302-R2, Archives Municipales de Bordeaux)

A3

Bordeaux, le 14 Juillet 1868

Monsieur le Maire,

J'ai l'honneur de vous écrire au nom de l'Académie, sur un sujet qui intéresse, au plus haut point, la gloire littéraire de la ville de Bordeaux. M.Dezeimeris, l'un des membres les plus distingués de notre Académie, et dont la solide et ingénieuse érudition était attestée déjà par quelques travaux d'un grand intérêt local, avait donné lecture à la Compagnie, dans sa séance du 10 janvier 1867, d'une dissertation intitulée: Recherches sur la recension du texte posthume des Essais de Montaigne. Il y procédait à l'examen des sources du texte des Essais et y restituait à l'exemplaire annoté de la Bibliothèque de Bordeaux, l'authenticité et l'importance que différents critiques lui avaient déniées. Il montrait aussi tout le parti qu'on pouvait tirer de ce précieux et unique exemplaire, pour une édition qui procurerait un texte bien authentique des Essais, et qui préserverait de toute chance de perte ou de destruction cette expression parfaitement fidèle de la pensée de Montaigne. L'Académie avait écouté, avec l'attention la plus soutenue et la faveur la plus vive, cette dissertation, où la méthode convenable pour donner, d'un chef-œuvre doublement national à Bordeaux, une « édition critique fondamentale », était indiquée avec une sagacité et une précision qui prouvaient que personne ne saurait mieux que M.Dezeimeris lui-même s'acquitter de cette tâche. Dans l'intérêt d'un des plus beaux ouvrages qui aient honoré la France et l'esprit humain, elle avait exprimé le vœu que notre collègue pût en effet se charger de ce judicieux et patriotique travail, dont il possède à fond tous les éléments. Elle avait accueilli avec joie les espérances que M. Dezeimeris lui permettait de concevoir à ce sujet.

Ces espérances, Monsieur le Maire, sont à la veille de se réaliser. L'Académie vient d'apprendre, avec la plus vive satisfaction, que M.Dezeimeris entreprend de donner cette édition, pour laquelle il avait tracé des règles d'une méthode si sévère et d'une exécution si exacte, et qu'il s'est assuré la collaboration de M.Barckhausen, jeune savant dont tout le monde lettré à Bordeaux apprécie le talent et les lumières et le plus capable, avec lui, de mener à bien un tel labeur.

Ils espèrent tous deux que la Municipalité, qui a naguère si généreusement voté l'impression de tant de précieux documents, et qui a, en cela, si bien mérité de l'histoire nationale et locale, voudra bien prendre, pour les Essais, une décision semblable à celle qu'elle a prise pour ses Archives, et voter des fonds annuels pour l'édition à faire, et dont ils se chargeraient de diriger l'exécution. Ils ont la confiance que pour élever ce monument à la Mémoire de son ancien Maire, la Ville n'hésitera pas à débourser des fonds, dans lesquels pourra la faire rentrer la vente d'une partie des exemplaires.

[M. Roux]

[1302-R2, Archives Municipales de Bordeaux]

A4

Montpellier, le 18 Juillet 1868

[Au maire de Bordeaux]

Monsieur et cher Collègue,

J'ai l'honneur de vous donner avis, que je viens d'inviter Monsieur le Bibliothécaire de la ville à vous envoyer la troisième édition des Essais de Montaigne, que vous me demandez par votre lettre du 7 juillet courant.

Agréez, Monsieur et cher Collègue, l'expression de ma considération la plus distinguée.

[Du maire de Montpellier]

[1302-R2, Archives Municipales de Bordeaux]

A5

[Au maire de Bordeaux]

Nantes, le 28 Juillet 1868

Monsieur et honoré Collègue,

J'ai l'honneur de vous informer que conformément au désir que vous m'avez exprimé, je mets bien volontiers à votre disposition, la 1ère Edition des Essais de Montaigne, que possède notre Bibliothèque, et dont la communication vous devient utile pour la réimpression de cet ouvrage.

Je donne à Monsieur le Bibliothécaire l'autorisation de livrer cet exemplaire à votre Conservateur muni de vos pleins pouvoirs à cet effet. Agréez, Monsieur et honoré Collègue, l'assurance de ma considération bien distinguée.

Le Maire,

[Du maire de Nantes]

[1302-R2, Archives Municipales de Bordeaux]

A6

Le 1er Août, 1868

Monsieur le Maire,

Par votre lettre du 29 Juillet dernier vous m'avez fait l'honneur de m'informer que Messieurs les Maires de Nantes et de Montpellier avaient bien accueilli la demande de communication des 1e et 3ème éditions de Montaigne que vous leur avez demandées au nom et dans l'intérêt de la Société des Bibliophiles de Guienne: en conséquence, vous m'avez chargé du devoir de prendre livraison, à leur arrivée à Bordeaux, de ces exemplaires momentanément prêtés.

Les livres dont il s'agit sont parvenus à la bibliothèque, l'un par le chemin de fer de Midi, l'autre par voilier d'Orléans, à l'adresse de M.H.Barckhausen, Secrétaire de la Société des Bibliophiles. Je ne doute pas que Messieurs les délégués de la Société qui doivent s'occuper d'une nouvelle édition des Essais, ne se présentent bientôt; c'est pourquoi en vue de ma responsabilité à l'égard de volumes d'un grand prix et rares à tel point qu'il serait, sinon impossible, du moins très difficile de les remplacer, je crois devoir, Monsieur le Maire, vous prier de m'indiquer et prescrire, en ce qui me concernera, le mode de l'opération projetée. Qu'il me soit permis de vous soumettre à ce sujet quelques idées.

Comme la demande d'envoi en communication des ouvrages a été faite par vous, Monsieur le Maire, vous conviendrait-il que je les fasse déposer à la Mairie où les emprunteurs les recevraient par vos ordres et de votre part également? Je ne présume pas que vous le régliez ainsi, puisque vous m'avez chargé de prendre livraison, sans toutefois ajouter à ce 1er soin celui du dépôt permanent à la Bibliothèque, jusqu'au renvoi à Nantes et à Montpellier.

Il est donc vraisemblable que vous me constituerez dépositaire. Dans cette hypothèse, il me paraît indispensable que je sois pourvu, dès ce moment, de vos instructions et votre autorisation spéciale qui déterminent nettement

1. à compter de quelle époque et pour combien de temps je puis confier et prêter à Messieurs Dezeimeris et Barckhausen, ou à l'un d'eux, les ouvrages dont il s'agit sur leur simple récépissé

2. Si je dois garder en mes mains ou vous transmettre ce récépissé fait par eux, ou, en votre nom ou au mien?

Dans l'attente de votre réponse, je vous prie, Monsieur le Maire, d'agréer mes hommages respectueux et dévoués.

Le Bibliothécaire,
B. Gergerès

Ci-jointes les deux lettres communiquées.

[1302-R2, Archives Municipales de Bordeaux]

A7

Bordeaux, le 15 Octobre 1870

(Confidentiel)

Monsieur l'Adjoint,

Pendant toute la matinée et une grande partie de l'après-midi, j'ai pris mes mesures avec le sous-Bibliothécaire de la ville, pour que les précautions que vous avez prescrites pour mettre autant que possible à l'abri, les trésors que renferme la Bibliothèque de la ville, soient suivies d'un bon résultat.

La ville possède un livre unique en Europe, les Essais de Montaigne enrichis sur toutes les pages de notes nombreuses du grand moraliste. C'est le plus beau joyau de nos collections, le Cérémonial des Carmes manuscrit de la plus grande beauté sous le rapport de la calligraphie et des gravures est également unique. Ajoutez-y plusieurs livres d'heures du 15ème siècle, plus une magnifique collection d'incunables sortis tous des presses du 15ème siècle et dont un grand nombre provenant de la confiscation des livres des couvents à l'époque de la première révolution ont été donnés à la Bibliothèque publique, enfin une assez grande quantité d'ouvrages rares imprimés à Bordeaux dans les premiers temps où l'imprimerie y fut établie.

Joignez-y nos manuscrits les plus rares que j'ai choisis, nos plus beaux livres d'estampes qui proviennent des dons du gouvernement et vous arrivez à un total de plus de cent cinquante volumes de tous les formats qu'il s'agit d'après vos intentions après la visite que vous avez faite à la Bibliothèque de mettre en lieu sûr.

Vous savez puisque vous l'avez prescrite de concert avec l'architecte de la ville, la nature des mesures arrêtées à ce sujet. Pour mettre le Montaigne surtout et le Cérémonial des Carmes à l'abri même dans les caisses garnies de zinc, je les ai fait enveloppés [sic] d'une forte couche de ouate.

Cependant, Monsieur l'Adjoint, avant de faire murer le caveau qui doit renfermer toutes ces richesses typographiques, permettez-moi de vous faire part de mes scrupules et de mes craintes que partage le sous-bibliothécaire, bien que cependant nous n'ayons pas une grande inquiétude si cette séquestration ne doit pas durer longtemps. Voici nos appréhensions :

Un beau livre piqué par l'humidité perd considérablement de sa valeur artistique, or le manque absolu d'air ne produira-t-il pas cet effet funeste et surtout s'il est prolongé, je n'oserai l'affirmer malgré mes précautions.

Je vous le répète, toutes les mesures sont prises, les livres choisis étiquettés et réunis. Dans quelques heures tout peut être muré – faut-il attendre encore ou procéder sans délai ?

J'ai voulu, en présence de la responsabilité qui m'incombe, soumettre ces quelques réflexions à votre appréciation éclairée, vous voudriez bien après avoir réfléchi me donner vos dernières instructions ; elles seront exécutées sur le champ.

Dans le cas ou vous croiriez devoir vous entendre à ce sujet avec Monsieur le Maire de Bordeaux, veuillez m'excuser auprès de ce magistrat si je n'ai pas suivi en vous écrivant la voie hiérarchique. Toute cette affaire venait de votre initiative et j'ai dû en rappeler avec vous les diverses phases.

Je n'ai pas voulu non plus faire porter cette lettre à la division, j'ai préféré l'adresser chez vous. Trop de personnes peut-être ont dû forcément être mises dans cette confidence. Il pourrait être imprudent d'en étendre le cercle.

Je vous prierai également quand vous aurez adopté une résolution définitive de me le faire savoir par quelques lignes de vous sans passer par l'intermédiaire de vos bureaux.

Veuillez agréer, Monsieur l'Adjoint, l'assurance de mes sentiments respectueux et dévoués.

Le Bibliothécaire de la Ville
Messier
[1302-R3, Archives Municipales de Bordeaux]

A8

[mai 1884]

M. Courbet receveur municipal de la Ville de Paris auteur avec M. Royer d'une édition de Montaigne a envoyé M. Routhier, attaché à son administration, pour transcrire les notes autographes de notre exemplaire des Essais, ainsi que M. Guizot l'a déjà fait faire par M. Manchon. Toutes les facilités possibles ont été données à l'envoyé de M. Courbet qui travaille depuis 8 heures du matin jusqu'à vers sept heures du soir.

[1884, Archives de la Bibliotheque de Bordeaux)

A9

le 29 janvier 1887

M. Frémont ne serait autorisé à consulter notre précieuse édition qu'en présence du conservateur ou du bibliothécaire adjoint.

[1887, Archives de la Bibliotheque de Bordeaux]

A10

[Dezeimeris décrit le travail de Céleste, extrait]

[ca. 1888]

C'est en voyant les livres dans la succession même de leur production, dans leur filiation, dans leur solidarité vivante que les bibliothécaires arrivent à les connaître pour ce qu'ils sont, à les grouper dans leur mémoire, et à devenir – autant que faire se peut – des catalogues parlants et des fournisseurs de notions utiles. Et pourquoi hésiterai-je à citer l'exemple de mon excellent collaborateur M.Céleste. Je ne pense pas qu'il se trouve à Bordeaux un travailleur sérieux qui n'ait eu l'occasion de lui demander des indications bibliographiques [...]. À l'aide de ces pistes révélées sans prétention et sans réserves, il est [...] des travaux qui n'auraient pas été faits sans cette féconde, cette anonyme collaboration. Eh bien ! Ce savoir secourable n'a pas été acquis autrement que par une fréquentation permanente des séries méthodiques de notre dépôt. Les livres, par la nécessité de les examiner afin de les caser, de les presser à leur place propre, ont laissé ainsi leur trace durable dans un esprit ouvert. Les mêmes livres dispersés çà et là au hasard de leur entrée à l'inventaire n'auraient fait du même homme qu'une machine bibliographique. Machine à mouvement exact, peut-être, mais condamnée à rester raide et muette, comme le fer.

[1888, Archives de la Bibliothèque de Bordeaux]

A11

1892

[Céleste évoque le nouveau site de la Bibliothèque de Bordeaux, *Histoire de la Bibliothèque de la Ville de Bordeaux*, Bordeaux,1892, p.78]

Les avantages que la nouvelle installation présente sur celle de l'ancien local tant au point de vue de la conservation des livres que pour le service des lecteurs, sont indiscutables. Le vieil outillage qui occasionnait des pertes de temps et offrait tant de danger a été abandonné. Les livres sont à portée de main, bien en vue, faciles à retrouver sans le secours d'échelles.

A12

[De Céleste à Courbet]

le 24 mars 1899

Monsieur et cher Maître,

Je suis coupable je l'avoue mais j'invoque le bénéfice des circonstances atténuantes pour obtenir votre pardon. J'espérais que nous allions avoir réunion de la Commission de la Bibliothèque peu après la réception de votre don magnifique et je voulais montrer les trois beaux volumes de Montaigne, provoquer une décision pour les pages blanches à garnir et vous transmettre avec nos remerciements le résultat obtenu – Des circonstances imprévues ont fait ajourner cette réunion qui n'aura lieu qu'après les vacances de Pâques – des occupations multiples survenues entre temps m'ont fait ajourner l'envoi d'un accusé de réception qui eût dû être rapide.

En attendant que vous receviez les remerciements officiels de la commission et de l'administration permettez-moi de vous remercier bien vivement pour le don si beau et si utile que vous avez bien voulu faire à la Bibliothèque de la Ville. Vous donnez l'espoir que nous nous verrons à Bordeaux ce printemps, je serai très heureux de vous voir, de vous manifester de vive voix toute ma reconnaissance pour le service que vous rendez aux amis de Montaigne. Votre notice est-elle publiée ?

[Bibliothèque Nationale,
Collection Moreau-Nélaton, N.A.F. 23191]

A13

[Ernest Courbet à Edouard Grenier]

le 12 juillet 1900

Mon très cher maître,

Votre appréciation sur ma notice de Montaigne m'a vraiment touché. Vous avez toute qualité pour me juger.

Il m'est arrivé avec Montaigne ce que j'ai éprouvé avec Mathurin Régnier. À force de vivre dans leur intimité et de me pencher sur leur œuvre avec la loupe en main j'en saisis le dessus et le dessous, j'en ai appris plus qu'il n'en avait jamais été su.

[Bibliothèque publique de Besançon, Ms 1426, fol. 62]

A14

[Henri de la Ville de Mirmont à Céleste au sujet du paiement pour les transcriptions]

le 31 octobre 1901

[....] une somme annuelle de 600 francs[...][pour le] sous-bibliothécaire M.Boucherie à qui le classement [...] de la collection Delpit a été confié, [et pour] M.Cagnieul à qui il a été demandé de transcrire les restes autographes des Essais sur l'exemplaire de Montaigne donné dans ce but à la Bibliothèque.

[1901, Archives de la Bibliothèque de Bordeaux]

A15

[Henri de la Ville de Mirmont à Céleste, extrait]

le 9 novembre 1901

Il est vrai par exemple que si le travail confié à M.Cagnieul présente quelque difficulté je ne puis cependant oublier qu'il fut commencé dans les premiers jours de l'année dernière et que les 20 mois qui se sont écoulés paraissent une période suffisante pour son achèvement. Je vous prie en conséquence, de vouloir bien faire préciser par M.Cagnieul dans une nouvelle note certifiée par vous le point exact où son travail est actuellement arrivé.

L'état de paiement fourni sera secondé en attendant un état individuel.

[1901, Archives de la Bibliothèque de Bordeaux]

A16

[Notes de Cagnieul portée sur sa Copie Figurée, ca. 1901, extrait]

On a d'ailleurs toujours essayé de représenter, en changeant l'encre, la forme et la grandeur des caractères, les développements successifs qu'a reçus une même note à des époques différentes. Dans le manuscrit l'écriture la plus grande, celle dont les caractères sont très soigneusement et très nettement formés, est celle des adjonctions les plus anciennes. Montaigne semble n'avoir eu d'abord d'autre projet que celui de faire réimprimer l'édition de 1588, après en avoir amélioré la correction grammaticale, l'orthographe et la ponctuation. Çà et là, il introduit quelques pensées nouvelles presque toujours très courtes ; réunies elles formeraient à peine quelques pages. Peu à peu, il se laisse entraîner à ajouter à ces aphorismes très-brefs quelques compléments. Il y revient à diverses reprises ; chaque fois son écriture devient plus abandonnée, et aussi plus fine, plus serrée, à mesure qu'il voit diminuer l'espace dont il dispose. Enfin il biffe, corrige, intercale de toutes les façons et semble oublier peu à peu le but qu'il se proposait : d'abord celuy [sic] de constituer pour l'impression une copie correcte et très sobre de surcharges. À l'origine il a voulu améliorer simplement ce qui était fait ; chemin faisant, avec modération d'abord puis en toute liberté, il a créé du nouveau. Ces accroissements réunis forment plus du tiers de l'étendue des Essais.

Après avoir biffé <u>au matin de mon meilleur sommeil</u> Montaigne a eu l'intention de le rétablir en le déplaçant probablement en le mettant après tintamarre. On lit en effet au dessous de la note latine placée un peu plus bas : <u>au matin</u>, puis : <u>au matin heure de mon meilleur</u> précédé du signe X qui correspond à un renvoi qui devrait se trouver au bord de la marge puisqu'il a disparu. Si on admet qu'il était ainsi placé, il ne pouvait guère se trouver qu'après le mot tintamarre. On a vu que Montaigne avant même d'avoir complètement opéré le transport de ce membre de phrase, s'est décidé à la supprimer. On le trouve donc biffé. Mais ce qui complique le sujet c'est que Montaigne dans le but d'épargner du papier a transporté un autre renvoi dans ce même coin de marge et que les premières formes de la phrase : <u>Mon colet de fleur,</u> etc. s'enchevêtrent avec la proposition précédente et comme elles sont biffées aussi, il y a bien du mal à distinguer sous les ratures ce qui appartient à chacune. C'est ce qu'on a essayé de figurer – La note : <u>mon colet de fleur</u> débarrassée des mots parasites qui ne lui ont jamais appartenue, doit donc être lue ainsi :

1. et mon colet de fleur et mes gants
2. Mon colet de fleur sert aus nez estrangier
3. Mon colet de fleur sert aus nez assistans, mais au mien après trois ou quatre jours que je m'en
4... après trois ou quatre jours de suite que je m'en
5... après trois ou quatre jours de suite que je m'en suis servi de suite, il ne me sert plus
6. après avoir trois ou quatre jours que je m'en suis vestu de suite il ne me sert plus.
7. Mon colet de fleur sert a mon nez pour trois jours
8. Mon colet de fleur sert a mon nez mais apres que je m'en suis vestu trois jours de suite il ne sert qu'aus nez assistans.»

Discussion: Px n'est par la lettre primitive; la manière contrainte dont ce caractère est tracé indique que c'est une surcharge. De plus, le pronom personnel **Je** avait primitivement l'élision **J'**; on voit clairement en effet, que l'apostrophe subsiste et que l'**e** muet a été intercalé lors de la correction. Donc le mot primitif ne commençait ni par un **m** ni par une autre consonne mais bien par une voyelle. Les lettres énumérées plus haut sont toutes des surcharges. Montaigne a voulu écrire: **Je puis** et, suivant son habitude, il a essayé de tracer le mot nouveau sur le mot ancien en laissant subsister les lettres communes. Les lettres communes aux deux mots étaient en effet **i s**. Mais les premières lettres de chacun des deux mots n'étant pas en nombre égal et ayant des formes très différentes, le résultat de cette surcharge s'est trouvé défectueux et le mot ainsi écrit peu lisible. Après une nouvelle tentative que révèle la présence du second **p**, Montaigne a biffé fortement par une barre transversale le mot ainsi surchargé non pas complètement cependant, car la rature n'intéresse pas la dernière lettre: celle-ci est surchargée de la lettre **p** qui commence le mot **puis** qui cette fois a été conservé. La question ainsi déblayée il reste à voir le mot primitif sous les surcharges et la rature. On arrive à l'aide d'une forte loupe et en éclairant fortement le papier par transparence à faire le triage de ces divers éléments et à reconnaître la lettre **a** sous le premier **p** à la suite mais avec un peu plus de difficulté la lettre **p**; la lettre **o** a servi à la panse du second **p** (p). [Remarquer en passant que la surcharge est évidente le **p** n'étant formé **p** tandis que nous avons les éléments **l o**. La lettre **i** n'est pas touchée; la lettre **s** reste visible sous le troisième **p** celui du mot qui a été conservé.]

[1901, Archives de la Bibliothèque de Bordeaux, MS 1586)

A17

[Cagnieul, Folio 121 verso, « Remarque »]

Chaque fois que le cas s'est présenté on a suppléé aux parties absentes en insérant entre crochets le texte correspondant de 1595 icy [sic] le texte de l'édition de Mlle de Gournay a subi de tels changements qu'il est devenu impossible de l'adapter à ce qui subsiste de la rédaction originale. Une discussion un peu serrée s'appuyant d'une part, sur les habitudes du correcteur qu'on mettrait en évidence par de nombreux exemples et prenant pour base, d'autre part les éléments qui subsistent de la première rédaction permettraient peut-être de parvenir à la reconstitution de ce fragment.

La reconstitution qu'on donne ici entre crochets s'est inspirée d'une méthode un peu plus rapide mais non pas très différente dans le fond. Étant averti qu'elle est hypothétique le lecteur pourra l'admettre ou la rejeter à son gré.

[1901, Archives de la Bibliotheque de Bordeaux, MS 1586)

A18

[Cagnieul, ca. Décembre 1901]

Note.

La transcription du manuscrit des Essais se poursuit avec toute la célérité que comporte l'exactitude minutieuse qu'on cherche à donner à ce travail. On a essayé de mettre en évidence tout ce que contient le document:

1. un texte fidèle des Essais
2. les états successifs de ce texte, depuis la première ébauche jusqu'à l'expression dernière.

Pour remplir la première partie de ce programme il ne faut que du soin et de l'attention; la seconde présente des difficultés plus sérieuses.

Ces difficultés tiennent, pour une part, à l'état de mutilation du manuscrit; de l'autre part et surtout à ce fait que les ratures et les surcharges recouvrent non pas seulement une forme primitive, mais de nombreux états successivement abandonnés dont les éléments se pénètrent et s'enchevêtrent d'une façon presque inextricable.

La séparation des divers états a été opérée en faisant porter l'observation et l'analyse sur des faits matériels évidents. On a admis que cette séparation était régulièrement effectuée quand on avait rempli cette double condition:

1. de faire état de tous les éléments fournis par l'analyse;
2. de ne faire état que de ces éléments.

Les résultats ont démontré l'efficacité de la méthode: les états successifs ainsi mis en évidence se montrent liés à ce point que le second dérive naturellement du premier; le troisième du second et ainsi de suite. On a pu compter jusqu'à huit états d'une même phrase.

Afin d'éviter des difficultés d'un autre ordre on a essayé de parvenir à la possession aussi complète que possible de la langue de Montaigne et en général de celle des principaux auteurs du XVIème siècle.

Les citations, lorsqu'elles étaient mutilées, ont été soigneusement recherchées dans les textes de Tite-Live, Sénèque, Plutarque, Dante, Aristote, etc.

Après avoir assuré les résultats de ces recherches, on a essayé d'en donner une représentation graphique de la plus grande netteté: – Il faudrait entrer ici dans des explications très détaillées qui manqueraient d'intérêt faute d'exemple. En changeant la couleur de l'encre, toutes les fois que cela s'est trouvé nécessaire, de même que les formes et les dimensions des caractères de l'écriture, la disposition des ratures, etc., on est parvenu à donner une image exacte, mais infiniment plus claire du manuscrit de Montaigne. On y voit comme sur l'original que tel passage n'avait primitivement que deux ou trois lignes, qu'il a été développé à une époque postérieure, remanié ensuite, encore de nouveau allongé et remanié plusieurs fois.

Lorsque la complication est très grande, on a jugé nécessaire de donner une représentation distincte de chacun des états successifs en y ajoutant des notes qui contiennent toutes les explications utiles.

En ce qui concerne l'état d'avancement du travail, le premier livre est définitivement achevé, ainsi qu'une partie du second. Tout ce qui reste à faire est en grande partie préparé et pourra être terminé dans un temps relativement court, qu'il est difficile cependant d'évaluer à cause des difficultés particulières qui surgissent à tout instant.

A. Cagnieul
Sous-Bibliothécaire
[1901, Archives de la Bibliothèque de Bordeaux]

A19

Bordeaux, le 13 Juin 1902

Monsieur le Maire,

Sur la demande qui m'en a été faite par M. l'Inspecteur de l'Académie et avec l'agrément de M. le Bibliothécaire, je me propose de faire pour les élèves de l'École Normale des filles deux ou trois conférences sur <u>l'Histoire du Livre</u>, où je traiterai sommairement les questions suivantes:

Le livre dans l'Antiquité.

Le livre au Moyen-Age: la matière, l'écriture, les ornements.

L'Imprimerie à ses débuts:

Les xylographes dans l'enseignement primaire vers 1440: les Donats, les Bibles des pauvres, etc.

L'Imprimerie en caractères mobiles. Rapide propagation en Europe.

L'Imprimerie et la librairie à Paris et à Lyon au XVème et au XVIème siècle.

Les classiques du XVIIème siècle. Les grandes publications historiques de la même époque: les Bénédictins et les Bollandistes.

Un mot sur la presse périodique.

Les ornements du livre:

L'estampe principalement au seizième et au dix-huitième siècle; la renaissance de la gravure sur bois à l'époque romantique; l'illustration moderne.

La reliure, principalement aux XVIème XVIIème et XVIIIème siècles.

Pour donner quelque attrait à ces leçons, il serait utile de montrer aux élèves un certain nombre de specimens de manuscrits, de livres imprimés à différentes époques, de livres à estampes, de livres revêtus de reliures d'art. De tels ouvrages font partie, en général, des divers fonds de réserve et ne peuvent en sortir, même pour quelques heures, sans votre autorisation expresse. C'est cette autorisation que j'ai l'honneur de solliciter de votre haute bienveillance. Pour ce qui est du transport (aller et retour) il devrait être effectué par les soins de votre administration, seul mode de procéder qui présente toutes les garanties désirables.

Veuillez agréer, Monsieur le Maire, l'expression de mes sentiments les plus dévoués

A. Cagnieul

J'estime qu'il serait intéressant pour les auditeurs de M. Cagnieul de voir des documents visés dans sa lettre. En prenant soin de faire transporter ces livres et manuscrits par le garçon de salle Ducousso, qui les accompagnerait si besoin dans une voiture, il semble qu'il n'y ait aucun inconvénient.

Le Bibliothécaire

R. Céleste

[note portée dans la marge gauche]

Écrire à M. l'Inspecteur d'Académie: J'autorise les élèves de l'École Normale à titre exceptionnel à assister aux conférences faites à la salle de lecture après cinq heures du soir; Mais non le transfert des auteurs et livres et documents – faire cette lettre pour demain 14 juin

[Le maire-adjoint, Henri de la Ville de Mirmont]

[1302-R4, Archives Municipales de Bordeaux]

A20

[À l'Inspecteur d'Académie à la Préfecture]

Bordeaux, le 13 juin 1902

Monsieur l'Inspecteur,

J'ai l'honneur de vous faire connaître que par lettre de ce jour et pour donner satisfaction au désir que vous avez exprimé, j'autorise M.Cagnieul sous-bibliothécaire de la Ville à faire, à titre exceptionnel, des conférences aux élèves de l'École normale de jeunes filles sur l'Histoire du Livre.

Toutefois, la Commission d'inspection d'achat de livres ayant interdit la sortie des pièces rares de la Bibliothèque, ces conférences auront lieu dans la salle de lecture en dehors des heures d'admission du public, c'est à dire à partir de 5h du soir. Veuillez agréer, M. l'Inspecteur…

[Le maire-adjoint, Henri de la Ville de Mirmont]
[1304-R2, Archives Municipales de Bordeaux]

A21

[À Céleste]

Bordeaux, le 13 juin, 1902

Monsieur le Bibliothécaire,

J'ai l'honneur de vous faire connaître que par lettre de ce jour, j'autorise, à titre exceptionnel, M.Cagnieul sous-bibliothécaire, à donner, sur l'Histoire du Livre, des conférences aux élèves de l'École normale de jeunes filles.

Il est entendu que la préparation de ces entretiens ne devra gêner en aucune manière le cours des occupations professionnelles de M.Cagnieul et que, la Commission d'inspection et d'achat de livres, ayant interdit la sortie des pièces rares de la Bibliothèque, les dites conférences auront lieu dans la salle de lecture après les heures d'admission du public, c'est à dire à partir de 5h du soir.

Veuillez agréer, M.

[Le maire-adjoint, Henri de la Ville de Mirmont]
[1304-R2, Archives Municipales de Bordeaux]

A22

Bordeaux, le 13 juin, 1902

Monsieur le Sous-Bibliothécaire,

En réponse à votre lettre en date du 13 Juin courant j'ai l'honneur de vous faire connaître que je vous autorise, à titre exceptionnel, à faire des conférences aux élèves de l'École normale de jeunes filles sur l'Histoire du Livre sur cette réserve que la préparation de ces entretiens ne pourra interrompre le cours de vos occupations professionnelles.

Je dois vous rappeler en outre, que la Commission d'inspection et d'achat de livres ayant interdit la sortie des pièces rares de la Bibliothèque, les dites conférences auront lieu dans la salle de lecture après les heures d'admission du public, c'est à dire à partir de 5h du soir.

Veuillez agréer,

[Le maire-adjoint, Henri de la Ville de Mirmont]
[1304-R2, Archives Municipales de Bordeaux]

A23

Bordeaux le 16 Juin, 1902

Monsieur le Maire,

L'autorisation que vous avez bien voulu donner à M.Cagnieul de faire, dans la salle de lecture, des conférences sur l'histoire du livre, ne peut être suivie d'effet; les élèves et leurs maîtresses ne pouvant se transporter à la Bibliothèque aux heures indiquées par le service du public.

M.Cagnieul aurait besoin, à défaut des manuscrits et des livres précieux de montrer à son auditoire des ouvrages contenant des reproductions de miniatures de lettres ornées et d'écriture ancienne. Les ouvrages suivants, qui lui sont nécessaires, pourraient dans ce but être déplacés pour la soirée et sous sa responsabilité. 1. Quelques planches de l'ouvrage de M. de Bastard sur les miniatures et les lettres ornées. 2. Le t.1 de l'œuvre de Jean Fauges (Cuvier éditeur) et 3. Les évangiles t.1 (même éditeur) 4. L'atlas de l'ouvrage de Louandre sur les arts somptuaires.

M.Cagnieul prendra toutes les précautions nécessaires pour le transport de ces quatre ouvrages à l'École Normale à Caudéron, il me semble que dans ces conditions il ne peut y avoir aucun inconvénient à lui accorder le déplacement de ces livres modernes et je vous demande de vouloir bien m'autoriser à les lui confier.

Veuillez agréer, Monsieur le Maire, l'assurance de mes sentiments respectueux,

Le Bibliothécaire de la Ville
R. Céleste
[1304-R2, Archives Municipales de Bordeaux]

A24

[En bas de A23]
[À Céleste]

le 16 juin 1902

M. le Bibliothécaire,

Permettez-moi de vous faire remarquer que M. le sous-bibliothécaire C. a agi très irrégulièrement dans sa façon de procéder à l'effet d'obtenir l'autorisation d'emporter des livres et documents de la Bibliothèque. Ce n'est pas Monsieur le sous-bibliothécaire Municipal mais bien M. l'Inspecteur d'Académie qui devait aviser la Municipalité de ce projet de conférence donné par un fonctionnaire municipal dans un local dépendant du Ministère de l'instruction publique.

Quand j'aurai reçu une demande officielle de l'inspecteur de l'Académie, je verrai à accorder l'autorisation demandée. Le zèle de M. le s.b. à se dépenser à d'utiles travaux extérieurs ne doit pas nuire aux travaux professionnels qui lui ont été confiés. Je vous prierai donc, M. le B. de vouloir bien me porter l'exemplaire de Montaigne pour que je me rende compte de l'état d'avancement du travail confié à M. C. Je n'estime pas que M. le s.b. puisse se consacrer à la préparation de conférences avant d'avoir terminé une œuvre importante qui lui a été confiée il y a déjà bien des mois.

Veuillez...
[Le maire-adjoint, Henri de la Ville de Mirmont]
[1304-R2, Archives Municipales de Bordeaux]

A25

Bordeaux, le 24 Décembre, 1902

Monsieur le Maire,

Je n'ai pas à faire ressortir l'importance de la transcription du manuscrit de Montaigne, avec reconstitution des variantes raturées ou mutilées, faite par le sous-Bibliothécaire, M. Cagnieul. Je rappellerai que ce travail entrepris une première fois par Naigeon, qui a gardé à Paris, pendant neuf ans, l'exemplaire annoté de Montaigne a été très superficiellement fait par lui et qu'il a renoncé à donner les variantes à cause de la difficulté de la lecture des mots raturés. M Guizot et quelques autres encore ont renoncé à faire relever les variantes pour le même motif.

M.Dezeimeris dans la note qu'il vous a adressée, estime que le travail de M.Cagnieul est fait non seulement avec toute l'intelligence et les connaissances nécessaires mais aussi avec une rare conscience. Je certifie, à mon tour, que ce travail fait avec un soin tout particulier doit légitimement valoir à son auteur le paiement pour, la partie faite entièrement et celle préparée, d'une somme de six cents francs, représentant les douze mensualités dont le taux adopté par vous, Monsieur le Maire, était de 50 francs l'une.

Je vous demande en conséquence, Monsieur le Maire, de vouloir bien faire allouer à Monsieur le Sous-Bibliothécaire Cagnieul pour le travail qu'il a fait dans l'année 1902, – en dehors de ses attributions ordinaires, la somme de six cents francs.

Veuillez agréer, Monsieur le Maire, l'assurance de mes sentiments respectueux.

Le Bibliothécaire de la Ville,
R. Céleste
[1304-R2, Archives Municipales de Bordeaux]

A26

Bordeaux, le 19 Juin, 1903

Monsieur le Maire,

L'édition des Essais de Montaigne dont l'administration a décidé la publication nécessite, vous le savez, un travail considérable. Elle doit donner les divers états du texte des Essais de 1580, 1582 et 1588 en même temps que les adjonctures [sic] manuscrites portées sur l'exemplaire annoté que la Bibliothèque conserve, et les modifications successives que Montaigne a écrites et raturées sur les marges de cet exemplaire. La copie figurée que vous aviez chargé M.Cagnieul d'établir ne peut être livrée à l'imprimeur telle qu'elle a été faite alors qu'il ne s'agissait pas d'impression, elle doit être transcrite à nouveau et accompagnée de l'indication des états successifs du texte manuscrit et aussi des textes imprimés du vivant de Montaigne et de celui de 1595.

Ce travail de précision devra être fait assez rapidement pour ne pas retarder l'imprimeur et lui permettre de donner le premier volume au début de l'an prochain. Des raisons budgétaires pourraient compromettre l'œuvre entreprise si ce volume ne paraissait pas en temps utile. C'est pour ce motif que vous avez bien voulu charger M. le Sous-Bibliothécaire Cagnieul de préparer l'impression de sa copie et des notes qui doivent l'accompagner avec la collaboration de M.Strowski et de M.Bourciez.

L'importance du travail à faire et le soin tout particulier avec lequel il doit être fait nécessitera de M.Cagnieul l'emploi de presque tout le temps dont il pourra disposer – en y comprenant même le temps qu'il conserve à son service ordinaire.

C'est pour ce motif que je vous prie, Monsieur le Maire, de m'autoriser à organiser le service de façon à ce que M.Cagnieul puisse disposer du plus de temps possible pour l'accomplissement du travail qui lui incombe dans la publication des Essais de Montaigne.

Veuillez agréer, Monsieur le Maire, l'assurance de mes sentiments respectueux,

Le Conservateur de la Bibliothèque, R. Céleste
[1304-R2, Archives Municipales de Bordeaux]

A27

Bordeaux, le 20 Juin 1903

Monsieur le Conservateur,

En réponse à votre lettre en date du 19 Juin courant, j'ai l'honneur de vous faire connaître que je vous autorise à organiser le service de la Bibliothèque de manière que M.Cagnieul puisse disposer du plus de temps possible pour l'accomplissement du travail qui lui incombe dans la publication des Essais de Montaigne.

Veuillez agréer....

[Le maire de Bordeaux]
[1304-R2, Archives Municipales de Bordeaux]

A28

le 4 août 1903

Le voleur se présente comme un érudit ayant à faire des recherches sur un sujet bien défini. Il demande à consulter le catalogue des manuscrits et des livres rares [...] il sollicite [...] l'autorité [sic] de venir le dimanche matin [...] l'individu suspect paraît avoir trente ans environ [...] il est roux, de taille moyenne et porte un monocle.

[1903, Archives de la Bibliothèque de Bordeaux]

A29

[En tête de la Copie Figurée de Cagnieul]

Bordeaux le 13 janvier 1905

Cette transcription figurée du manuscrit de Montaigne a été commencée en février 1900. Elle a été interrompue en octobre 1901, puis reprise dans les premiers mois de 1902 et arrêtée enfin en février 1903. Etablie avec le plus grand soin, elle n'a cependant pas été collationnée. Elle se compose de 201 feuillets timbrés et numérotés de 1 à 201.

[note ajoutée à la première page]

Une vérification rapide a fait apparaître quelques erreurs de numérotation des feuilles (trois ou quatre) mais les chiffres se suivent très régulièrement de 1 à 201.

A.C.

[1905, Archives de la Bibliothèque de Bordeaux]

A30

[Strowski à l'archiviste de Bordeaux]

le 8 mars 1905

Voici la voix de l'oracle : le volume sera prêt pour Pâques.

Voici la voix de l'avocat : l'année passée, j'ai établi en quatre mois les 5/6 du volume ; déchiffrement du manuscrit ; transcription ; corrections d'épreuves, j'ai tout fait moi-même.

Cette hâte m'a d'abord donné une très grande fatigue, notamment de la vue, et a retardé tous mes autres travaux. Depuis lors, j'ai eu mes travaux arriérés à remettre au courant, les vacances sont venues avec elle l'hiver – l'hiver il m'était impossible à cause de la lumière (et de la façon dont la Bibliothèque est éclairée) d'étudier les variantes, la ponctuation et l'orthographe du manuscrit (c'est ce qui manquait au volume). Cependant, je n'ai pas perdu mon temps. J'ai commencé ce que je pouvais faire : le déchiffrement et la transcription du livre II. Mon retard a donc des circonstances atténuantes.

Voici maintenant le quémandeur: le service des archives voudrait-il mettre à ma disposition le tome I de l'édition des Essais de Courbet et Royer, je vous le rendrai peut-être, mais je ne le rendrai qu'en mauvais état. J'en ai un besoin urgent. Et j'ai un besoin encore plus urgent: d'une loupe à 3 pieds pour les variantes de ponctuation. Cela je le rendrai en bon état.

[1007-D1, Archives Municipales de Bordeaux]

A31

Paris le 26 mai 1906

Monsieur le Maire,

J'ai l'honneur de solliciter de votre bienveillance l'autorisation de faire reproduire par la photographie un certain nombre de pages de l'exemplaire des Essais annoté par Montaigne et conservé à la Bibliothèque de Bordeaux.

Il y a près de quatorze ans pour une édition des Essais que j'ai donnée à Paris chez Lemerre vous avez bien voulu me permettre de faire recueillir sur un exemplaire de 1588 par un archiviste paléographe M.Routhier, mon collaborateur, les variantes et les additions autographes de Montaigne dans l'ordre qu'elle présente en marge ou dans le texte même du précieux volume de votre bibliothèque. Grâce à vous, Monsieur le Maire, mon travail a pu offrir aux lecteurs des Essais une fidélité scrupuleuse.

Comme témoignage de reconnaissance et pour aider à la confection d'une copie des Essais à l'usage du public, j'ai cru devoir vous offrir un exemplaire interfolié de l'édition originale de 1588, reliée en velin blanc.

En vue de justifier de l'exactitude rigoureuse du texte de la copie entre mes mains, j'ai besoin comme élément de comparaison et de conviction de trente au plus de photographies des plus importantes pages de l'exemplaire de la Bibliothèque et c'est de votre bienveillance que j'attends l'autorisation à l'aide de laquelle il me sera possible d'établir le caractère scientifique de mon exemplaire.

Agréez je vous prie Monsieur le Maire l'hommage de mes sentiments les plus distingués et dévoués.

Courbet
7 rue de Zelle

[1906, Archives de la Bibliothèque de Bordeaux]

A32

[Guillaume Bréton au maire, extrait]

14 août 1906

J'ajoute que la Ville de Bordeaux a tout intérêt à ce que son manuscrit de Montaigne soit reproduit le plus tôt possible par l'excellent procédé que je vous propose car on peut toujours craindre un accident et votre fac-similé permettra d'épargner le précieux manuscrit qui fatigue et dont l'encre jaunit [...]

[1028-D3, Archives Municipales de Bordeaux]

A33

[Strowski au maire Daney]

31 août 1906

Je soussigné ai l'honneur de rappeler à Monsieur le Maire que le précieux manuscrit de Montaigne dit Exemplaire de Bordeaux, a été déchiffré entièrement par MM. Manchon et Routhier, soit deux lecteurs ; puis pour le premier livre il y a eu la copie faite par le sous-bibliothécaire pour la Ville de Bordeaux, et la copie faite par moi pour l'Édition Municipale. Au total quatre lecteurs de cette première partie.

L'encre dont se servait Montaigne ou plutôt certaines des encres dont il se servait sont très sensibles à la lumière de jour – les exposer de nouveau et longtemps à la lumière, ce serait les condamner à disparaître. Dans ces conditions, et pour mettre à couvert ma responsabilité, je demanderais 1) que nul ne puisse voir le manuscrit, sans une autorisation écrite de Monsieur le Maire 2) que cette autorisation ne soit accordée qu'à des gens compétents et pour des raisons majeures.

Je désirerais en outre que, s'il s'agit d'un 5e et fort inutile déchiffrement, le 5e déchiffreur soit astreint, pour certaines pages où l'encre est particulièrement pâle, à mettre [plusieurs mots illisibles] une plaque de verre [plusieurs mots illisibles] colorée en vert ou en rouge, pour arrêter l'effet d'une lumière trop active.

Cela ne s'applique qu'au premier livre, les livres suivants ayant été beaucoup moins exposés à la lumière.

F. Strowski

31 Aout 1906

[1304-R2, Archives Municipales de Bordeaux]

A34

[Henri de la Ville de Mirmont au maire Daney]

Bordeaux, le 1 septembre 1906

Note pour Monsieur le Maire

Je transmets à Monsieur le Maire la lettre de M.Strowski en appelant sur elle toute sa bienveillante attention.

On parle de divers paléographes qui doivent venir ces temps-ci à la Bibliothèque pour déchiffrer l'exemplaire de Bordeaux à l'usage de l'édition en préparation à l'Imprimerie Nationale.

Pendant mon absence – qui commence lundi – je serais heureux que Monsieur le Maire se réservât le droit de donner lui-même sur demandes écrites et motivées adressées à son Cabinet l'autorisation de consulter le manuscrit de Montaigne.

Henri de la Ville de Mirmont
[1304-R2, Archives Municipales de Bordeaux]

A35

le 14 septembre 1906

Monsieur le Bibliothécaire de la Ville de Bordeaux,

Il est parvenu à ma connaissance que des personnes malintentionnées faisaient courir le bruit que je donnerais ma collaboration à une édition des Essais de Montaigne qui se prépare à l'Imprimerie nationale sous la direction de M. Courbet. Vous apprécierez, M. le bibliothécaire, le degré de préjudice qui pourrait m'advenir d'une pareille insinuation, si elle était admise, puisque, fonctionnaire municipal, je serais accusé de collaborer à une œuvre que l'on présente comme une concurrence à l'édition des Essais entreprises par la Ville de Bordeaux.

Cette collaboration, vous le savez, m'a été offerte en votre présence et c'est également en votre présence et avec votre approbation que je l'ai catégoriquement refusée. A aucun moment je n'ai songé à m'occuper de cet ouvrage. Je croyais donc que je pouvais mépriser ces calomnies, bien assuré que j'étais de pouvoir les réfuter, si elles devaient prendre corps, par une simple comparaison entre l'édition de l'Imprimerie nationale et les feuilles de mon travail qui reste à la Bibliothèque et où tous les résultats de mes recherches sont exactement consignés.

Je suis moins rassuré depuis hier. Vous avez cru, en effet, devoir mettre à la disposition de M. le Dr. Armaingaud, collaborateur de l'édition de l'Imprimerie nationale, l'ensemble de mon travail, pour en faire tel usage qu'il lui conviendra. C'est un acte de votre administration qu'un subordonné, comme je suis, n'a le droit d'apprécier en aucune façon et au sujet duquel il va de soi que je n'ai aucune observation à présenter. Je voudrais simplement obtenir de votre haute bienveillance que, pour me couvrir des soupçons qui pourraient m'atteindre, vous jugiez à propos d'aviser l'administration municipale de la mesure que vous avez prise, afin qu'il n'y eût pas de malentendu possible et qu'on ne fût pas tenté d'attribuer à une collaboration occulte de ma part les similitudes qu'on ne manquera pas de relever entre l'édition de Paris et les résultats du travail que j'ai exécuté par les ordres de la Municipalité.

Permettez-moi encore, Monsieur le Bibliothécaire, de solliciter de votre parfaite obligeance un accusé de réception de cette lettre.

Je vous prie d'agréer, Monsieur le Bibliothécaire, l'expression de mes sentiments les plus dévoués.

A.Cagnieul
Sous-bibliothécaire de la Ville
[1906, Archives de la Bibliothèque de Bordeaux]

A36

Paris, le 2 Octobre, 1906

Monsieur le Maire,

J'ai l'honneur de vous demander l'autorisation de consulter, pendant plusieurs jours de suite (deux ou trois semaines au moins), à la Bibliothèque municipale de Bordeaux, les jours et heures d'ouverture de cette bibliothèque, l'exemplaire des Essais de Montaigne de 1588, annoté par l'auteur.

Je suis chargé officiellement par l'Imprimerie Nationale de collationner une des publications qu'elle a mis (sic) [reporté par Mirmont qui a souligné deux fois le «s» de «mis»] sous presse depuis plusieurs années déjà: la réimpression fac-simile du volume de Montaigne que vous possédez, avec reproduction typographique des notes de l'auteur en regard de chacune des pages auxquelles elles correspondent.

Je vous demanderai également l'autorisation de calquer, au crayon, et de photographier, avec un appareil portatif, pour les besoins du collationnement, certains passages de ce livre rare, indépendamment des trente photographies, destinées à l'impression, que vous avez déjà autorisé M.Courbet, qui a publié une édition de Montaigne d'après le texte de 1595, à faire faire pour la réimpression entreprise par l'Imprimerie Nationale.

Veuillez agréer, Monsieur le Maire, l'assurance de mes sentiments de haute considération,

Ernest-Daniel Grand
(Paris (IVème arr.) 9, Place des Vosges)
archiviste-paléographe
ancien archiviste de la Ville de Montpellier
ancien chargé de cours à la Faculté des Lettres de Montpellier
A.M. (Harvard University)
[1304-R2, Archives Municipales de Bordeaux]

A37

[note de Mirmont]

À F.Strowski professeur à la Faculté des Lettres, 7 Route de Toulouse (Bordeaux)
faites suivre, timbrer et ne pas envoyer par la correspondance.

Bordeaux le 11 octobre 1906

Mon cher ami,

Je vous envoie une copie de la lettre que le Maire a reçu du paléographe Grand et la réponse que je fais à cette lettre. Je vous serai reconnaissant de me faire savoir quelle conduite vous pensez tenir à l'endroit de ce paléographe. On pourra gagner du temps en se réclamant de l'avis de la Commission de publication des archives municipales qu'il serait opportun de convoquer à la fin du mois. Si vous avez à me répondre tout de suite, je pars pour le baccalauréat : mon adresse est du vendredi 12 au jeudi 18 octobre chez le docteur Louis Goudard, à Pau, 8 rue Gambetta.

Mes meilleures amitiés,
Henri de la Ville de Mirmont
[1304-R2, Archives Municipales de Bordeaux]

A38

[À Ernest Daniel Grand]

Bordeaux, le 11 Octobre, 1906

Place des Vosges, 9 Paris

Monsieur,

En réponse à votre lettre du 2 octobre, j'ai l'honneur de vous faire savoir que la Ville de Bordeaux s'occupe depuis plusieurs années d'une édition municipale des Essais de Montaigne dont le premier volume a déjà paru.

M.Strowski, Professeur à la Faculté des Lettres de l'Université, est chargé de procurer cette édition ; il use quotidiennement de notre exemplaire de 1588. C'est avec M.Strowski que vous devrez vous entendre pour avoir la disposition du volume.

Quant aux calques et à la photographie, je fais toutes réserves sur cette question dont je soumettrai l'examen à la Commission de Publication.

Veuillez agréer, Monsieur, l'assurance de ma meilleure considération.

L'Adjoint au Maire,
Président de la Commission de Publication
des Archives Municipales
Signé : M. de la Ville de Mirmont
[1304-R2, Archives Municipales de Bordeaux]

A39

le 11 octobre 1906

Guillaume Bréton, 79 boulevard Saint-Germain Paris (IVe)

Mon cher ami,

Je t'envoie une copie de la lettre que le Maire a reçue du paléographe Grand. J'ai répondu que nous avons besoin de l'exemplaire de 1588 pour les travaux de Strowski. Il serait bien que tu adresses immédiatement la demande de photographier l'exemplaire, ce qui me permettrait de dire en toute vérité que le volume étant aux mains de Strowski, directeur de l'édition, et de la maison Hachette à qui la ville a concédé le droit de photographier, [il] ne peut être jusqu'à nouvel ordre confié au personnage « chargé officiellement par l'Imprimerie Nationale ».

Je te serai reconnaissant de me répondre le plus tôt possible. Chargé d'aller surveiller l'écrit du baccalauréat en province, mon adresse est du vendredi 12 au jeudi 18 octobre chez le Dr. Goudard, à Pau, 8 rue Gambetta.

Meilleures amitiés,
Henri de la Ville de Mirmont
[1304-R2, Archives Municipales de Bordeaux]

A40

[A Céleste]

le 15 octobre 1906

En réponse à une demande d'autorisation que j'ai adressée à Monsieur le Maire de la Ville de Bordeaux le 2 courant pour pouvoir consulter à la Bibliothèque municipale, aux jours et heures d'ouverture de cette bibliothèque, le volume des Essais de Montaigne de 1588 annoté par l'auteur, Monsieur le Maire, qui m'a fait l'honneur de me recevoir en audience officielle à la Mairie de Bordeaux le 13 courant, m'a délivré pour vous l'instruction suivante que vous trouverez épinglée à la lette que je vous adresse aujourd'hui.

M.Daney Maire de Bordeaux prie M.Céleste d'accueillir M.Grand, archiviste-paléographe délégué par M. le Directeur de l'Imprimerie Nationale et lui donner toutes facilités pour la communication du Manuscrit des Essais de Montaigne. (Signé): A.D. – Je considère comme un devoir pour moi de tenir cet ordre comme annulant la lettre que M. le premier Adjoint de la Mairie m'a fait adresser précédemment sur le même sujet [...].

Ernest-Daniel Grand
[1906, Archives de la Bibliotheque de Bordeaux]

A41

le 19 octobre 1906

Monsieur le Maire,

Monsieur le paléographe Grand n'a pas jugé utile de s'entendre avec moi ; je garde donc toute ma liberté de travail, et j'en userai avec la même assiduité que par le passé.

Pour l'autorisation que M.Grand demande de calquer ou de photographier ce qu'il lui plaira de l'Exemplaire de Bordeaux, je ne verrais nulle difficulté à la lui accorder, naturellement, sous la responsabilité de Monsieur le Conservateur de la Bibliothèque Municipale, dont la vigilance et la prudence sont la meilleure sauvegarde – et une sauvegarde très suffisante de l'Exemplaire de Bordeaux. Mais il se présente ici une difficulté particulière.

La maison Hachette se propose de publier une reproduction phototypique de l'Exemplaire de Bordeaux, et avec un très haut sentiment de cette solidarité entre savants, qui exclut les mesquines rivalités, les concurrences par-dessous, les mines et les contre-mines, elle s'est tout de suite, vous le savez, Monsieur le Maire, mise en rapport avec l'éditeur scientifiquement responsable de l'Édition Municipale; et elle a voulu que son travail s'unît et se confondît avec le nôtre. Si les efforts de la maison Hachette sont couronnés de succès, l'Édition Municipale sera donc accompagnée d'une excellente reproduction photographique du manuscrit de Montaigne – photographie aussi claire, grâce à notre texte, qu'une copie figurée et qui aura de la copie figurée, l'avantage de l'exactitude absolue.

Or, dès les premiers pourparlers, la maison Hachette s'est inquiétée de savoir s'il avait déjà été photographié beaucoup de pages de l'Exemplaire de Bordeaux. Et je crois qu'elle renoncerait à son projet, si 30 phototypies vulgarisaient, avant qu'elle eût lancé sa publication, les pages les plus intéressantes de l'Exemplaire de Bordeaux.

Il y a plus: M.Grand peut photographier, avec un petit appareil sans doute, tout ce qu'il voudra, c'est à dire tout l'exemplaire, la maison Hachette ne sera jamais assurée que l'Imprimerie Nationale ne fait pas à son égard, ce qu'elle a fait à notre égard. On peut toujours craindre que l'Imprimerie nationale ne se serve de ces photographies de petit format pour établir à sa manière et dans le plus profond secret, cet album photographique sans lequel sa «copie figurée» pourra toujours être soupçonnée de n'être qu'une copie défigurée.

Dans ces conditions, et pour ne pas compromettre le succès de l'entreprise Hachette, ou à son défaut de toute autre entreprise similaire, mon avis est qu'il faut attendre avant d'accorder à Monsieur le Grand – et à toute autre personne – l'autorisation qu'il sollicite.

Veuillez agréer, Monsieur le Maire, l'hommage de mon profond respect.

F. Strowski
19 octobre 1906
Toulouse …

Je rentrerai à Bordeaux – à moins de rappel urgent, le 3 novembre au matin

[1304-R2, Archives Municipales de Bordeaux]

A42

[Au maire de Bordeaux]

Paris, le 19 Octobre, 1906

Monsieur le Maire,

J'ai l'honneur de recommander à votre bienveillant accueil, M. Ernest-Daniel Grand, archiviste-paléographe, envoyé à Bordeaux par l'Imprimerie nationale, sur la désignation du Directeur de l'École des Chartes, pour corriger sur place, les épreuves de la reproduction de l'exemplaire original des «Essais», conservé à la bibliothèque de votre ville.

Conçue sur un plan complètement différent, en dehors de tout esprit de rivalité, l'édition de l'Imprimerie nationale ne fait à l'édition qu'a entreprise la ville de Bordeaux aucune concurrence. Ces publications, au contraire, semblent devoir se compléter très heureusement l'une par l'autre. Leur apparition simultanée ne peut avoir pour conséquences que le bien des lettres françaises et la plus grande gloire de votre illustre compatriote.

Je ne doute pas que vous ferez à M. Grand l'accueil le plus courtois. Et je vous serai très obligé si vous voulez bien lui faciliter, dans toute la mesure du possible, la mission qui lui est confiée.

Veuillez

[note rédigée sous l'entête «Mairie de Bordeaux» datée du 20.10.06]

Mon cher Henry,

Le Maire me charge de te transmettre pour ton dossier la lettre du Directeur de l'Imprimerie nationale.

Cordialités,

Louis

[1304-R2, Archives Municipales de Bordeaux]

A43

[Céleste au maire]

le 23 octobre 1906

J'ai l'honneur de vous transmettre la lettre de M.Cagnieul vous informant qu'à la suite de sa récente nomination de Bibliothécaire de la Ville d'Orléans, il est obligé de se démettre de la fonction qu'il occupe à la Bibliothèque de Bordeaux.

M. Cagnieul cessant son service à la date du 31 octobre son traitement ne devra plus être mandaté à partir du mois de novembre

[1906, Archives de la Bibliothèque de Bordeaux]

A44

[Fernand Bournen, article paru dans *Le Journal des Débats*, extrait]

le 3 novembre 1906

Des clameurs de guerre retentissent dans le camp de l'érudition et peut-être sommes-nous menacés d'une nouvelle affaire de séparation celle de Bordeaux et de l'État, ni plus ni moins [...]

[1906, Archives de la Bibliothèque de Bordeaux]

A45

[*La Petite Gironde*]

le 5 novembre 1906

En nous donnant sa belle et définitive édition des «Essais» la municipalité de Bordeaux, M.Strowski et ses collaborateurs ont fixé désormais la pensée de Montaigne. C'est un monument indestructible. Le texte est complet et ne variera plus.

[1906, Archives de la Bibliothèque de Bordeaux]

A46

[Le maire Daney à Guillaume Bréton, extrait]

10 novembre 1906

Cette publication aurait le grand avantage de soustraire à toutes les chances de destruction la précieuse contexture de notre unique exemplaire; car on peut toujours craindre un accident, comme vous le faites très justement remarquer, et d'autre part, le manuscrit souvent étudié, remanié se fatigue, l'encre pâlit et l'on peut prévoir la date où les additions manuscrites ne seront plus lisibles. Il est donc intéressant pendant qu'il en est temps encore d'éditer en fac-similé l'exemplaire de Bordeaux [...]

79 Boulevard St.-Germain

[1304-R2, Archives Municipales de Bordeaux]

A47

le 30 janvier 1907

Monsieur le Bibliothécaire,

Je vous renouvelle tous mes remerciements pour les facilités que vous m'avez données pour le collationnement de l'édition des Essais de Montaigne de l'Imprimerie nationale, dont je suis le délégué officiel.

Vous m'avez donné, pour faire mon travail, la jouissance de la grande salle de la Commission de la Bibliothèque, où je suis installé depuis le mois d'octobre.

Cette salle n'est pas chauffée directement par le calorifère de la Bibliothèque. Les grands froids exceptionnels de l'hiver actuel à Bordeaux et l'humidité qui s'accumule dans cette salle (et qui ne la quittera plus pour le reste de l'hiver) m'empêchent de continuer à y travailler aux heures habituelles que je consacre au collationnement de Montaigne, soit de midi à 7 heures du soir environ.

J'ai l'honneur de vous demander l'autorisation de travailler au collationnement de l'exemplaire de Montaigne de la Bibliothèque de Bordeaux en me transportant dans la salle de cette bibliothèque dite « salle de travail ». Cette salle, prenant jour sur la salle vitrée (du musée) et munie d'armoires à l'usage des personnes spécialement autorisées à y travailler, est chauffée par un calorifère et éclairée au gaz. Elle est destinée aux travailleurs ayant à faire des travaux prolongés et demandant du silence et du recueillement.

Je vous rappelle, en vous remerciant de nouveau, l'aimable autorisation par laquelle Monsieur le Maire vous a recommandé, au mois d'octobre dernier, de me donner « toutes facilités » pour le travail dont j'étais chargé par l'Imprimerie nationale.

Veuillez agréer...

Ernest-Daniel Grand
Archiviste-paléographe
Délégué de l'Imprimerie Nationale
[1907, Archives de la Bibliotheque de Bordeaux]

A48

le 31 janvier 1907

Monsieur,

Je regrette de ne pouvoir donner satisfaction au désir que vous exprimez dans votre lettre, d'être placé dans la salle de travail pour continuer ce que vous avez commencé dans une salle que la rigueur de la saison rend inhabitable. La salle dite de travail est sans surveillance autre que celle résultant de l'inscription des ouvrages prêtés sur place aux lecteurs autorisés. Les ouvrages aussi précieux que celui de Montaigne ne peuvent en aucun cas y être communiqués. Je vous réitère l'offre de vous mettre dans la salle de lecture, à la place où M.Strowski a fait le même travail et où il s'est très bien trouvé. Là le jour est excellent, la température est bonne et les indiscrétions ne sont pas à craindre comme dans l'autre salle où sont admis les candidats à l'agrégation.

Je crois vous avoir donné toute les facilités nécessaires pour l'accomplissement de la mission qui vous a été confiée par l'Imprimerie nationale.

Il me paraît impossible de vous accorder ce que n'a pas obtenu l'éditeur des Essais de Montaigne publiés par la Ville de Bordeaux, et je suis persuadé qu'il n'y aura pas plus d'inconvénient pour vous à travailler à sa même place qu'il n'y en a eu pour lui. La règle adoptée pour assurer la conservation d'un livre aussi précieux que celui qui vous est confié ne peut souffrir aucune exception.

Veuillez agréer...

Céleste

[1907, Archives de la Bibliothèque de Bordeaux]

A49

[Au maire d'Orléans]

le 26 octobre 1909

Gracieusement invité [...]à assister au banquet donné en l'honneur de Messieurs les Ministres de Finance et de l'Instruction publique à l'occasion de l'inauguration du lycée de jeunes filles, je dois constater que la Commission d'Organisation s'est totalement méprise sur le rang qu'elle a cru devoir assigner [...]. La place qui m'avait été désignée venait, en effet, après celles qu'occuperaient la plupart des membres de l'enseignement primaire [...] [il est plutôt] rattaché à l'enseignement supérieur....

[À Bordeaux][...] Le bibliothécaire y était considéré comme un fonctionnaire municipal de premier rang au même titre que le receveur municipal...

A.Cagnieul

[1909, «Registre» de la Bibliothèque municipale d'Orléans]

A50

[De Cagnieul au maire d'Orléans, extrait]

le 28 juin 1910

Si cette bibliothèque n'est pas un mythe, il [...] se réduit [...] à un lot de volumes plus ou moins complets [...]. Je suis vraiment stupéfait de ces demandes réitérées de manuscrits qu'on fait voyager à travers toute la France, et souvent même à l'étranger pour des causes souvent futiles.

Ces personnes sont souvent des savants dignes du plus grand égard. Ce sont parfois de simples maniaques qui veulent voir et toucher des livres très anciens [...].

[1910, «Registre» de la Bibliothèque municipale d'Orléans]

A51

[Note de Céleste sur Montaigne]

1911

Je me souviens qu'à une réunion de la commission de la publication des «Essais» on parla, un jour, de propositions dont un représentant de la maison Hachette avait exposé le projet à M.Jullian.

J'ai plus tard entendu parler par M.Strowski d'un arrangement passé entre la Ville et la maison Hachette pour la publication des pages choisies des Essais.

Il y a eu plus tard pour faciliter la reproduction par le photographe, une affaire qui a duré assez longtemps – Il s'agissait d'un fil de lumière électrique à placer dans la salle du musée des Antiques où devait se faire aux frais de M. Pech, je crois, l'installation de l'atelier dans lequel la photographie a été faite – Je crois donc qu'il existe un dossier aux Archives Municipales. M.Ducannès-Duval père était secrétaire de la Commission de publication des Essais et, incidemment, il a dû avoir les documents relatifs à cette reproduction – considérée comme une suite à la publication de la Ville – ce dossier au moment de l'affaire du fil de lumière électrique n'aurait-il pas été à la division des Beaux-Arts, la salle du Musée des Antiques dépendant de ce service ?

Je n'ai aucun souvenir d'un traité passé, je me souviens très bien des projets formés relatifs à ce traité – mais évidemment M.Strowski doit être au courant.

Dès que je pourrai aller à la Bibliothèque – j'espère que l'état de ma santé me le permettra vers la fin de semaine – je chercherai dans mes notes s'il existe des traces, mais je ne le crois pas – Je ne trouverai que les lettres relatives à la photographie faite par M.Pech.

[1028-D3, Archives Municipales de Bordeaux]

A52

mardi le 14 mars 1911

Monsieur,

Je me permets de vous faire observer qu'il règne, actuellement, à la bibliothèque, le soir surtout, une température glaciale qui rend des plus pénibles les instants que les lecteurs vont y passer. Les gens bien portants viennent y contracter la grippe et ceux, déjà légèrement grippés, viennent y aggraver leur état [...]

Ph. Lafitte
Professeur de Langues
[1911, Archives de la Bibliothèque de Bordeaux]

A53

[Céleste au magasinier Boucherie]

le 8 juin 1911

Pour ce qui est de la photographie de Montaigne : l'administration municipale tient à ce que le travail soit exécuté le plus rapidement possible de façon, à ce que la publication soit faite avant le mois de Mai prochain.

J'ai dit à M.Massé de rester dans les commencements avec le photographe, jusqu'au moment où il sera bien assuré que l'exemplaire est traité avec soin. Si ce photographe est soigneux, comme l'était le précédent, la présence de Massé à ses côtés n'est pas utile,___c'est affaire de conscience,___De toute façon, c'est à dire si Massé, d'après ce qu'il vous dira avoir vu, doit rester avec le photographe__toutes choses cessantes il doit le faire__mais je le répète si cela est indispensable.

De toutes manières, il faut veiller avec le plus grand soin à la conservation des « Essais » annotés__ce volume ne doit jamais sortir sous aucun prétexte de la Bibliothèque,__il ne doit jamais rester dans la salle de photographie seul c'est à dire à l'heure du déjeuner, ou à un moment quelconque de la journée, si l'opérateur a besoin de sortir, même pour peu de temps, à plus forte raison ne doit-il pas rester la nuit hors de son coffre fort

Établissez nettement les responsabilités__que ce soit toujours le même qui descende le volume et qui le remonte__Dites bien à l'opérateur qu'il doit remettre en haut à M.Dupuch le volume, s'il sort avant la fin de la séance__les jours où il sera nécessaire de travailler un peu après 5hes, dites à M.Dupuch de ne pas sortir sans avoir mis le volume dans le coffre fort, à moins que Massé restant se charge de ce soin__En aucun moment Montaigne ne doit stationner dans la loge ; en attendant qu'on le remonte__dès qu'il sortira des mains de l'opérateur ce sera pour réintégrer son coffre sans station ni arrêt en aucun lieu__ Si on venait consulter le volume des Essais pendant que l'opérateur fonctionne__refusez la communication en indiquant le motif.

Je puis vous assurer que l'administration tient beaucoup à ce que le travail marche rapidement__il ne faut pas qu'il y avait [sic] du retard du fait du photographe, qu'il puisse dire que c'est la faute du personnel de la Bibliothèque.

J'ai sué sang et eau pour écrire cette épître__la température est estivale et je me sens faible, bien qu'il y ait une amélioration réelle__ce me semble.

Amitiés à tous et bonne santé, c'est le meilleur des biens.

R. Céleste
Villa des Bessons
Boulevard Jean Lacaze
Pontaillac-Royans
Chartes-Maritimes
[1911, Archives de la Bibliothèque de Bordeaux]

A54

[Henri de la Ville de Mirmont à l' Imprimerie Pech, 7 Rue de la Merci]

le 11 juillet 1911,

Je suis avisé de la lenteur avec laquelle votre opérateur procède à la reproduction photographique des feuilles de l'exemplaire des « Essais de Montaigne » appartenant à la Bibliothèque de la Ville.

L'Administration Municipale ne saurait tolérer qu'une opération semblable traînât en longueur et qu'un employé de la Bibliothèque soit immobilisé [Massé] au détriment de son service pour une période qui paraît devoir se prolonger d'une façon anormale si l'on juge par les résultats obtenus depuis la reprise du travail. Aussi ai-je l'honneur de vous prier de vouloir bien inviter votre opérateur à activer son travail et à procéder sans relâche à la photographie des nombreuses feuilles qui n'ont pas encore été reproduites.

[1028-D3, Archives Municipales de Bordeaux]

A55

le 29 mars 1912

Monsieur l'Adjoint,

Je tiens à porter à votre connaissance les procédés inqualifiables dont vient d'user, à mon égard, un des employés subalternes de la Bibliothèque Municipale, le nommé Massé. Depuis deux ans [...] j'ai noté bien des accrocs au règlement, bien des brusqueries envers le public, de la part des employés, mais aucun n'avait montré, jusqu'ici, le degré de grossièreté dont a fait preuve déjà plusieurs fois l'employé Massé[...].

[Lafitte a emprunté une plume] M.Massé se précipite vers moi, comme un furibond, m'arrache brutalement la plume des mains[...]

[Lafitte, Secrétaire au consulat du Brésil]
[1912, Archives de la Bibliothèque de Bordeaux]

A56

[De Strowski]
Monsieur le Maire,

Jusqu'au mois d'août dernier, j'ai travaillé à l'Édition Municipale des Essais. Mais, pendant cet hiver, il m'a été impossible, par suite de circonstances exceptionnelles, de demander un congé qui, me permettant d'aller à Bordeaux, m'aurait permis d'achever le déchiffrement du manuscrit de Montaigne. Cependant je n'ai pas cessé de m'occuper de l'Édition Municipale, puisque c'est pendant ces derniers mois que j'ai préparé et mis au point la reproduction en phototypie de l'Exemplaire de Bordeaux, publication que la librairie Hachette, avec le concours de la Ville de Bordeaux, a décidé depuis deux ans et qui sera le complément nécessaire de l'Édition Municipale.

Si donc j'ai ralenti mon travail, et je m'en excuse, je ne l'ai pas abandonné. Et je comptais reprendre le déchiffrement du manuscrit et la correction des épreuves en ce mois de mai qui doit me laisser plus de liberté, lorsque votre lettre m'est arrivée.

Je m'engage bien volontiers, Monsieur le Maire, à donner de la « copie » à l'imprimeur autant qu'il en pourra imprimer et sans interruption jusqu'à l'achèvement de l'œuvre complète. Il me serait très sensible de me voir enlever une publication à laquelle j'ai consacré le meilleur de ma vie. Il me serait peut-être plus sensible encore de me voir traiter en étranger et en inconnu par une ville où j'espérais avoir acquis droit de cité. Je ferai donc tout au monde pour vous satisfaire, mais je ne saurai oublier ce que je dois à mon passé et à mon caractère. Si vous trouvez que mon éloignement (peut-être provisoire) de Bordeaux nuit aux intérêts de l'Édition Municipale, je vous demanderai donc de me relever immédiatement de ma charge.

Ayez donc, la bonté, Monsieur le Maire, de m'informer de vos intentions, pour que je puisse ou préparer la suite de mon travail, ou remettre au savant qui me succédera, les six feuillets corrigés, dont j'ai en main les épreuves.

Veuillez agréer, Monsieur le Maire, l'expression de ma haute et respectueuse considération.

Strowski

54 rue Jacob Paris
14 avril 1912
[1029-D1, Archives Municipales de Bordeaux]

A57

Bordeaux, le 16 Avril 1912

Monsieur Fortunat Strowski, chargé de cours à la Sorbonne, 54 rue Jacob, Paris

Monsieur le Professeur,

Depuis l'année 1909, époque à laquelle a paru le tome II des « Essais » de Montaigne, publié par la Ville de Bordeaux, un ralentissement fâcheux a été constaté dans la publication de cet important ouvrage, impatiemment attendu par les érudits et par les bibliophiles. L'impression du tome III qui, depuis l'apparition du tome II, n'avait porté que sur cinq feuilles jusqu'en Mars 1911, est complètement arrêtée depuis cette dernière époque, c'est à dire depuis plus d'un an.

Il avait été cependant formellement entendu lorsque cette édition fut entreprise, que les volumes devaient se suivre à bref délai et les circulaires envoyées, avec votre complète adhésion, aux divers libraires de

France ou de l'étranger, en font foi : l'impression du tome IV se poursuit, il est vrai, d'une façon régulière, mais elle sera forcément interrompue par suite de l'arrêt complet dans la publication du tome III.

Je ne dois pas vous dissimuler que certains membres de la municipalité se sont émus de ces retards et que la commission du budget s'est même posé la question de savoir s'il n'y aurait pas lieu de supprimer le crédit affecté à la publication de cet ouvrage.

D'autre part, les divers libraires qui se sont engagés à vendre cette intéressante publication nous demandent chaque jour le tome III que leur réclament leurs clients avec insistance et que mon administration s'était moralement engagée à faire paraître à la fin de 1911.

En présence de cette situation qui ne laisse pas d'inquiéter vivement mon administration, je viens vous prier, Monsieur le Professeur, de vouloir bien me faire connaître si vos travaux vous permettent de continuer la publication des « Essais » de Montaigne. Dans le cas contraire, l'administration municipale se verrait dans la regrettable nécessité de proposer à la commission de publication des archives de prendre toutes les mesures utiles pour assurer l'achèvement de cet important ouvrage.

Je serais personnellement au regret si j'étais obligé de sanctionner les intentions manifestées par la commission du budget et je ne vous cacherai pas qu'il me serait beaucoup plus agréable de recevoir de vous-même l'assurance que la publication du tome III des « Essais » de Montaigne, qui vous a été confiée, va pouvoir suivre son cours normal, et qu'une impulsion nouvelle étant donnée à vos travaux, nous pourrons escompter d'ici la fin de l'année 1912, l'achèvement de cette belle édition.

Agréez.....

Le Maire
signé : J. Bouche
[1029-D1, Archives Municipales de Bordeaux]

A58

Bordeaux, le 22 Avril 1912

Monsieur Fortunat Strowski, chargé des cours à la Sorbonne, 54, rue Jacob, Paris

Monsieur le Professeur,

J'ai bien reçu votre lettre du 14 du courant, et après sa lecture je constate avec plaisir que vous manifestez l'ardent désir de terminer la publication du tome III des Essais de Montaigne. Nous sommes sur ce point parfaitement d'accord et si j'ai cru de mon devoir de vous informer des avertissements de la commission du budget, c'est dans le but de vous voir reprendre sans relâche une publication impatiemment attendue. En effet, le succès des deux premiers volumes vous désignait tout particulièrement pour mener à bonne fin cet important et délicat travail, et, personnellement, il m'aurait été particulièrement pénible d'être obligé de confier à une autre personne l'achèvement d'une publication que vous avez si brillamment inaugurée.

Vous dites dans votre lettre que c'est la préparation de la reproduction phototypique de l'exemplaire de Bordeaux entreprise par la maison Hachette qui a absorbé tous vos instants durant ces derniers mois.

Permettez-moi de vous dire, Monsieur le Professeur, que l'argument paraît n'avoir qu'une faible portée. En effet, il semblait, au contraire, que la publication de ces planches eût dû vous permettre de travailler à l'édition municipale sans recourir à l'original pour le déchiffrement du texte, tout déplacement à Bordeaux devenant ainsi inutile.

Mais puisque vous promettez dans votre lettre de fournir abondamment de copie notre imprimeur, nous sommes persuadés que le fâcheux retard apporté dans la publication de cette édition va disparaître et nous sommes même certains, avec les assurances formelles que vous nous donnez, que la publication définitive des « Essais » de Montaigne pourra être réalisée avant la fin de l'année 1912.

Veuillez agréer....

Le Maire de Bordeaux
Signé : J. Bouche
[1029-D1, Archives Municipales de Bordeaux]

A59

[De l'imprimeur Pech]

Bordeaux, le 7 avril 1913

Situation des Volumes III et IV des « Essais de Michel de Montaigne » :

Volume III

Le 21 avril 1912, envoyé à M. Strowski épreuves en pages des feuilles 6, 7, 8, 9, 10, et 11. Reçu bon à tirer de ces feuilles le 2 mai 1912 et reçu 2 feuillets copie nouvelle.

Le 28 mai 1912 reçu 10 feuillets copie nouvelle.

En septembre, reçu autre copie jusqu'à la feuille 23 inclusivement.

En décembre 1912, reçu bon à tirer des feuilles 12 à 23 inclusivement.(184 pages)

Volume IV

36 feuilles tirées, soit 288 pages

[1029-D1, Archives Municipales de Bordeaux]

A60

[Note du maire sur la publication des *Essais*]

le 22 avril 1913

Pendant la séance de la Commission de publication des Archives municipales qui s'est tenue à l'Hôtel de Ville le 8 avril courant, il a été donné lecture de la correspondance échangée en avril 1912 entre le Maire et M.Strowski dans le but de hâter l'impression du tome III des Essais de Montaigne.

La commission, estimant que depuis un an l'impression de ce volume subit un ralentissement fâcheux, décide qu'une lettre sera écrite en son nom à M.Strowski pour le prier de mener son œuvre à bonne fin dans le plus court délai possible.

Le service des Archives reçoit continuellement des réclamations de nombreux libraires auxquels on avait annoncé l'achèvement de la publication pour la fin de 1912. Or, il n'a été tiré jusqu'à ce jour que 23 feuilles qui représentent environ la première moitié du volume, et, de plus, il n'a pas été livré de copie depuis le mois de septembre 1912. La copie étant épuisée l'impression est arrêtée depuis le mois de décembre.

Le tome IV des Essais, dont la publication est confiée à M.Villey, a suivi jusqu'à ce jour une marche régulière. Il a été tiré jusqu'à ce jour 36 feuilles et la copie a été livrée pour toutes les références du tome II.

Cette copie une fois épuisée l'impression du volume sera forcément arrêtée jusqu'à l'apparition du tome III.

[1029-D1, Archives Municipales de Bordeaux]

A61

le 25 avril 1913

M. Strowski, chargé de cours à la Sorbonne, 54 rue Jacob, Paris

Monsieur le Professeur,

Mon administration en arrivant aux affaires s'est préoccupé vivement de la lenteur avec laquelle se déroule l'impression des Essais de Montaigne, dont la publication, a été confiée à vos soins.

Dans sa dernière séance tenue dans les premiers jours de ce mois, la commission de publication des archives municipales a pris connaissance de la correspondance échangée il y a un mois entre mes prédecesseurs et vous même dans le but de hâter l'impression du Tome III des Essais.

Elle a constaté avec regret que malgré vos promesses réitérées, l'impression de ce volume subit un retard fâcheux et elle a demandé au Maire d'insister de nouveau auprès de vous pour que cette œuvre soit menée à bonne fin dans le plus court délai.

La situation qui nous est faite est en effet intolérable; et chaque jour le service des archives reçoit des réclamations de libraires français et étrangers auxquels la ville de Bordeaux avait annoncé l'achèvement de cette publication pour la fin de l'année 1912.

Or, il n'a été tiré jusqu'à ce jour que 23 feuilles qui représentent environ la première moitié du volume et, de plus il n'a pas été livré de copie à l'imprimeur depuis le mois de Septembre dernier. La copie étant épuisée, l'impression est arrêtée depuis le mois de décembre.

J'ajoute que le tome IV, dont la publication a été confié à M. Villey, a suivi jusqu'à ce jour une marche régulière; il a été tiré 36 feuilles et la copie a été livrée pour toutes les références du tome II.

Mais cette copie une fois épuisée l'impression du volume sera forcément arrêtée jusqu'à l'apparition du tome III. Je ne puis donc, Monsieur le Professeur, que vous confirmer dans leur forme et teneur les lettres de mon prédécesseur datées des 16 et 22 avril 1912.

La ville de Bordeaux ne saurait faillir aux engagements qu'elle a pris sans en faire remonter la responsabilité à l'auteur chargé de la publication et c'est là une éventualité qu'elle préfère ne pas envisager.

Aussi, je suis convaincu que vous auriez le ferme souci de ne pas placer la ville dans l'obligation de vous reprocher ce retard déplorable. Cependant si contre toute attente et si malgré nos démarches courtoises et malgré l'esprit largement conciliant dont ont fait preuve à votre égard la municipalité précédente et la municipalité actuelle, nous n'obtenons pas le résultat tant désiré, nous nous verrions dans la pénible obligation de demander à la commission de la publication des archives municipales de prendre toutes les mesures utiles pour assurer l'achèvement de cette publication.

Cela serait fort regrettable à divers points de vue et notamment en ce qui concerne l'unité de travail, de méthode et de vues si nécessaire dans un ouvrage de cette importance.

Je me permets d'espérer, Monsieur le Professeur, que vous rendant aux raisons de la Municipalité, votre réponse m'apportera l'assurance formelle qu'aucun retard nouveau ne viendra différer encore l'achèvement d'une publication impatiemment attendue par les lettrés, les érudits et les bibliophiles.

Veuillez agréer, Monsieur le Professeur, l'expression de mes sentiments très distingués.

Le Maire de Bordeaux
Charles Gruet
[1029-D1, Archives Municipales de Bordeaux]

A62

le 7 mai 1913

Monsieur le Maire,

Je suis confus du retard nouveau dont je me dois rendre coupable. Et je suis inquiet de voir se renouveler, contre ma volonté, les arrêts d'un travail si pressé. Je vous prie, Monsieur le Maire, non pas de me relever de ma tâche – ce qui me serait un grand chagrin – mais de me désigner un collaborateur Bordelais avec qui je pourrais partager le travail, sans que l'unité et la continuité de l'œuvre en souffre.

Si vous le désirez, j'irai à Bordeaux me mettre à votre disposition et à celle de la commission de publication des archives municipales pour m'entendre avec le collaborateur que vous avez désigné.

Je vous prie d'agréer, Monsieur le Maire, mes excuses, mes regrets et mes respects.

F. Strowski
54 rue Jacob, Paris
7 mai 1913
[1029-D1, Archives Municipales de Bordeaux]

A63

27 mai 1913

Strowski
Professeur à la Sorbonne
54 rue Jacob
Paris

Monsieur,

J'ai communiqué à mes collègues de l'administration municipale votre lettre du 7 mai et par laquelle vous vous montrez disposé à conférer avec la commission des archives municipales, au sujet de la publication de l'édition municipale des Essais de Montaigne.

Mes collègues, ayant admis le principe de cette réunion, j'ai l'honneur de vous prier de vouloir bien en fixer la date aussi rapprochée que possible pour me permettre d'inviter les membres de la Commission à y assister. Veuillez agréer....

L'Adjoint au Maire, Henri de la Ville de Mirmont
[1029-D1, Archives Municipales de Bordeaux]

A64

le 29 juin 1913
54 rue Jacob

Mon cher ami,

Ce n'est pas au maire, c'est à l'ami et au collègue que j'écris. Depuis deux mois, j'ai mon billet pour Bordeaux, et je n'ai pas trouvé trois jours pour m'absenter. Mais le 20 juillet je serai dans votre ville municipale ; j'y resterai jusqu'au 25 ou 26, je contrôlerai le manuscrit, le travail que je prépare ici avec la photographie, et je vous prierai de me désigner quelqu'un qui m'aiderait de plus dans les corrections des épreuves.

J'espère, donc, voir bientôt Madame de la Ville de Mirmont et vous. Je suis très impatient de retrouver des amis qui ont été si bons pour moi.

Votre bien affectueusement
F. Strowski
[1029-D1, Archives Municipales de Bordeaux]

A65

Bordeaux le 10 juillet 1913

Monsieur le Maire,

Depuis que j'ai écrit à M.Poupardin, j'ai simplement eu un mot m'accusant réception de ma lettre et disant qu'il s'occuperait de la chose. Je ne m'étonne pas de n'avoir reçu de lui aucune autre nouvelle: il doit être très pris en ce moment par les examens des Chartes. Mais je viens de lui écrire à nouveau.

Veuillez recevoir, Monsieur le Maire, l'assurance de mon profond respect.

C.Gébelin

[1029-D1, Archives Municipales de Bordeaux]

A66

[Brouillon de lettre de Henri de la Ville de Mirmont à Strowski]

le 11 juillet, 1913

Monsieur le Professeur
inutile de se déranger pour venir le 20 juillet consulter à la Bibliothèque municipale l'exemplaire de Montaigne
Par sa lettre <u>en</u> <u>date</u> du...
M.S. avait offert de venir se mettre à la disposition de la commission de publication des archives municipales à la date qu'on lui indiquerait
Par la lettre du... on l'a prié de fixer lui-même cette date.
Il n'a pas répondu...
Dans sa réunion du 21 juin 1913 la commission de publication des archives municipales a décidé de confier la direction de l'édition à qq un qui s'en occuperait plus activement M. S. peut se considérer comme relevé de ses fonctions de directeur de l'édition.

[1029-D1, Archives Municipales de Bordeaux]

A67

12 juillet 1913

Strowski
Professeur à la Sorbonne
54 rue Jacob, Paris

Monsieur,

La Commission de la publication des archives municipales a, dans sa réunion du 21 juin dernier, pris de nouvelles dispositions pour activer et mener à bonne fin en dehors de votre concours la publication de l'Édition Municipale des Essais de Montaigne.

En vous faisant part de cette décision, je crois devoir ajouter que le voyage que vous avez l'intention d'effectuer à Bordeaux le 20 juillet cette année ne pourra en rien modifier les dispositions arrêtées par la Commission. Vous pouvez donc vous considérer comme relevé de vos fonctions de directeur de l'édition.

Veuillez agréer…
Henri de la Ville de Mirmont
[1029-D1, Archives Municipales de Bordeaux]

A68

le 14 juillet 1913

Monsieur le Maire,

Je viens de recevoir la notification que vous m'avez adressée et la mesure prise à mon égard par la Commission de publication des archives municipales. Je vous en accuse réception. Mais je ne veux pas rompre ce lien qui me rattachait à la Ville de Bordeaux sans remercier, une fois de plus, vous, Monsieur le Maire, et la Commission des Archives Municipales de l'honneur que vous m'avez fait en me confiant l'Édition Municipale des Essais. Et je reste toujours à la disposition de mon successeur, dans la mesure où je pourrai l'aider dans sa tâche.

Veuillez agréer, Monsieur le Maire, mes sentiments de haute et respectueuse considération.

F. Strowski
Professeur à l'Université de Bordeaux
Paris 14 juillet 1913
[1029-D1, Archives Municipales de Bordeaux]

A69

Bordeaux le 30 mars 1914

Monsieur le Maire,

J'ai l'honneur de vous informer que j'ai terminé la transcription des Essais de Montaigne, d'après l'exemplaire de Bordeaux, et que je viens de remettre la fin de la copie à l'imprimerie Pech.

Veuillez recevoir, Monsieur le Maire, l'expression de mon profond respect.

F. Gébelin

[1029-D1, Archives Municipales de Bordeaux]

A70

Bordeaux le 21 juillet 1914

Monsieur le Maire,

J'ai l'honneur de vous informer que je viens de passer à l'imprimerie Pech. Non seulement ils négligent complètement le tirage des feuilles prêtes du Montaigne, mais j'ai trouvé le compositeur, M.Elies, occupé à un autre travail. Il ne faut pas nous étonner que, dans ces conditions, des feuilles promises pour la fin de juin ne soient pas prêtes le 21 juillet.

Veuillez recevoir, Monsieur le Maire, l'expression de mon profond respect.

F. Gébelin

[1029-D1, Archives Municipales de Bordeaux]

A71

[A Pech]

le 22 juillet 1914

Monsieur,

Les feuilles des Essais de Montagne que vous avez promises pour la fin du mois dernier ne sont, paraît-il, pas encore aujourd'hui en état d'être livrées à la Ville. Il a été constaté que non seulement vous négligiez le tirage des feuilles prêtes de cet ouvrage, mais que la composition de nouvelles feuilles avait été également suspendue.

J'ai l'honneur de vous inviter à effectuer dans le plus bref délai la livraison attendue car sans cela je me verrai contraint de prendre des mesures pour suppléer à un état des choses si préjudiciable à la publication dont il s'agit.

Veuillez – –

L'Adjoint-Maire

Henri de la Ville de Mirmont

[1029-D1, Archives Municipales de Bordeaux]

A72

[De Jean de Maupassant, Directeur de la Bibliothèque de Bordeaux]

le 6 février 1920

Boucherie

sous-bibliothécaire

Il est chargé de la direction générale du service des lecteurs, de la surveillance et de la police de la salle publique et de la salle de travail.

En cas d'absence du conservateur, il le supplée.

Son rôle consiste à donner aux lecteurs tous les renseignements qui peuvent les guider dans la consultation des catalogues ou faciliter leurs travaux.

Il reçoit les demandes d'ouvrages, les donne s'ils sont à sa portée ou les envoie chercher dans les dépôts, après avoir inscrit leur cote sur les bulletins.

Il vérifie les ouvrages lors de leur remise et vise les bulletins, qui doivent être rendus au surveillant par le lecteur au moment où il sort.

Chargé de la police de la salle publique, il doit, tout en entretenant des rapports courtois avec les lecteurs, tenir la main à l'exécution des prescriptions du règlement, empêcher que l'ordre et le silence soient troublés, et exercer conjointement avec le surveillant et le chef de salle une surveillance active.

Chargé également du service de la salle de travail, il veille à l'exécution du règlement spécial à cette salle. Il inscrit chaque jour les noms des lecteurs qui l'ont fréquentée et fait placer dans leurs cases les livres qu'ils ont demandés par des bulletins soit remis directement, soit déposés dans la boîte particulière à cette salle. Il note sur un registre spécial l'entrée et la sortie des volumes.

Chaque jour, il fait le triage des ouvrages qui ne sont plus consultés et qui doivent être remis à leur place sur les rayons par les soins du chef de salle soit après la séance de l'après-midi, soit le Samedi.

Chaque jour également il dresse la statistique des lecteurs et des volumes consultés. Il l'inscrit ensuite sur le tableau imprimé sur l'enveloppe contenant les bulletins de la journée. À l'aide de ces tableaux quotidiens, il dresse la statistique mensuelle qu'il transcrit sur un registre spécial. Tous les trois mois il en fait un résumé que le conservateur insère dans son rapport adressé au maire.

Il place dans un classeur la correspondance reçue à la Bibliothèque, lorsque les affaires dont elle traite sont liquidées. Il numérote les pièces et les enregistre par noms d'auteur sur le répertoire alphabétique du classeur.

M. Dagrant
sous-bibliothécaire

Il se tient à la salle de lecture à côté de M. Boucherie, sous-biblothécaire, pour le seconder. Il s'initie à son service et aux statistiques journalières.

Il fournit des renseignements aux lecteurs, leur donne les cotes des ouvrages.

Il veille à la tenue de la salle et fait observer le silence.

Il accompagne M. Sauboâ, chef de salle, pour chercher les livres, afin de se familiariser avec les dépôts.

M. Sauboâ
chef de salle

Il prête son concours à M. Boucherie pour la surveillance de la salle. Il donne les renseignements aux lecteurs de la salle publique et de la salle de travail.

Il va chercher les livres demandés. Il est également chargé de remettre à leur place les volumes consultés par les lecteurs et, en général, de mettre de l'ordre dans les dépôts.

En cas d'absence du sous-bibliothécaire, il le supplée dans la direction de la salle.

M. Massé
employé

Ses occupations sont les suivantes:

Catalogue.

Tirage au Ronéo des fiches alphabétiques et méthodiques du nouveau fonds, en quatre exemplaires. Transcriptions en tête de ces fiches des rubriques qui lui sont signalées. Classement provisoire des fiches dans les classeurs métalliques. Intercalation des fiches dans les reliures.

Inventaire.

Inscription des livres à l'inventaire. Estampillage de ces volumes, étiquetage et numérotage, puis leur mise en place au nouveau fonds.

Périodiques.

Transcription sur des registres du dernier numéro reçu de tous les périodiques français et étrangers. Mise en place de ces revues. Même travail pour les journaux de Bordeaux et de Paris.

Libraires.

Transmission de commandes et des réclamations aux libraires. Vérification de leurs comptes.

Reliure.

Préparation de la reliure (volumes, revues, et journaux avec titres et tables). Transcription sur le registre spécial. A la rentrée, vérification des volumes et des prix.

Salle de Travail.

Tenue à jour du registre des lecteurs de la salle de travail et des livres communiqués. Vérification, le dernier jour de chaque mois, des 25 cases dont il retire les ouvrages qui n'ont pas été redemandés.

Comptes.

Tenue du registre des comptes de la Bibliothèque et courses nécessitées par ce travail.

Correspondance.

Tirage de la correspondance ou copie de lettres.

En heures supplémentaires.

Il établit un inventaire des ouvrages de l'ancien fonds, en relevant en place la suite des numéros. Ce travail est destiné à permettre un récolement général.

Il écrit tous les écriteaux et étiquettes.

Avec le relevé qui lui a été donné et d'après les catalogues, il dresse la liste détaillée, avec leurs numéros, des ouvrages doubles placés à la chapelle de la rue Mandron et provenant du Séminaire et du fonds Alvarez de Léon.

Mlle Massé
commise auxiliaire

Elle aide pour tous les travaux précédents.

Elle transcrit en triple les fiches mobiles du nouveau fonds faites en un seul exemplaire de janvier 1912 à juillet 1914, date de l'achat du duplicateur Ronéo.

M. Ducousso
garçon de salle

Le matin, de 7 heures et demie à neuf heures, il fait le nettoyage de la salle de lecture, de la salle de travail et des bureaux.

Il fait le service de la salle de lecture, en alternant avec M. Sauboâ, quand il y a affluence.

Il fait le nettoyage des dépôts, le battage des volumes et tous les mouvements de rayons et de livres.

Il fait les courses et tous les travaux manuels nécessaires à la Bibliothèque.

En outre il accomplit divers travaux qu'appellent les circonstances, comme de mettre les numéros à l'intérieur des volumes ou grouper les ouvrages en place.

M. Dupuch
surveillant

Il est chargé de la garde générale du bâtiment et des dépôts, jour et nuit.

Il surveille en outre le service de la loge, assure l'éclairage des locaux, contrôle les livraisons de combustible et veille au maintien en bon état de propreté de l'établissement et de ses abords.

Il fait chaque soir une ronde dans toutes les parties du bâtiment.

Il dépose dans le cabinet du conservateur la correspondance et tous les paquets reçus dans la loge, après avoir enregistré les périodiques sur le livre d'entrées.

Il assure l'accès de la salle de travail aux personnes autorisées à y pénétrer, cette salle restant accessible tous les jours, dimanches et fêtes compris, du matin au soir sans interruption.

Il se tient en uniforme dans la salle de lecture, pendant les heures d'ouverture, pour surveiller les lecteurs, assurer l'ordre, distribuer à l'entrée les bulletins de demande et contrôler la remise des livres à la sortie.

Après chaque séance, il remet en place les 34 périodiques placés sur les tables latérales dans la salle de lecture pour y être consultés librement par le public sans passer par le bureau.

Il signale au conservateur et au surveillant des travaux les réparations nécessaires au bâtiment.

Ainsi qu'il a été décidé en 1913, il assure le chauffage du calorifère, moyennant une indemnité de 30 francs par mois.

Après la séance du soir, il se tient à la loge.

Mme Dupuch: concierge

Service de la loge et du vestiaire.

[1007-D1, Archives Municipales de Bordeaux]

A73

[Au maire de Bordeaux]

Bordeaux le 22 décembre 1920

Monsieur le Maire,

J'ai l'honneur de vous envoyer une lettre sollicitant l'accès à la salle réservée, adressée à la Bibliothèque et qui émane de M. Bonhomme, boursier d'agrégation de philosophie, 75 rue du Commandement Arnould.

Cette lettre, jointe à celles de Monsieur Maupoint, dont vous m'avez avisé le 16 décembre, et de M.Chamaillard, porte à trois le nombre de demandes relatives à la salle de travail.

Je peux disposer des cases 6 (M.Charrol), 17 (P.Laumonier) et 21 (G. Dupeyrou), qui sont vides et dont les occupants ne viennent presque jamais à la Bibliothèque.

En vous priant de vous reporter à mes lettres du 16 et du 20 décembre, je pense que les caisses 6, 7, et 21 peuvent être attribuées à ces trois étudiants si les renseignements obtenues sur eux sont favorables.

Il sera difficile d'accorder par la suite de nouvelles autorisations, car la salle réservée ne contient que huit places et quelques lecteurs y viennent tous les jours. À diverses reprises des travailleurs ont dû s'en retourner faute de place.

Je vous prie d'agréer, Monsieur le Maire, l'hommage de mon respect.

Le Conservateur,
Jean de Maupassant
[1007-D1, Archives Municipales de Bordeaux]

A74

[De A. Ducaunnès-Duval, archiviste de la ville]

le 15 avril 1927

Ce déficit doit avoir pour cause, d'abord le long espace de temps qui s'est écoulé entre l'apparition du Tome I (1906) et celle du tome IV (1921). Plusieurs souscriptions du début de la publication ont disparu et leur collection incomplète est tombée dans les mains de personnes indifférentes. Ensuite, le tome IV ne contient plus de texte des Essais; c'est un commentaire sur la Source des Essais, et il se peut que certains souscripteurs n'aient pas jugé à propos de compléter leur collection par un ouvrage de pure érudition.

[Édition de Montaigne, Tome V, Lexique, 1024-D2, Archives Municipales de Bordeaux]

A75

[À Villey]

le 21 novembre 1930

J'ai l'honneur d'attirer votre attention sur la lenteur, peut-être exagérée, avec laquelle progresse l'impression du tome V des Essais de Montaigne. Il serait pénible aux yeux de l'administration Municipale [...] de commémorer en 1933 le quatrième centenaire de la naissance de notre grand philosophe avant l'achèvement de ce volume.

[Édition de Montaigne, Tome V, Lexique, 1024-D2, Archives Municipales de Bordeaux]

A76

[De Védère, archiviste, à l'imprimerie Pech, extrait]

le 2 décembre 1930

Je constate déjà depuis longtemps que l'Impression du tome V des Essais de Montaigne n'avance que très lentement [...]

[Édition de Montaigne, Tome V, Lexique, 1024-D2, Archives Municipales de Bordeaux]

A77

[De l'archiviste à l'imprimeur Pech]

le 21 juillet 1932

J'ai le regret de constater que l'impression du tome V des Essais de Montaigne n'avance qu'avec une extrême lenteur [...]. Dans ces conditions l'achèvement [...] en temps utile c'est-à-dire avant le 1er janvier 1933, [...] me paraît compromis.

[Édition de Montaigne, Tome V, Lexique, 1024-D2, Archives Municipales de Bordeaux]

A78

Paris le 25 décembre 1932

Ville de Paris
Caisse Municipale
Cabinet du Receveur Municipal
40 rue des Ecoles

Cher Monsieur –

Votre lettre m'apprend un heureux événement qui me fait beaucoup de plaisir. J'attends l'invitation du Maire et lui répondrai que j'accepte avec plaisir.

Je crois que je pourrai assister à la fête de Montaigne à Bordeaux fin février parce que j'espère, ou plutôt je suis presque sûr d'être guéri à cette date d'une maladie qui a été très grave et qui m'a tenu pendant plusieurs mois entre la vie et la mort, dans une maison de santé à Paris ; je suis depuis quatre mois rentré chez moi, où je reçois toujours beaucoup d'amis très chers, et ce qui m'est resté de ma maladie de vessie (à l'âge de 90 ans et quelques mois) grâce aux soins éclairés et dévoués que je reçois chaque soir. Je serais heureux que le Maire voulait [sic] bien me considérer comme devant à cette date être assez guéri (je ne serai jamais complètement) de ma maladie de vessie qui, je le répète, a beaucoup diminué.

Je serais heureux de prononcer un petit discours sur Montaigne à cette occasion – (vous avez probablement vu dans les journaux de Bordeaux les articles qui ont résumé la fête que l'on m'a donné [sic] au sanatorium au mois de décembre 1931. Si vous n'en avez lu que ceux qui en ont parlé en quelques mots seulement je pourrai vous envoyer un numéro du Journal de médecine de Bordeaux, où l'on a donné mon portrait et le récit de la si belle fête.)

Je serai à plus forte raison guéri pour le jour de l'inauguration que j'offre à la ville de Paris une statue de Montaigne, qui sera élevée sur le square de la Sorbonne vis-à-vis la Sorbonne au mois de juin prochain. Ce sera encore une fête à l'occasion du quatrième centenaire de la naissance de Montaigne, ce sera encore un beau jour pour moi. C'est par l'intermédiaire de la Société des Amis de Montaigne à Paris, mais entièrement payée par moi qui n'ai pas voulu établir une souscription, qui dans l'état de ma santé aurait été trop fatiguant à faire par les journaux. C'est le grand sculpteur Landowski qui en ce moment fait la statue et la donnera avant de partir l'an prochain en juillet pour Rome où il est nommé directeur [...].

J'espère que vous pourrez venir assister à cette inauguration et déjeuner avec moi et votre fille dans le courant de juin 1933. Je vous serre sympathiquement la main.

Armaingaud

[MS 1822 Reserve, « Fêtes commémoratives du IVe Centenaire de Montaigne 1533-1933 », Archives Municipales de Bordeaux]

A79

[De l'archiviste de la ville à Villey]

le 26 novembre 1932

L'impression du Lexique des Essais de Montaigne approche peu à peu de sa fin. [...] Or l'Administration Municipale attache un grand prix, vous le savez, à ce que ce volume soit achevé avant la commémoration du 4ème centenaire de Montaigne. Ce but doit être atteint.

[Édition de Montaigne, Tome V, Lexique, 1024-D2, Archives Municipales de Bordeaux]

A80

[Villey à l'archiviste, extrait]

Caen le 29 novembre 1932

Je déplore le retard de notre impression comme vous-même. Il est dû à ce que, malgré mes demandes répétées, je n'ai pu obtenir que très peu d'épreuves pendant les six premiers mois de cette année.

[Édition de Montaigne, Tome V, Lexique, 1024-D2, Archives Municipales de Bordeaux]

A81

[L'archiviste à Villey, extrait]

Caen le 3 décembre 1932

Mes fréquentes demandes auprès de l'imprimeur M. Pech, pour activer la marche bien lente de cette impression, n'ont pas toujours eu tout l'effet désiré [...].

Il faut absolument [...] que ce volume paraisse avant les fêtes du centenaire. Les délais sont courts mais suffisants à condition que l'imprimeur ne s'attarde pas et qu'il ne soit pas lui-même retardé [...].

[Édition de Montaigne, Tome V, Lexique, 1024-D2, Archives Municipales de Bordeaux]

A82

[De Villey à l'archiviste]

le 21 mars 1933

Cher M.

Une lettre d'un de mes amis bordelais, reçue ce matin, m'apprend que les fêtes ont lieu dimanche prochain 26. Elle me cause une profonde déception. J'avais lu [...] que je recevrais une invitation [...]. J'ai promis une conférence à Lyon le 26 après-midi [...].

J'aimerais puisqu'il me faut me résigner à être absent, que mes livres au moins me représentent, et disent quelque chose du temps énorme de ma vie que j'ai consacré à Montaigne.

[Edition de Montaigne, Tome V, Lexique, 1024-D2, Archives Municipales de Bordeaux]

A83

[De l'archiviste Védère à Villey, extrait]

le 28 mars 1933

A l'heure où vous lirez ces lignes vous aurez reçu une invitation officielle aux fêtes du quatrième centenaire de Montaigne.

Cette invitation avait été différée en raison des modifications apportées dans le programme [...].

[Édition de Montaigne, Tome V, Lexique, 1024-D2, Archives Municipales de Bordeaux]

A84

[Au maire de Bordeaux, de la Division de l'Instruction Publique]

Bordeaux le 16 septembre 1922

Monsieur le Maire,

Au sujet de la mise à la retraite, le 1er octobre, de trois membres de la Bibliothèque, MM.Boucherie, Ducousso et Dupuch, j'ai l'honneur de vous adresser les vœux suivants :

Il est essentiel, pour le bon fonctionnement du service de la salle, que le chiffre du personnel soit maintenu et que M. Dagrant, parti le 1er janvier 1922, soit remplacé ainsi que MM. Boucherie, Ducousso et Dupuch.

La durée des séances d'ouverture a été accrue, le nombre des lecteurs est en vraie augmentation et, de plus, les soirées ont été rétablies deux fois par semaine, ce qui nécessite un effectif suffisant pour subvenir à un travail beaucoup plus important qu'auparavant.

Bordeaux est une des villes de France où les lecteurs sont le plus rapidement servis, mais cet avantage n'est dû qu'à la grande expérience et à la valeur des agents qui leur apportent les volumes (Boucherie, Sauboâ, et, au besoin, Ducousso). Un personnel de qualité moyenne et moins familiarisé avec l'emplacement des ouvrages dans les dépôts, doit être, selon M. Ulysse Robert, inspecteur des bibliothèques, composé sur la base d'un donneur de livres pour trente personnes.

M. Boucherie, chef de salle chargé de fournir des renseignements aux lecteurs, va souvent chercher lui-même des volumes, faisant ainsi l'office d'employé. De même Ducousso, garçon de salle, sait très bien trouver les livres en place et donne un coup de main à la salle quand il y a affluence. En fait le chef de salle ne devrait que très occasionnellement quitter sa place, et le garçon a suffisamment à faire avec les courses, les nettoyages, les mouvements de livres et aussi les triages des doubles, qui devront être executés prochainement sur la demande du Ministère.

Au sujet des attributions actuelles de chacun des employés de mon personnel, je vous prie de bien vouloir vous reporter aux ordres de service que je vous ai communiqués dans ma lettre du 6 février 1920.

Je vous proposerai donc, Monsieur le Maire, les remplacements que voici :

A la place de M. Boucherie : un chef de salle (grade de chef de bureau), d'un certain âge, ayant une instruction suffisante, au moins bachelier de l'éducation, et l'habitude du public, pouvant au besoin écrire une lettre administrative.

Aidé de M. Sauboâ, il aurait à se familiariser avec le maniement des catalogues et l'emplacement des livres.

de Sauboâ : Il aurait le même rôle et aiderait et suppléerait le chef de salle.

de Dagrant : un commis ou écrivain, âgé de moins de trente ans, instruction primaire, d'une bonne santé, ni phtisique, ni cardiaque, capable de circuler dans les dépôts et d'accomplir le service assez fatigant consistant à chercher les volumes, les apporter et les remettre en place. Il doit avoir une bonne vue et de la mémoire. [Le paragraphe précédent est barré]

de Massé : le même resterait aux écritures et comptes, qu'il connaît bien. Son travail est très considérable.

de Dupuch et Mme Dupuch : un surveillant et sa femme comme concierge, de préférence ayant des enfants déjà grands, afin qu'il y ait toujours du monde à la loge.

de Ducousso : un garçon de salle jeune et robuste. Je vous proposerai M.Croze, 29 rue des Ayres, âgé de 29 ans, garçon auxiliaire à la Bibliothèque de la Faculté des Lettres (20 cours Pasteur) et sur lequel j'ai obtenu d'excellents renseignements.

À la place de Mlle Arduin : une commise auxiliaire travaillant dans les mêmes conditions que Mlle Arduin et ayant les mêmes aptitudes. Son rôle consisterait à s'occuper du catalogue.

Je ne puis pas répondre que le service de salle, désorganisé par le départ de MM. Boucherie et Ducousso, fonctionnera normalement si l'effectif est diminué et n'est pas aussi nombreux qu'en 1921.

Si l'on ne peut pas trouver un chef de salle ayant de l'instruction comme M. Boucherie, je vous proposerai, mais en seconde ligne seulement, de remplacer M.Boucherie à la direction de la salle par M. Sauboâ et, dans ce cas, de mettre à la place de MM. Dagrant [plusieurs mots sont rayés] et Sauboâ un premier et un second commis donneurs de livres.

En dehors de la probité et de la conscience professionnelle, les qualités les plus essentielles au personnel d'une bibliothèque sont la précision, l'application et la mémoire, surtout la discipline.

Les commis ou les écrivains chargés de chercher les livres doivent aussi avoir une bonne vue et pouvoir sans fatigue monter et descendre les étages des dépôts dont l'étendue est considérable.

Je vous prie d'agréer, Monsieur le Maire, l'hommage de mes sentiments respectueux.

Le Conservateur,
Jean de Maupassant
[1007-D1, Archives Municipales de Bordeaux]

A85

le 8 janvier 1923

(À Monsieur le Maire de la Ville de Bordeaux. Division de l'Instruction Public.)

Employé à la salle

Monsieur le Maire,

J'ai l'honneur de vous faire connaître que, pour assurer un fonctionnement suffisant à la Bibliothèque actuellement dégarnie de personnel, l'agent dont la nécessité est la plus immédiate est un nouvel employé chargé d'apporter les livres au public et de les remettre en place dans les rayons.

C'est un service actif qui exige une bonne santé, une bonne vue et de la rapidité de mouvements. Un mutilé, un tuberculeux ou un cardiaque ne peuvent aucunement convenir.

En dehors de ces aptitudes physiques, il est indispensable que cet employé ait un caractère doux et courtois, afin que toute difficulté avec le public soit évitée. Il faut également qu'il n'indispose pas les lecteurs en leur parlant, mais se borne à servir le plus rapidement possible et à leur donner les renseignements demandés.

Les qualités d'ordre, de précision, et de mémoire sont les plus nécessaires pour un emploi de cette sorte. Le donneur de livres doit s'habituer à consulter les catalogues, à trouver les numéros des volumes et à se souvenir de leur emplacement dans les galeries.

Il va de soi qu'une enquête très sérieuse s'impose au sujet de l'honorabilité du candidat, afin que la Bibliothèque ne reçoive plus parmi son personnel des individus tarés comme M. Communay, qui y commit des vols (1884 à 1886). M. Communay avait subi des condamnations pour faux et escroqueries, fut cependant nommé et longtemps maintenu à la Bibliothèque municipale et aux Archives du département, grâce à de puissants appuis.

Au sujet de l'instruction, je pense, Monsieur le Maire, que le titre de bachelier peut suffire. Un licencié serait néanmoins préférable. C'était le cas de M. Boucherie.

Je crois, Monsieur le Maire, que la solution la meilleure serait de faire venir à la Bibliothèque un employé de la Mairie, avec promesse de succéder à M. Sauboâ dans quelques années comme chef de bureau, lorsque M. Sauboâ aura pu le former. Seule, la perspective de ce modeste avancement peut déterminer un employé, bachelier, ou d'une bonne instruction primaire, à travailler à la Bibliothèque.

Si cet employé de la Mairie ne convient pas, il devrait y avoir possibilité de le renvoyer dans un autre service.

En choisissant un jeune employé de la Mairie, l'administration aurait l'avantage d'avoir des garanties et des renseignements, tandis qu'avec un candidat venu de dehors, elle risque de trouver un homme présentant de graves défauts, qui n'a jamais pu exercer une profession ni avoir d'occupation suivie ou qui a des prétentions trop grandes pour la modeste situation qui lui est offerte.

En vous rappelant encore, Monsieur le Maire, que les principales qualités d'un donneur de livres sont la docilité, la mémoire, et l'exactitude, je vous prie d'agréer l'hommage de mes sentiments respectueux.

Le Conservateur
Jean de Maupassant

P.S. Je vous serais obligé de bien vouloir vous reporter à ma lettre du 16 septembre 1922.

[1007-D1, Archives Municipales de Bordeaux]

A86

[Au maire de Bordeaux]

Bordeaux le 15 février 1924

Monsieur le Maire,

J'ai l'honneur de vous faire connaître que des irrégularités se sont produites à la salle de travail ou petite salle réservée de la Bibliothèque municipale, du fait de M.J.Brèthes, à qui la case 14 a été accordée il y a une dizaine d'années.

Monsieur J.Brèthes, publiciste et directeur du Moniteur agricole, demeure à Bordeaux rue de Lyon 32.

Il ne vient pas à la salle publique de lecture mais se rend assez fréquemment à la salle de travail, généralement le soir entre 5h et 7h. Il n'y consulte aucun livre, car il a dans sa case depuis plusieurs années un seul ouvrage Eyraud: de la nécessité de maintenir la taxe du pain.... Bordeaux, 1846, petite plaquette 8. Ce volume n'est jamais qu'un prétexte pour justifier ses séances dans la petite salle, où il dispose gratuitement du chauffage et de l'éclairage et où il rédige sa correspondance.

Or la salle de travail n'est destinée au principal qu'aux membres de l'enseignement, aux écrivains ou aux personnes qui préparent la publication d'un travail pour lequel ils ont besoin d'avoir recours aux ressources intellectuelles qu'offre la Bibliothèque. Ce n'est pas le cas de M.Brèthes, qui ne demande aucun volume.

De plus, M.Brèthes s'est mis en contradiction avec le règlement relatif à la salle de travail, objet d'un arrêté municipal du 30 avril 1892. Cet arrêté stipule :

Article 8 : L'admission dans la salle de travail est rigoureusement personnelle ; elle est temporaire.

Article 9 : Toute infraction au présent règlement entraînera le retrait de l'autorisation accordée.

Or à plusieurs reprises, un étranger est venu à la salle de travail en signant Brèthes sur le registre que tient la concierge. Il n'est autre que le gendre de M.Brèthes, et n'a pas l'autorisation personnelle. La remarque lui en a été faite par le surveillant.

De toutes façons, il est inadmissible que la petite salle réservée, créée dans une intention déterminée et pour servir en aide aux travailleurs et aux érudits, serve de bureau et de pied-à-terre où l'on se rend, au besoin, en compagnie d'un tiers.

Je pense donc, Monsieur le Maire, qu'il y aurait lieu de retirer la case 14 à M. Brèthes pour la réserver à un lecteur plus sérieux.

Je vous prie de vouloir bien m'aviser de votre détermination et me donner vos instructions à ce sujet.

Veuillez agréer, Monsieur le Maire, l'hommage de mes sentiments respectueux.

Le Conservateur,
Jean de Maupassant

P.S. Je rectifie une inexactitude. M.Brèthes signe lui-même à la loge et demande la clef, mais il fait venir son gendre à la salle de travail et plusieurs fois ils y sont restés ensemble.

Bibliographie

Les sources principales de cette brève histoire des fac-similés des *Essais* de Montaigne vers 1900 proviennent de la Bibliothèque Municipale et des Archives de Bordeaux. Le lecteur peut se reporter à la première page de l'Appendice sur les lettres d'Archives et les autres documents (p. 157).

Autres sources

Albalat, A., « Le Vrai Michel de Montaigne », *Le Journal des Débats*, 8 nov. 1906, p.882-884.

Armaingaud, Arthur-Antoine, « Avertissement », dans Montaigne, *Essais*, Édition Typographique, Paris, Imprimerie Nationale, 1931, vol.1.

– « Les *Essais* de Montaigne : le texte de la Vulgate », Académie des Inscriptions et Belles Lettres, Décembre 1910, vol.3.

– *Quel est le meilleur pain?*, Bordeaux, Durand, 1894.

– *Utilité de l'hygiène: de la propreté du corps*, Bordeaux, Durand, 1889.

– *Les Inconvénients et dangers de la consommation de la glace*, Durand, Bordeaux, 1893.

– « La Lecture de Montaigne et la longévité », *Revue politique et parlementaire*, 10 mars 1923, p.451-460.

L'Art du livre à l'Imprimerie Nationale, Paris, Musée du Luxembourg, 1984.

Audisio, Gabriel et Isabelle Bonnot-Rambaud, *Lire le français d'hier, manuel de paléographie moderne, XVe et XVIIIe siècles*, Paris, Armand Colin, 1991.

Balde, Jean (Alleman, Jeanne), « Le Quatrième centenaire de Montaigne », *Revue hebdomadaire*, vol.XLII, 15 avril 1933, p.354-361.

Barker, E., « The Reconstruction of Montaigne », *The Observer*, 15 septembre1935, p.4.

Bernadau, P., *Histoire de Bordeaux*, Bordeaux, Imprimerie A. Castillon, 1839.

– *Notice sur la bibliothèque publique de la ville de Bordeaux*, Bordeaux, 1850.

Bernoulli, René, «Les Yeux de Montaigne, étude pathographique», *Bulletin de la Société des Amis de Montaigne*, 4e Série, 1967, n° 10, p. 10-15.

Billy, André, *L'Époque 1900: 1885-1905*, Paris, Ed. Jules Tallandier, 1951.

Boissy, G., «Le IVe centenaire de Montaigne», *Comoedia*, 27 Mars1933, 27, 1.

Bonnefon, Paul, *Montaigne et ses amis: La Boétie, Charron, Mlle de Gournay*, 2e édition, Paris, Amand Colin, 1898.

Bonnet, Pierre, «Reinhold Dezeimeris et son exemplaire des *Essais* de Montaigne», *Bulletin de la Société des Amis de Montaigne*, oct-déc1965, n° 4.

– «Actualité de Montaigne», *Bulletin de la Société des Amis de Montaigne*, janvier-mars 1957.

– «Le Texte des *Essais* de Montaigne: évolution de sa structure des origines à nos jours », *Bulletin de la Société des Amis de Montaigne*, juillet-sept 1966, n° 7, p.70-81.

Bourget, Paul, *Essais de psychologie contemporaine*, Paris, Plon, 1912.

Bourgeyx, Claude, *Bibliothèque de Bordeaux: changement d'adresse*, Bordeaux, William Blake et Co., 1991.

Brousseau-Beuermann, Christine, *La Copie de Montaigne*, Paris, Champion-Slatkine, 1989.

Brunet, Gustave, *Les Essais de Michel de Montaigne: leçons inédites...*, Paris, Techener, 1844.

Brunetière, Ferdinand, «Publications récentes sur Montaigne», *Revue des deux Mondes*, Sept. 1906, p.192-227.

Buissière, G., «Le Troisième Centenaire de Montaigne», *Bulletin de la Société historique et archéologique du Périgord*, 1892, vol. XIX, p. 462-463.

Céleste, Raymond, *Histoire de la Bibliothèque de la Ville de Bordeaux*, Bordeaux, Gounouilhou, 1892.

Chartier, Roger, *L'Ordre des livres: Lecteurs, auteurs, bibliothèques en Europe entre le XIVe et le XVIIIe siècle*, Aix-en-Provence, Editions Alinéa,1992.

– *The Order of Books*, Stanford, Stanford University Press, 1994 (traduction du volume précédent).

Chastenet, Jacques, *La République triomphante: 1893-1906*, Paris, Hachette,1955.

Chibon, Henri, «Pierre Villey, notice nécrologique», *Bulletin de la Société des Amis de Montaigne*, 1937.

Christian, Arthur, *La Colonisation par le livre*, Paris, Imprimerie Nationale, 1904.

– *Débuts de l'Imprimerie Nationale en France*, Paris, Imprimerie Nationale, 1904.

Clark, Carol, *Web of Metaphor: Studies in the Imagery of Montaigne's Essays*, Lexington, KY, French Forum, 1978.

Clive, H. P., *Bibliographie annotée des ouvrages relatifs à Montaigne publiés entre1976 et 1985*, Paris, Champion, 1990.

Compagnon, Antoine, « Les Repentirs de Fortunat Strowski », *Journal of Medieval and Renaissance Studies*, 1995, vol.25, n° 3, p.53-77.

– *Connaissez-vous Brunetière?*, Paris, Seuil, 1997.

Cornet, L., « Life and Work of Dr. Armaingaud with Montaigne », *Journal de Médecine de Bordeaux*, 30 oct.1935, vol.112, p.782-791.

Courbet, Ernest, « Avertissement », dans Montaigne, *Essais*, Édition Typographique, Paris, Imprimerie Nationale, 1913, vol.1.

– « Allocution », *Bulletin de la Société des Amis de Montaigne*, 1913, vol.1. [Slatkine Rep., Genève, 1970].

– « Les Derniers Éditeurs de Montaigne », *Bulletin du bibliophile*, 1906, p.473-478.

– « Préface », dans Ferry, Julyot, *Les Élégies de la belle fille lamentant sa virginité perdue*, Paris, Léon Willem, 1873 [éd. originale: 1557]

– « Réponse à la lettre de Fortunat Strowski sur l'édition typographique des *Essais* de Montaigne », *La Petite Gironde*, 16 sept. 1906, p. 1.

– « Montaigne inconnu », *Bulletin du bibliophile*, 1910, p. 253-264.

– « Recherches sur Mlle de Gournay », *Bulletin du bibliophile*, 1898, p. 227-232.

Courteault, Paul, « Le Quatrième centenaire de Montaigne à Bordeaux », *Revue philomatique de Bordeaux*, 1933, vol.XXXVI, n° 2, p. 75-93.

Darricau, Raymond, « Les fondateurs de la Société des Bibliophiles de Guyenne et les *Essais* de Montaigne », *Revue française d'histoire du livre*, 1993, 1er et 2e trimestres, p. 169-186.

Dastre, A, « Les nouvelles radiations », *Revue des deux mondes*, 1er déc. 1901.

Desan, Philippe, « Marie de Gournay et le travail éditorial des *Essais* entre 1595 et 1635 : idéologie et stratégies textuelles », *Journal of Medieval and Renaissance Studies*, 1995, vol. 25, n° 3.

– ««Cette espèce de manuscrit des *Essais*»: l'édition Naigeon de 1802 et son « Avertissement » censuré », *Montaigne Studies*, 1998, vol. X, p. 7-34.

Desgraves, Louis, *Évocation du vieux Bordeaux*, La Brède, Ed. Vivisques, 1989.

– « La Bibliothèque municipale de Bordeaux : deux siècles et demi d'une prestigieuse histoire », Bordeaux, William Blake et Co., 1991.

Dezeimeris, Reinhold, *Plan d'exécution d'une étude critique des «Essais» de Montaigne*, Bordeaux, Imprimerie Cadoret, 1903.

– *Recherches sur la recension du texte posthume des Essais de Montaigne*, Bordeaux, Gounouilhou, 1866, p.p. Simonin, M., *Montaigne Studies*, 1998, vol. X, p. 105-120.

Dréano, Mathurin, *La Renommée de Montaigne en France au XVIII*e *siècle, 1677-1802*, Angers, Éditions de l'Ouest, 1952.

Fairbank et Wolpe, *Renaissance Handwriting*, New York, World Publishing, 1960.

Féret, E., *Statistique générale du département de la Gironde*, Biographie, Bordeaux-Paris, Masson, 1889.

Flieder, François, *Livres et documents d'archives: sauvegarde et conservation*, Paris, ONU, 1983.

Frame, Donald, *Montaigne in France 1812-1852*, New York, Columbia, 1940.

Gazier, Georges, « Ernest Courbet », *Académie de Besançon*, 1919-20, p.94-96.

Gergerès, J. B., *Histoire et description de la Bibliothèque publique de la ville de Bordeaux et aperçu des principaux ouvrages, soit imprimés, soit manuscrits qu'elle renferme*, Paris, Derache, 1864.

Ginestous, Etienne, *Histoire politique de Bordeaux sous la III*e *République*, Bordeaux, Editions Bière, 1946.

Giraud, Victor, « Les Époques de la pensée de Montaigne », *Revue des deux mondes*, 1er février 1909.

Gournay, Marie de, « Préface », dans Montaigne, *Essais*, 1595, p.p. Rigolot, F., *Montaigne Studies*, 1989, vol. I, p. 22-55.

– « Préface », dans Montaigne, *Essais*, 1635, p.p. Desan, Ph., *Montaigne Studies*, 1989, vol. I, p. 58-99.

Greetham, D.C., *Textual Scholarship: An Introduction*, New York, Garland Publishing, 1994.

Guérin, Jean et Bernard, *Des Hommes et des activités autour d'un demi-siècle*, Bordeaux, Editions B.E.B, 1889-1957.

Guizot, Guillaume, *Montaigne: études et fragments*, Paris, Hachette, 1899.

Henriot, E., « Le Centenaire de troisième classe de Montaigne », *Le Temps*, 3 avril 1933, p. 1.

Hoffman, George, « Writing without leisure: proofreading as work in the Renaissance », *Journal of Medieval and Renaissance Studies*, 1995, vol.25, n° 1, p. 17-31.

Jullian, Camille, *Histoire de Bordeaux depuis les origines jusqu'en 1895*, Bordeaux, Féret, 1895.

Keffer, Ken, « La Textomachie: matérialiser, maternaliser et socialiser Montaigne », *Bulletin de la Société des Amis de Montaigne*, janvier-juin 1996, p. 135-144.

– « Albert Cagnieul, sous-bibliothécaire des *Essais* », *Montaigne Studies*, 1998, vol. X, p. 121-136.

– «Les *Essais* en noir et blanc: autour de la philologie en 1906», *Montaigne Studies*, 1998, vol. X, p. 137-150.

Kühn, Emil, *Die Bedeutung Montaignes für unsere Zeit*, Strassburg, Heitz und Mündel, 1904.

Lasserre, Pierre, «Le Goût littéraire à la Sorbonne», *L'Action Française, revue mensuelle*, 15 janvier 1911, p. 27.

Levaillant, Maurice, «Un montaigniste souriant: Fortunat Strowski (1886-1952)», *Bulletin de la Société des Amis de Montaigne*, 1954, p. 73-87.

Lobstein, D.P., *Calvin und Montaigne: Rede zum vierhundertjährigen Jubiläum Calvins*, Strassburg, E. van Haufen, 1909.

Loury, Jean-Marie, *Rédiger vos lettres en 10 leçons*, Paris, Hachette, 1975.

Manchon, Léon, *De la Constitution du texte des «Essais»*, Paris, Moreau, 1888, p. 49-69.

Mauduit, Anne-Marie et John, *La France contre la France: la séparation de l'Église et de l'État, 1902-1906*, Paris, Plon, 1984.

Mirmont, Henri de la Ville de, «Préface», dans Montaigne, *Essais*, Édition Municipale, Vol. 3., Bordeaux, Pech, 1919, 5 vols.

Mistler, Jean, *La Librairie Hachette de 1826 à nos jours*, Paris, Hachette, 1964.

Monod, Henri-Charles, *La Législation sanitaire en France*, Paris, Alcan, 1904.

Montaigne, Michel de, *Essais*, p.p.Jacques-André Naigeon, Paris, Didot, 1802.

– *Essais*, Texte original de 1580, avec les variantes des éditions de 1582 et 1587, p.p. R. Dezeimeris et H.Barckhausen, Bordeaux, G. Gounouilhou, 1870-1873.

– *Essais*, p.p. Marie de Gournay,1595, réimpression par Ernest Courbet et Charles Royer, Paris, Lemerre, 1872-1900, 5 vols.

– *Essais*, Édition Municipale, p.p. Fortunat Strowski, François Gébelin et Pierre Villey, Bordeaux, Imprimerie Pech, 1906-1933, 5 vols.

– *Essais*, Édition Phototypique, p.p.Fortunat Strowski, Paris, Hachette, 1912, 3 vols.

– *Essais*, Édition Typographique, p.p.Armaingaud, Courbet et Monod, Paris, Imprimerie nationale, 1913-1931, 3 vols.

– *Essais*, p.p. P. Villey et V.L. Saulnier. Paris, Presses Universitaires de France, 1965.

– *Essais*, p.p. René Bernoulli, Reproduction en fac-similé de l'Exemplaire de Bordeaux 1588 annoté de la main de Montaigne, Paris, Slatkine, 1987,3 vols.

– *Essais*, p.p. André Tournon, Paris, Imprimerie Nationale, 1998; 3 vols.

– *Complete Essays*, traduction de Donald M.Frame, Stanford, Stanford University Press, 1965.

– *Œuvres Complètes*, p.p.Albert Thibaudet et Maurice Rat, Paris, Gallimard, 1962.

Naigeon, Jacques-André, « Avertissement de l'éditeur », dans Montaigne. *Essais*, 1802, p.p. Desan, Ph., *Montaigne Studies*, 1998, vol. X, p. 34-78.

Patterson, Annabel, « Historical Scholarship », *Scholarship in Modern Languages and Literatures*, New York, MLA, 1992.

Paul, Harry W, « The Debate over the Bankruptcy of Science in 1895 », *French Historical Studies*, 1968, vol. 5.

Perceval, Émile, « Figures de Bibliophiles Bordelais de la fin du XIXe siècle au début du XXe: Dr Armaingaud », *Bulletin de la Société des bibliophiles de Guyenne*, 1936, p. 158-174.

Poulle, Emmanuel, *Paléographie des écritures cursives en France du XVe au XVIIe siècle*, Genève, Droz, 1966.

P., A., « Qu'en pense Montaigne ? », *La Liberté du Sud-Ouest*, 11 avril 1933, p. 1.

– « De Montaigne à Marquet », *La Liberté du Sud-Ouest*, 8 mars 1933, p. 1.

Queneau, Raymond, *Une Histoire modèle*, Paris, Gallimard, 1966.

Reder, Anne-Marie, *Patrimoine des bibliothèques de France: un guide des régions*, Paris, Payot, 1995.

Ringer, Fritz K., *Fields of Knowledge: French academic culture in comparativ perspective, 1890-1920*, New York, Cambridge University Press, 1992.

Rod, Edouard, *Les Idées morales du temps présent*, Paris, Perrin et Cie, 1911.

Roman, Klara, *Handwriting: A Key to Personality*, New York, Pantheon, 1952.

Rouveyre, Édouard, *Connaissances nécessaires à un bibliophile*, Paris, Imprimerie Générale, 1899.

Rouxière, Jean de la, « Les Éditions des *Essais* », *Revue de la Renaissance*, 1910, vol. 11, p. 237-238.

Ruys, C., *Traité de graphologie*, Paris, Delarue, 1906.

Sabatier, Paul, *Disestablishment in France*, traduction de Robert Dell, New York, Scribner's, 1906.

Salberg, R. de., *Manuel de graphologie usuelle*, Paris, Hachette, 1905.

S., A. (Auguste Salles), « Une édition coûteuse et inutile », *Le Journal des Débats*, 13 mai 1932, p. 758.

Salles, Auguste, « A Propos du 4e centenaire de Montaigne », *Le Journal des Débats*, 23 février 1933, p. 2.

Simonin, Michel, « Aux Origines de l'édition de 1595 », *Journal of Medieval and Renaissance Studies*, 1995, vol. 25, n° 3.

– «Le zèle et la compétence: le docteur Payen, Reinhold Dezeimeris, et les études montaignistes au XIXe siècle», *Montaigne Studies*, 1998, vol. X, p. 79-104.

– «Notes sur les voyages et la reliure de l'Exemplaire de Bordeaux des *Essais* de Montaigne», *Bulletin du bibliophile*, 1997, vol. 2, p. 347-362.

Stewart, Herbert L., «The Montaigne Quatercentenary», *University of Toronto Quarterly*, 1933-34, p. 208-227.

Strowski, Fortunat, «Une Histoire édifiante», *La Petite Gironde*, 13 septembre 1906, p.1.

– «Préface», dans Montaigne, *Essais*, Édition Municipale, Vol. 1, Bordeaux, Pech, 1906. 5 vols.

– «Montaigne lu à Bordeaux», *Revue Philomatique de Bordeaux et du Sud-Ouest*, 1902, p.3-28.

– *Montaigne*, Paris, Félix Alcan, 1906.

– *Montaigne, sa vie publique et privée*, Paris, Éditions de la nouvelle revue critique, 1938.

Teulié, H., «Le IVe centenaire de la naissance de Montaigne», *Bulletin de la Société des bibliophiles de Guyenne*, 10 et 11 mars 1933, p. 42-49 et 67-73.

Téchener, Léon, «Le Docteur Payen et Montaigne», *Bulletin du bibliophile*,1873, p. 238-239.

Tournon, André, «L'Énergie du «langage coupé»», *Montaigne et la rhétorique*, Paris, Champion, 1995

Vandérem, F., «Décentralisation», *Le Figaro*, 25 mars 1933, p. 5.

Védère, Xavier, *Catalogue des manuscrits*, Archives Municipales de Bordeaux, Bordeaux, Castera, 1938.

– «Conditions de publication de l'édition Dezeimeris et Barckhausen des *Essais* en 1870-71», *Bulletin de la Société des Bibliophiles de Guyenne*, 1931, vol.1, n° 2, p. 68-70.

Véran, J., «Le Magnifique hommage de la ville de Bordeaux à Montaigne», *Comoedia*, 18 mai1933, p. 1.

Vicaire, Georges, «Ernest Courbet», *Bulletin du bibliophile et du bibliothécaire*, 1916, p. 496-525.

Villey, Pierre, *Les Livres d'histoire moderne utilisés par Montaigne*, Paris, Hachette, 1908, 3 vols.

– «Le Travail intellectuel chez les aveugles», *Revue des deux Mondes*, 1er mars 1909, p. 420-443.

– *Maurice de la Sizeranne*, Paris, Plon, 1932.

– *La Pédagogie des aveugles*, Paris, Plon, 1932.

Vleeschauwer, H. J. de, *Library Deontology*, Pretoria, 1961.

INDEX DES ŒUVRES CITÉES

Cet index répertorie les *Essais* seulement quand il est fait référence à une édition précise ou à un essai précis, les mentions de l'Exemplaire de Bordeaux ne sont pas relevées.

Index des noms

Table des matières

IMPRIM'VERT®

Achevé d'imprimer par Corlet,
Condé-en-Normandie (Calvados),
en Janvier 2022
N° d'impression : 174458 - dépôt légal : Janvier 2022
Imprimé en France